管理学学术文库

Academic Library of Management

管理学学术文库 · 宏观管理与决策类

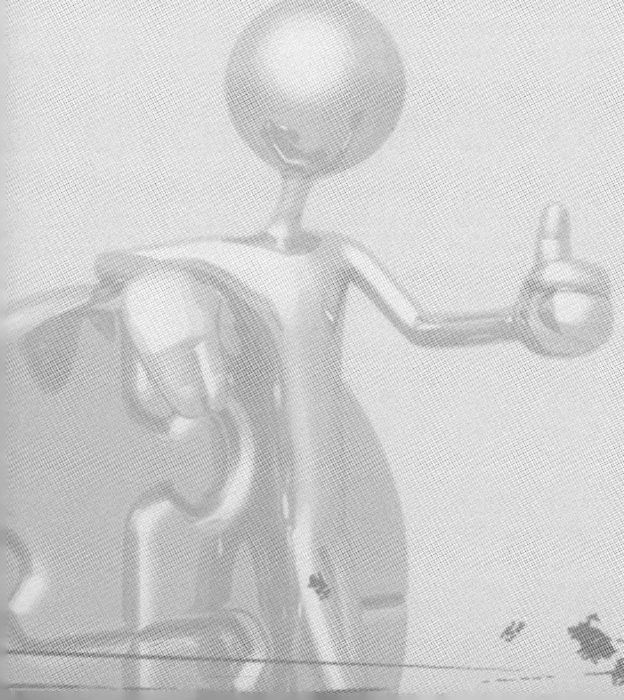

管理学学术文库·宏观管理与决策类

◇国家自然科学基金项目“专利分散对我国战略性新兴产业自主创新的影响机理及政策选择研究”（课题编号：71373088）阶段性成果

◇湖北省社科基金项目“我国战略性新兴产业专利分散问题研究——以LED产业为例”（课题编号：2015040）成果

◇湖北省科技支撑计划软科学项目“基于专利视角下的湖北省半导体照明产业政策改进研究”（课题编号：2015BDF065）阶段性成果

◇湖北省高校知识产权推进工程阶段性成果

我国战略性新兴产业专利分散问题研究——以LED产业为例

罗恺 著

中国·武汉

图书在版编目(CIP)数据

我国战略性新兴产业专利分散问题研究:以 LED 产业为例/罗恺著. —武汉:华中科技大学出版社,2017.6

(管理学学术文库. 宏观管理与决策类)

ISBN 978-7-5680-2964-3

Ⅰ.①我… Ⅱ.①罗… Ⅲ.①发光二极管-电子工业-专利-研究-中国 Ⅳ.①F426.63

中国版本图书馆 CIP 数据核字(2017)第 111167 号

我国战略性新兴产业专利分散问题研究——以 LED 产业为例 罗 恺 著

Woguo Zhanlüexing Xinxing Chanye Zhuanli Fensan Wenti Yanjiu
—yi LED Chanye Wei Li

策划编辑:周晓方 陈培斌
责任编辑:刘 竣
封面设计:原色设计
责任校对:何 欢
责任监印:周治超

出版发行:华中科技大学出版社(中国·武汉) 电话:(027)81321913
武汉市东湖新技术开发区华工科技园 邮编:430223

录 排:武汉正风天下文化发展有限公司
印 刷:武汉鑫昶文化有限公司
开 本:710mm×1000mm 1/16
印 张:12.75 插页:2
字 数:242 千字
版 次:2017 年 6 月第 1 版第 1 次印刷
定 价:58.00 元

序

Introduction

我国正在由“制造大国”向“创造大国”转变。作为衡量创新能力和成果的重要指标,专利备受关注。在通信技术领域,我国已经涌现了一批具有专利优势的权利人,如中兴、华为等。无论是国内专利申请量,还是 PCT 申请量,这些优势企业都位居前列。专利是一把双刃剑:运用得当,可以提升企业竞争力;运用不当,则会阻碍技术创新。例如,由于专利权人过度主张权利,最终导致我国停止生产 DVD 产品。前事不忘,后事之师。我国在大量发展战略性新兴产业的时候,应当重视专利问题,引导专利权人制定和实施适合的专利战略。

LED 产业属于战略性新兴产业,但是国际竞争非常激烈,专利竞赛几乎渗透到了 LED 每一个环节,如衬底、外延、芯片、封装、应用等技术领域。美国 CREE,日本 Nichia,日本 Toyoda Gosei,德国 Osram,荷兰 Philips 和韩国的 Seoul Semiconductor 等公司,在该领域专利颇具优势。随着我国 LED 产业的不断发展,近几年来在我国申请专利的数量急剧增加,专利申请量有“爆炸”的趋势。这是一个可能滋生“专利丛林”的技术领域。“专利丛林”概念,最早是由美国伯克利大学的专利法专家卡尔·夏皮罗提出来的。它是指由于专利权的重叠性及技术的交叉性,特定技术领域的专利权被不同的专利权人所享有。为了生产某一项专利产品,生产企业必须从多个专利权人那里获得许可。获得专利许可的过程,就像通过一片森林,需要披荆斩棘。如果“专利丛林”过于浓密,那么就可能阻碍创新,影响专利推广应用。为了便于测量“专利丛林”,理论界通常将“专利分散”作为替代性指标。如何验证我国 LED 产业中是否客观存在“专利丛林”问题,探究其形成原因,并提出相应的应对措施,对于我国发展战略性新兴产业具有重要理论与实践意义。

本书是我指导的博士生罗恺在其博士论文《基于专利分散理论的我国半导体照明专利研究》的基础上,修改完成的。本书具有以下特色。第一,在总结专利分散的前期研究的基础上,运用博弈的思想探究了专利分散的形成因素及产生的影响。第二,通过专利检索,对我国 LED 专利数据进行分析,探究我国

LED领域专利现状与存在的问题。基于LED产业可能存在专利分散现象的假设，对我国LED专利是否存在专利分散现象进行了验证。第三，针对专利分散现象，提出了应对LED专利分散问题的建议。

此书是作者近四年来的研究结晶。罗恺参与了我主持的多项课题研究，积累了一定的基础。例如，参与了我主持的国家自然科学基金项目“专利分散对我国战略性新兴产业自主创新的影响机理及政策选择研究”（编号：71373088）和教育部人文社科规划基金资助项目“LED产业专利分散测量和专利战略选择研究”（编号：11YJA630188）。正是由于这些积累，作者先后参考湖北省科技支撑计划软科学项目“基于专利视角下的湖北省半导体照明产业政策改进研究”（编号：2015BDF065）和湖北省社科基金项目“我国战略性新兴产业专利分散问题研究——以LED产业为例”（编号：2015040）。这些后期资助，最终确保了本书的出版。天道酬勤，祝愿作者以后能够取得更多的研究成果。

是以为序。

袁晓东

2017年5月1日

于武汉

前 言

Preface

目前，专利分散问题已经严重影响了战略性新兴产业的发展，如在通信、生物、半导体、光纤、软件和纳米等技术领域凝聚了大量专利，在积累创新中形成了众多且相互重叠的专利权稠密网络，寻求将新技术商业化的企业必须获得多个专利权人的许可。专利分散可能产生过高的交易成本，引起“互补性”和“敲竹杠”问题。专利分散致使许可交易中的谈判人数增加，费用也相应增加。信息的不确定性和交易成本过高，从而导致“技术市场”的失灵和低效率。

然而较少有文献研究我国战略性新兴产业专利分散问题，本书以半导体照明(Light Emitting Diode，以下简称 LED)产业为例，系统地研究我国战略性新兴产业专利分散问题。LED 如今是最先进的照明技术，它的应用从狭隘的信号指示到全方面的电子产业，如液晶电视、手机、计算机等。LED 产业的国际竞争非常激烈。专利产品几乎渗透到 LED 产业各个环节：衬底，外延，芯片，封装，应用等。核心专利被美国的 Cree，日本的日亚 Nichia，德国的 Osram，荷兰的 Philips，日本的 Toyoda Gosei，韩国的 Seoul Semiconductor 等公司所垄断。近几年来，LED 专利申请不断增加，这些专利产品所涉及的技术领域范围不断扩大，同时也伴随着许多问题的出现。例如包括 LED 产业专利在内的某些创新型产品，如半导体、计算机硬件等，这些专利分别由不同的专利权人所拥有，容易形成“专利丛林”。为了实现某一项产品的生产，需要通过多个权利人的许可，就像通过森林一样要披荆斩棘。为此企业要付出高额的许可费用，从而阻碍了技术创新。

首先，本书综合国内外的参考文献，比较了国外学者对专利分散的不同看法，从中归纳出对于专利分散的界定，并对专利分散做出定义。专利分散的定义为：在一个技术领域里或者在一个产业里，涌现出了大量的专利和专利权人，这些专利并非集中在少数的权利人手中。在我国，LED 专利权人相较于国外专利权人在专利量上具有一定优势，绝大部分专利是被不同的权利人所掌握，而且这些权利人专利量之间的差距并不大，他们相互制约，阻碍技术创新。

其次，本书在提出专利分散的基础上，着重从专利分散形成的原因以及专利分散对企业技术创新的影响这两个方面进行探究，运用了博弈模型和回归分析等方法得出了以下结论。通过构造博弈模型发现，在企业从新技术研发到申请专利的整个过程中，缩短研发周期、存在阻碍性专利等因素都会导致企业专利的分散；企业为了生产出新的产品必须获得权利人的专利许可，如果许可人越多，企业的成本增加，导致经济利润降低，消费者剩余降低，从而对于整个社会福利不利。

最后，本书在分析总结了国内外有关测量专利分散及应对专利分散的基础上，提出了利用分形理论等方法来测量专利分散程度，着重分析了国内外测量专利分散方法的优缺点，具体说明利用分形理论测量专利分散的优势所在，并且以我国 LED 产业为例来验证专利分散现象，提出解决专利分散的措施。

近几年来，我国战略性新兴产业专利数量增长迅猛，可能形成专利分散问题，导致专利无法有效利用，阻碍技术创新和商业化发展，甚至引发“反公地悲剧”。这些问题亟待研究。众所周知，知识产权尤其是专利在我国战略性新兴产业发展中起着举足轻重的作用，如国家制定的《关于加快培育和发展战略性新兴产业的决定》、《关于加强战略性新兴产业知识产权工作的若干意见》等，纷纷提出以知识产权作为保护和促进我国战略性新兴产业发展的政策工具。然而，我国对于专利分散问题的研究尚不成熟，其对战略性新兴产业专利的发展有何影响也尚不明确，因此，无法有效利用知识产权政策去应对专利分散问题。本书基于这一认识，以我国战略性新兴产业典型 LED 产业为例，探究专利分散的测量、专利分散形成因素及其影响，从而提出相应的措施建议，也为其他战略性新兴产业应对专利分散问题提供借鉴。

目 录

Contents

第一章 绪 论

专利分散问题已经是战略性新兴产业发展迫切要解决的问题。如何验证我国战略性新兴产业专利分散程度；探究专利分散形成的因素以及它对产业发展的影响，这些研究无论是对理论还是实际研究专利分散问题都有一定帮助，且对促进我国战略性新兴产业发展有着十分重要的意义。在此基础上提出相应的产业发展政策是提升我国战略性新兴产业竞争力的根本保证，也是应对专利分散问题的有效途径。本书基于这一认识，以我国 LED 产业为例，探究我国战略性新兴产业专利分散问题。

第一节 选题研究背景与意义

一、研究背景

LED是当前最先进的照明技术，它的应用从狭隘的信号指示到现在广泛应用于各个行业。如汽车照明、智能手机、家用电器、显示器等。封装和应用产业是我国整个LED产业中不可或缺的，并且是支柱性产业。LED产业的国际竞争非常激烈，几乎渗透到了LED产业的每个环节，如衬底、外延、芯片、封装、应用等，核心专利被美国的Cree，日本的日亚Nichia，德国的Osram，荷兰的Philips，日本的Toyoda Gosei，韩国的Seoul Semiconductor等公司所垄断。我国企业的LED专利基本上集中在封装和应用环节。

近几年来，LED专利申请不断增加，专利产品所涉及的技术领域范围也不断扩大。《国家中长期科学和技术发展规划纲要(2006—2020年)》已将LED照明产品明确列为"重点领域和优先主题"。其产业规模将达到上亿元。微观层面上，我国许多企业在LED研发上投入巨资。据不完全统计，2012年我国LED产业新增规划投资额1003亿元，但也有可能产生许多问题。例如随着技术日趋复杂化，产品分工的细化，一项LED产品包含了LED上、中、下游产业链所有的技术，每一个环节都有可能申请专利。某些创新型产品的不同技术分别由不同的专利权人所拥有，从而形成"专利丛林"。企业为了实现某一项产品的生产，需要通过多个权利人的许可，类似于在森林里披荆斩棘。为此企业要付出高额的许可费用，从而阻碍了技术创新。

众所周知，DVD产业曾经给我国带来了巨大收益。然而，在中国加入世界贸易组织(WTO)之后，国外DVD专利权人对我国DVD企业收取专利许可费，导致了我国DVD企业成本增加，利润减少。虽然我国较早地组建DVD专利联盟，但因为专利敲竹杠叠加效应等问题，导致了我国企业全面停产DVD单机，只用了10年就毁掉了我国DVD产业。因此，为了避免我国LED产业重蹈覆辙，验证专利分散是否存在于我国战略性新兴产业中，从而构建一种全新的专利战略来应对专利分散现象，促进我国战略性新兴产业健康发展显得尤为重要。本书以LED专利为例，试图作以下几点研究：①分析我国LED专利布局以及了解我国LED专利主要掌握在哪些企业手里；②构建一种科学的测量专利分散的方法；③提出解决专利分散的办法以及针对专利分散问题的应对建议，来促进我国LED产业的良好发展。也为其他的战略性新兴产业发展提供借鉴意义。

二、研究意义

LED这种节能照明产品能够将电能转化为光能。其优点在于体积小、耗电量低、寿命长、高亮度、环保、耐用,应用广泛。LED产业已被国家列为战略性新兴产业,是21世纪最具发展前景的产业之一。日本和欧美国家分别制定了相应的产业政策。与此同时,2003年,我国科技部联合6部和11个地方政府,从国家层面上启动了半导体照明工程,共获资金支持180万元。2003—2005年,半导体照明国家科技攻关计划启动,目标是解决产业化急需的关键技术以及掌握一批半导体照明技术的知识产权。中远期培育新型大功率白光LED,通用照明产业,并将在高端原创性技术方面将有所突破。

但是,我国LED技术的发展仍然跟日本和欧美诸国有一定的差距。目前,全球LED行业的专利几乎覆盖了LED原材料、设备、封装、应用在内的整个产业链。由于核心专利被外国企业控制,我国企业面临着专利侵权的风险。近十年来,专利申请呈"爆炸"趋势,某些LED产品凝聚了大量专利,却由不同的专利权人享有专利。分散的专利权(Fragmented patent rights)容易形成"专利丛林"(Patent Thicket),同时引发的问题也日趋明显。例如,有些LED专利并没有得到很好的商业利用反而成为了"沉睡型"专利;有些则成为阻碍性专利,专利权人借此向LED生产商收取高额的明显高于专利价值的许可费;有些则可被专利权人布置为"专利地雷",一旦厂商的LED产品踩入"雷区",专利权人便向厂商索要高额的赔偿费。

究竟我国LED产业专利是否存在专利分散现象?如果存在专利分散,有没有一种适合我国国情的测量专利分散的方法?我国LED企业该如何应对专利分散所产生的问题?国内外对这些方面的研究尚属空白,因此本书对于专利分散问题的研究探讨对促进我国LED产业更好发展具有重要的理论与实践意义,也为其他战略性新兴产业的发展提供了借鉴意义。

1. 理论价值

第一,有助于我国战略性新兴产业专利分散问题的研究。如今,随着我国战略性新兴产业的不断发展,涌现了大量的专利权人,这些专利权人掌握着产品所需的专利技术,使得下游的生产商要支付大量的专利许可费才能把产品商业化,增加了企业成本,阻碍了进一步创新,影响战略性新兴产业的利润。本书研究专利分散对我国LED产业的影响,有助于完善专利分散研究的理论体系,丰富创新理论,为解决我国战略性新兴产业专利布局不合理、研发效率不高以及提高产业竞争力的对策研究奠定基础。第二,有助于专利分散应对策略与我国战略性新兴产业结合的研究。我国战略性新兴产业专利逐年增长,专利权人众多,但专利商业化的程度非常低，政府每年的研发投入也不少，却并没有很好地运用专利来帮助产业提高利润。反观发达国家采取不同的措施来应对专利分散问题，如世界商业可持续发展委员会（简称 WBCSD）与 IBM、Nokia、Pitney Bowes 和 Sony 共同推出了一项“生态专利共享”计划（eco-commons patent）；日本重点扶持 LED 技术优势企业，让它们的专利布局在 LED 的完整产业链上；欧盟则更多采取技术联盟的方式。

2. 应用价值

本书论述了国内外应对专利分散的措施，有助于资源有效配置，正确引导产业创新；有利于完善我国专利战略理论体系，探究适合我国战略性新兴产业应对专利分散的不同路径，提高我国战略性新兴产业竞争力；同时，也为湖北省的战略性新兴产业发展提供借鉴意义。

第二节　国内外相关研究综述

一、国外研究

专利分散（patent rights fragmentation）是指特定技术的专利由众多专利权人享有，呈现分散趋势。专利分散不仅是专利丛林产生的原因，而且是测量专利丛林的重要变量。任何技术力量雄厚的企业，都不可能拥有技术创新所需的全部资源和技术。专利越分散，将创新产品商业化所需的专利许可成本就越高，越容易阻碍技术创新。

国外对于专利分散的研究比较早，并且利用经济模型对于样本企业的专利分散度进行了测量。

Watson（1970）运用帕累托分布的斜率系数的方法，测量了美国 1921—1963 年的专利集中程度，发现美国 20 世纪 60 年代专利分布呈现集中的状态且专利掌握在少数大企业或机构手中。

进入 21 世纪，美国和欧洲的学者发现许多技术领域的创新产品凝聚了大量专利，专利呈现分散趋势。他们对专利所有者分散状况进行测量，为专利丛林的存在及其厚度提供了证据。专利分散提供了一种测量指标，已经成为专利丛林的替代名词（Cockburn，2009）。

现有文献关注了专利权分散问题，但缺乏一个可靠的测量专利分散程度的方法（Ziedonis，2004，Cockburn，2010），Ziedonis（2004）根据美国专利引文建立了专利分散指数，如式（1-1）所示。

$$\mathrm{FRAG}_i = 1 - \sum_{j=1}^{j} \left(\frac{\mathrm{NBCITES}_{ij}}{\mathrm{NBCITES}_i} \right)^2, \quad i \neq j \tag{1-1}$$

其中：下标 i 表示企业；NBCITES 表示该企业引用别人的专利；下标 j 表示该企业引用别人的专利数量。分子表示该企业每一项专利引用别人的专利数量；分母表示企业 i 所有引用的专利数量。专利分散指数越小表示该专利分布越集中，指数越大表示该专利分布越分散。Ziedonis 对 1980—1994 年间美国 67 家半导体企业的专利分散程度进行了测度，认为半导体企业专利呈分散趋势。

近年来，该片段化指标已在实证研究领域被广泛应用。Ziedonis (2004)对 67 家美国半导体企业数据的研究表明，该指标与企业专利申请的强度有很强的正相关关系。

Graevenitz et al. (2008) 就专利丛林与技术机会及复杂性的关系，对欧洲 30 个技术领域的 2074 家企业数据的实证研究中将片段化指标作为控制变量。结果表明，该指标与企业专利申请显著正相关。Galasso，Schankerman (2008) 对 1975—2000 年美国专利诉讼历史数据进行了实证研究。结果表明，片段化指标与专利诉讼量正相关，但该指标的增大可以加快争议的和解与技术扩散的进程。Cockburn et al. (2009) 就技术片段化对企业创新绩效的影响，对 1034 家德国公司的历史数据进行了实证研究。结果表明，该片段化指标对于企业支付许可费的数量，产品与工艺创新，以及专利规避等行为都有显著影响。此外须注意的是，原始的片段化指标的覆盖范围很小，仅统计单个企业某一年度新增专利的后向引用，在进行专利丛林对某行业及历史累积影响的实证研究中，须对该指标进行相应扩展。

Graevenitz(2009)通过计算特定技术领域中专利互相引证的三角关系个数，测量专利丛林的密度(Graevenitz，2009)，如图 1-1 所示。

在图 1-1 中，阴影小圆圈代表企业，双箭头表示企业间相互引证对方专利，单箭头表示企业单方面引用专利。白圆圈里的三角形表示三个企业中每个企业的专利，都引用了另两方的专利，便构成了一个三角形。三角形的个数越多，代表某个产业领域里专利密度越大，专利分布越分散。企业为了生产某项产品所需要获得的专利许可也就越多。

由三角阻碍的数量可直接表示某技术领域在特定时点的专利丛林严重程度。这使研究者能够分析在不同技术领域发生敲竹杠的风险对与公司专利策略的影响。

Graevenitz et al. (2008) 应用这一指标发现，某技术领域的三角引用数量与专利申请的增长显著正相关。Graevenitz et al. (2009) 应用该指标发现，在传统的复杂技术领域中专利丛林问题更加严重，而在传统的离散技术领域中专利丛

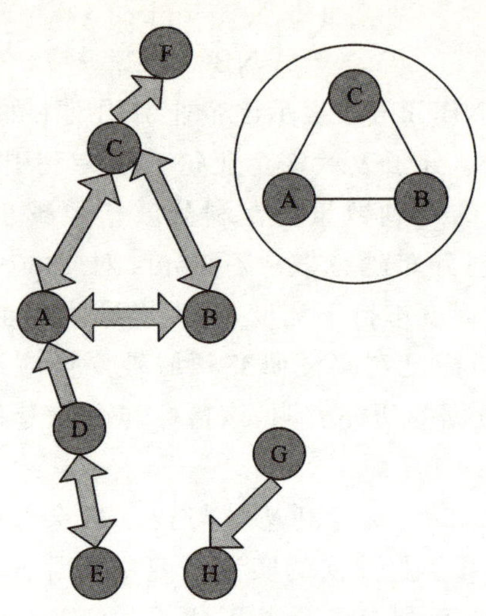

图 1-1 专利引证的三角关系

林密度较小。

Clarkson (2004、2005)利用网络分析方法，即使用专利关系网络的密度标示专利丛林密度。在网络分析方法中，单独的个体被定义为网络的节点，节点间的关联被定义为联系。将专利网络密度应用于专利联盟垄断性的判别中。他指出，随着专利不断发布，专利丛林变得越来越密集和众多。该研究以 MPEG 和 PPK 两个专利联盟中的专利网络密度为例，与其周边专利及整个专利空间的网络密度进行了对比，发现这两家联盟中专利的密度显著要高。那么该情况可作为联盟对反垄断诉讼的抗辩依据，以及反垄断部门审查联盟时必须考虑的因素。

二、国内研究

目前，国内对于专利分散问题的研究很少，测量专利分散的方法都是一维的视角，即站在专利申请量或授权量的角度去衡量，很少有文献对专利量和专利权人进行综合的测量，所选的样本数据都只是针对地区的专利量和特定的几家企业所涉及的技术领域，很少有文献针对整个产业的专利进行专利分散测量。

国内对与专利分散的测量主要集中在特定技术领域里面。李滨、刘凤朝(2010年)利用分散度指数来测量各技术领域里专利的分布情况，如式(1-2)所示。

$$D^j = \sum_{i=1}^{n} \left| \frac{x_i^j - \overline{x^j}}{\overline{x^j}} \right| \times \frac{P_i}{P} \tag{1-2}$$

式(1-2)中，P_i 表示 i 公司在半导体领域内发明专利申请专利总数；P 为样本公司在半导体领域内发明申请专利数总和；x_i^j 为 i 公司在 j 技术领域内申请的专利数；$\overline{x^j}$ 为 j 技术领域内样本公司发明专利申请量平均值。分散度指数大表明专利申请主要集中于一些公司，技术领域存在明显领导者；分散度指数小表明专利申请在各公司之间的分布均匀，技术创新竞争激烈。通过对半导体各技术领域布局的测量发现：申请量大的领域，分散度指数小表明专利在各公司分布均匀，竞争激励。在申请量小的领域，分散度指数大表明专利分布集中在少数专利权人里，属于技术创新者。

上述测量专利分散的方法有一定的合理性，但也存在明显的局限性。国外测量专利分散方法基于专利中的引用文献，在我国未必适用。我国绝大部分专利文献不要求引证文献。国外测量专利分散方法没有具体到某一个产业中的专利权人拥有的授权专利量，而国内的专利分散测量仅以专利申请量进行测量，显然不够科学全面。专利申请量大仅说明专利申请活跃，而无法评述专利质量。因此，测量专利丛林更多的是测量已授权的专利分布状况。本书拟以我国 LED 专利为例，探索测量专利分散的方法，验证该技术领域是否存在专利分散现象。

三、国内外测量专利分散方法述评

国内测量专利分散的方法有一定的合理性，也存在明显的局限性，即全部集中于地区和特定技术领域，且专利分布测量仅以专利申请量进行测量，有一定局限性。测量指标过于单一。专利的申请量只能从数量上说明专利情况，尚无法说明专利的布局、技术的集中与分散、专利权人分布的状况。国外测量专利分散方法基于专利的引证文献主要依据公开的专利引用数据，而这方面数据基本上授权专利且被人引用过才能获得。当存在专利侵权风险但无专利引用数据时，则会出现统计偏差。因此专利分散测量方法还有待应用企业的非公开数据加以细化。专利分散指数和三角引证主要是指向公司策略性行为，其直接研究对象是掌握专利的公司。而专利网络密度主要指向专利联盟反垄断公共政策的制定，其直接研究对象是联盟中的专利。我国绝大部分专利分布测量没有具体到某一个产业中的专利权人拥有的授权专利量且数据都是基于样本调研数据，基本上是某个产业中的部分企业，没有对某个产业整体专利量进行测量。总的来讲，目前还没有一种适合我国专利特点的测量专利分散的方法。

四、影响专利分散的主要因素

Hall(2004)认为近十几年来专利申请呈“爆炸”趋势。Straus(2008)指明了专利申请量不断增长在全球引发了专利“温室效应”。1999—2011 年我国国内专利申请量的年增长率保持在 20%以上，2011 年同比增长更是达到 33.6%。专利激增固然促进了技术创新，但也会阻碍技术创新。Heller、Eisenberg(1998)

将“反公地悲剧”理论首次运用到专利领域，指出在非常狭窄的领域授予太多的专利权，可能排除经济资源的有效开发并阻碍创新。Shapiro(2001,2003)率先提出“专利丛林”假说，认为在积累创新中众多且重叠的专利可能形成了专利丛林，即相互重叠的专利权形成稠密的网络，寻求将新技术商业化的企业必须获得多个专利权人的许可。专利丛林将产生可能阻碍自主创新的交易成本——“互补性”和“敲竹杠”问题。Graff Zilberman(2001)认为专利丛林致使许可交易中的谈判人数增加，费用也相应增加；信息的不确定性和交易成本过高，可能导致“技术市场”的失灵和低效率。美国和欧洲学者如 Overvalle(2007)、Ziedonis(2004)、Gattani(2005)、Noel、Schankerman(2006)、Clarkson(2006)发现，通信、生物、半导体、光纤、软件和纳米等技术领域凝聚了大量专利，专利呈现分散趋势。Cockburn(2009)认为阻碍性专利越多专利越分散，就越阻碍需要互补性专利企业的自主创新。专利分散已经成为专利丛林的替代名词。

在测量专利分散的基础上，国外有学者对影响专利分散的相关因素进行了实证研究。Overvalle(2007)认为技术标准化会影响通信、生物领域内专利分散的程度。Gattani(2005)对 1970—1995 年间的光纤企业进行研究后得出结论，企业预先适应能力、企业之间的差异化以及企业技术成熟度对于专利权人之间的竞争有较大的影响。Noel、Schankerman(2006)利用 1980—1999 年的软件技术专利数据进行测量，结果显示，软件企业的发明者人数、研发成本、市场价值、专利组合类型和专利议价能力以及专利量都对企业专利分散有影响，进而加大了交易成本。

五、专利分散的不利影响

经济学家大都认为，专利分散的存在会抑制专利的创新激励作用，放大专利的垄断力量，并由此损害社会福利。博登海默曾说，法律的主要作用就是调和种种相互冲突的利益，无论是个人利益还是社会利益，在某种程度上必须通过颁布一些平衡各种利益和提供调整这种利益冲突标准的一般规则方能实现。专利法的实质和其他法律一样，是为了保护一系列与专利制度相关的主体(包括专利拥有者、专利受让者、专利产品的消费者等)利益的平衡，从而实现社会平稳发展，激发相关主体创新的热情，促进社会经济的发展。而专利分散问题导致专利权的滥用，破坏了社会利益的平衡。

专利分散会引起“反公地悲剧”的发生。“反公地悲剧”最早由美国密执根大学教授迈克尔·海勒(Michael Heller)和丽贝卡·艾斯伯格(Rebecca Eisenberg)提出，是相对于哈丁(Hardin)的“公地悲剧”而言的。Hardin 指出，在公共品产权状态下，众多的个体被赋予对某种物品的使用权，但却无法阻止他人也使用该物品，即拥有使用权却无排他权。在这种情况下，任何人都可以利用该特定资源，却没有人可以排除他人使用该资源，最终导致资源的过度开发而枯竭。与此相反，“反公地悲剧”是指众多所有者同时拥有对利用一种稀缺资源的有效的排他性权利。由于某一种资源被众多所有者分割，而各个所有者均拥有排他的使用权从而导致该特定资源得不到有效利用甚至出现资源闲置的状态。该理论在专利权方面，则是指某主体要进行技术革新或者产品的开发时碰到的专利阻碍，上游的专利设置一些专利障碍，借此收取高额的专利使用费或者转让费。这就使得下游产品的开发或者技术革新成本高昂，从而阻碍专利技术的产业化和革新。扩展前的“反公地悲剧”定义为：多个专利权人对“某个客体”享有排他权，但都不享有使用权，导致对该客体的使用不足。扩展后的“反公地悲剧”定义为：多个专利权人分别对其权利客体享有个人财产权，但各个权利客体如果单独存在并不具有商业上的使用价值，只有组合在一起才具有商业上的使用价值。对于“客体的集合”，各个专利权人享有排他权，但都不享有使用权，导致对“客体的集合”的使用不足。

不仅如此，专利分散还会对社会福利产生影响，从而降低消费者剩余。Thumm N(2005)，Hall H，Ziedoins R(2001)，Bawa R，et al(2005)建立了多阶段博弈模型对专利分散对社会福利的影响作了完整细致的分析；Wilcox(1966)认为集中度是“专利垄断化的表现”；Edwards(1949)认为专利的积累可能会演变成产业本身的垄断；Stocking，Watkins(1951)认为专利的积累是一件非常邪恶的事，它会造成长期的垄断；Machlup(1952)认为一定专利的累积量掌握在大公司手里保障了其无限制垄断力量；Kaysen，Turner(1959)认为专利的集中会阻碍企业参与竞争，增加技术负担，影响企业技术进步，增加专利诉讼风险和成本。

胡宏(2009)指出专利分散导致下游专利的开发必须经过上游专利权人的许可，如果某项专利技术的上游专利过多，要想开发这项专利就需要获得所有上游专利权人的许可，并支付大量的专利许可费，从而提高了该项产品的开发成本。如果上游专利权人想利用其专利来控制厂商的研发，则开发厂商就可能为此付出更多的专利许可费，长此以往，开发厂商的研发积极性将会受到打击，进而阻碍新产品的研发。以专利药品领域为例，医药产业技术创新产品越来越多，其原因来自于对以往技术创新或者其他技术创新的改进、移植和综合，新药品的研发必须依赖以往专利的许可，否则就会构成侵权，从而给药品的研制设置了无形的障碍。

余翔，陈欣(2006)指出专利药品生产者在同专利持有人达成许可协议之前，必须尽可能多地了解有关专利的相关信息，而由于相关的上游专利数量众多，这一过程所产生的信息成本也会相应增加。第三，专利分散问题导致专利诉讼增多，而由专利纠纷导致的诉讼费用和诉讼风险使得一些企业惧怕走正规途径进行新产品的研发，转而去申请大量的垃圾专利，以对抗在专利纠纷中的不利地位，最终导致很多资源或技术得不到充分利用甚至无法利用，阻碍新技术的研发。

高洁，陆建华(2007)认为专利分散的一种表现形式是下游专利的开发需要获得上游专利权人的许可，而上游专利权人数众多或提出高额的许可费或使用费，构成了对下游专利开发的阻碍。为了冲破这种阻碍，很多企业经常在初期某领域的上游专利不占据重要位置时，努力创造一个专利群，包围上游专利，以限制初期专利的创新。这些后发的专利群具有一定的侵略战略意义，往往逼迫初期的上游专利权人接受不平等的许可条件，这种许可对上游专利权人很不利，使初期的上游专利权人获得很少的许可使用费和继续开发的空间。事实上，这种行为已经构成了不正当竞争，下游专利开发者正是利用了不正当手段而在专利竞争中获得了利益。

六、应对专利分散的战略

Shapiro(2000)指出专利分散将产生可能阻碍创新的交易成本——“互补性”和“敲竹杠”问题。目前，应对专利分散最好的措施就是构建专利池。Merges (1999)论证了专利池被认为是解决“专利丛林”的有效方法。Shapiro (2001)认为专利池可以降低获取互补性专利的交易成本促进创新。Lerner (2008)定义专利池是将一个或多个专利许可给他人或第三方的两个或两个以上专利权人之间的协议。Aoki 和 Schiff(2008)从技术市场层面分析了构建独立于企业的专利池对专利许可的激励。国内研究集中在专利池的形成机理和反垄断(郭丽峰，2006；詹映，2007)。专利敲竹杠是指处于产业链下游的企业已经为产品开发或商业化进行了沉淀投资，专利权人可能在专利许可谈判中主张明显高于专利价值的许可费。它主要体现为问题专利、专利费叠加效应和专利流氓(Lemley and Shapiro，2007)。许多企业为了克服专利分散，采取了全新的专利战略。Parr(2007)认为专利许可战略能够对抗竞争，知识型企业应将专利许可纳入竞争战略。为了获得互补性专利，采取许可战略的企业进行交叉许可或组建专利池。如果从专利池获取专利存在着“敲竹杠”的风险，那么企业为什么不直接取得专利权？Ziedonis(2004)认为企业为了解决技术市场中潜在的“敲竹杠”，会更为积极地实施专利获取战略。张平(2007)指出特别是在 DVD 行业中的专利池有许多“问题专利”和“非必要专利”，被专利池打包成一体，收取高额许可费。专利池在我国的实践表明：专利池有时不仅不能解决互补性专利问题，而且可能成为专利“敲竹杠”者。

七、国内外研究述评

综上所述，现有国内外文献对于专利分散的研究主要范围在：①寻求一种测量专利分散的方法；②通过对某些产业中的企业进行调研，利用回归实证的方法对于专利分散对企业研发的影响以及哪些因素会对企业专利分散有影响进行分析；③构建多阶段博弈模型论证专利分散会加大企业的专利竞赛，损害社会福利，降低消费者剩余；④某些行业（如通信、生物、医药）存在着专利分散导致了较高的专利壁垒，以至于单个厂商退出竞争或者其他厂商无法进入该行业；⑤现有文献对于专利联盟及专利许可，相应的法规应对专利分散的措施做了相应的研究。

但是，现有文献对于专利分散的研究仍然有其局限性，所涉及的文献资料也不是很多，对于专利分散的测量所运用的模型方法仍然不多。国外文献对专利分散的研究没有涉及包括 LED 产业在内的战略性新兴产业，国内文献对于 LED 专利的研究虽然提到了集中度日益下降，但是没有深入地进行研究分析，只局限于对于产业专利的分析和布局情况描述，几乎没有文献涉及 LED 产业专利分散问题的研究；对于专利联盟的研究也都是基于博弈模型，较少有文献分析某个产业的专利联盟运行绩效。

本书认为，现有专利分散文献存在以下几点问题。

(1) 国外测量专利分散的方法如“专利分散指数”、三角引证法、网络密度都是基于专利引文，虽然较好反映出了专利量与专利权人的权属关系，但是，测量专利分散的数据却不完整。因为，每个企业所拥有的专利不一定会被其他专利权人引用，专利的申请到授权有一定的周期，所以，测量专利分散的专利引文数据存在着一定的滞后性，在专利分散测量模型当中，只能反映出被引用专利与专利权人之间的关系，专利权人所有专利布局是什么情况不得而知，且模型只针对单个企业引用或被引用的专利，无法测量出某一个产业中所有专利分散的程度。而国内对于专利分散的测量也没有针对整个产业，只是仅仅测量某个区域专利聚散的情况，或者只是测量了特定技术领域的专利分散程度，均没有反映出这些专利究竟集中在少数专利权人手中还是分散到各个不同的专利权人手中。

(2) 国内文献只说明了我国 LED 核心专利掌握在以日亚化学为代表的五大厂商手中，但却没有分析我国 LED 专利的情况，以及究竟哪些企业掌握着这些专利。

(3) 对于专利分散形成机理，国内外文献只是通过实证的方法说明了技术标准化、企业预先适应能力、企业之间的差异化、企业技术成熟度对于专利权人之间的竞争有较大的影响。发明者人数、研发成本、市场价值、专利组合类型和专利议价能力、专利量都对企业专利分散有影响进而增加了交易成本。但每一种因素是如何导致专利分散却没有具体做出分析说明。

(4) 对于专利分散的危害，文献中也仅仅只是通过构建纯粹的数学模型从专利竞赛、社会福利、消费者剩余等视角去验证。结果表明：专利分散会加剧专利竞赛、损害社会福利、降低消费者剩余，然而这些论证都只停留在理论上，并没有对实际的数据进行实证分析，验证专利分散的影响。

(5) 国内外大量文献对于专利联盟的研究都是在建立复杂多阶段的博弈模型基础上进行的，很少涉及现实中的专利联盟运行绩效的研究。目前，还没有研究出一种很好的评价专利联盟的方法。

(6) 专利联盟虽然是解决专利分散的有效措施，但也存在一定的问题。例如，专利权人的寻租、搭便车现象以及问题专利、利益分配问题。现有文献还没有找出一种新的专利战略来应对专利分散问题。

第三节　主要研究内容

一、运用分形理论等方法测量我国LED产业专利分散程度

国外对于专利分散的研究起步较早，国外学者提出了测量专利分散的一些方法，如专利分散指数、三角引证、网络密度法。这些方法基本上是基于专利引文，而我国的专利文献中并没有记载技术专利权人的引证关系，也没有强制专利文献中必须要引用他人的技术文献。就专利引文自身而言，不能反映出专利权人所有专利的情况以及存在滞后性，因此难以适应我国国情。国内文献对于专利分散的研究仅仅停留在区域地方上专利集散的程度，尚未针对战略性新兴产业专利进行测量。虽然国内外对于专利分散测量作了一定研究，但是数据来源基本上都是调研的样本数据或者是区域专利数据，往往忽略了对于完整产业链专利分散程度的测量，以及现有文献对于专利分散的测量都只停留在被引用的专利和专利权人之间的关系或者地区与专利之间的关系，而没有清晰地反映出专利量与专利权人之间的内在联系以及两者的变化趋势，现有的模型没有预测出专利分散程度未来如何变化，专利量与专利权人之间变化趋势是怎样的。因此，上述问题都亟待研究解决。

本书认为应该找出一种全新的适合我国专利情况的方法来测量LED产业专利分散程度，该方法必须满足以下几点：①在模型当中要包含专利量和专利权人两个变量；②能够清晰地反映出专利量与专利权人的内在联系；③能够准确地反映出专利量与专利权人的变化趋势；④具有预测未来专利分散程度走势的

作用。

分形理论源于英文“fractal”，由法国数学家曼德布罗特最先创用，其将组成部分与整体具有某种自相似形式称为分形(Mndelbrot B，1997)。研究分形性质及其应用的学科统称为分形理论。一般把在空间形态或结构方面存在自相似特征的客体称为几何分形。把在形态、结构、功能、信息、能量等方面具有自相似性的客体称为广义分形。分形具有以下特性：①集合具有精细的结构，也就是在任意尺度下它总有复杂的细节；②集合有自相似形式，这种自相似可以是近似的或是统计意义上的；③在大多数情形下，集合以非常简单的方法确定，可能由迭代过程产生等(李后强，汪富泉，1993)。分形理论最主要的特征是自相似性，即分形体系的局部与整体是相似的。分形体系内任何一个相对独立的部分，在一定程度上都是整体的再现和缩影，即“元素映现系统整体”。这些相对独立的部分称为分形元，分形元的反复操作最终形成了复杂的分形体系。

分形理论在研究产业集聚和预测价格方面都有广泛的应用，胡珑瑛，蒋樟生(2007)利用分形模型研究了产业集聚特征，认为企业数量与企业规模有关：当分形维数大于1时，表示企业规模差距不大，中等企业较多；当分形维数小于1时，存在垄断企业；当分形维数接近无穷时，表示存在着无数的小企业。刘孝成，王延明(2006)，陶锋(2011)分别预测分析了石油价格和我国专利授权量与申请量的增长情况，结果表明，分形理论预测的石油价格与实际价格出入不大，专利申请量与授权量增长有相似性。

由于专利量的变化会影响专利权人的变化，因此，一个产业专利集散程度衡量指标包括专利量和专利权人数。整个产业相当于一个集合，而专利量和专利权人相当于集合中的两个元素映象，两者的变化有其自相似性，这满足了分形的基本原理。LED产业专利量和专利权人数是衡量产业专利情况的两个元素。在分形模型中，可以把专利量和专利权人作为变量来衡量整个产业专利的聚散情况。因此，分形模型的优点在于它可以涵盖专利量和专利权人两个变量，反映出两者的内在联系以及变化趋势，具有预测未来产业专利变化趋势的功能。本书拟以分形理论来测量我国LED产业专利分散程度以及通过现有的专利数据预测未来专利分散的变化。

二、我国LED产业专利分散对于企业技术创新的影响

现有文献关注了专利分散对于企业技术创新的影响，Cassiman和Veugelers(2006)指出了66%以上的企业进行创新时需要使用别人已有的专利成果，这说明在一些高技术产业(如计算机、生物技术、信息技术、纳米科技等)中

专利分散问题日趋明显。专利分散使得一些专利成为“沉睡型”专利。Razgaitis(2004)通过对229家企业调研发现,只有4%的专利得到了利用。Gambardella(2006)对欧洲企业调研显示,大型企业和小企业的专利商业化所占比例分别只有9%和26%。不仅如此,国外学者构建博弈模型来分析专利分散会加大企业专利竞赛力度(Clark和Konrad,2008)。单凭调研数据和抽象的模型来分析专利分散对于企业技术创新的影响具有局限性,因为单纯的调研数据过于片面,不能完整反映出整个产业专利动态变化的特征。本书从专利分散对企业研发投入和利润影响的角度研究专利分散对于企业技术创新的影响。

三、应对专利分散的措施

现有研究中并没有找到一种较好解决专利分散的方法。虽然专利联盟被认为是一种行之有效的措施,但是随之暴露的问题也日趋明显,例如,联盟中利益分配、搭便车、寻租等问题。现有文献对于专利联盟的研究都是理论上的,较少有文献从实证角度研究专利联盟对于我国战略性新兴产业发展的影响。目前为止,我国还没找到一种应对专利分散行之有效的措施。本书试图以LED产业专利为例,结合我国具体国情,综合比较几种专利战略,以此为基础提出应对专利分散的措施。具体工作如下。

(1) 研究分析LED产业实行专利集中、专利许可、专利池三种战略的优劣势,从中总结可取之处。

(2) 研究各国为应对专利分散问题采取的相应措施。例如,美国主要提高专利审查质量,避免问题专利,修改专利法、设置专门针对NPE和专利流氓的条款。欧盟重点在于组建产业联盟。日本侧重于在产业中培植重点企业防止专利流氓。通过比较分析这些有代表性的国家和地区采取的应对策略,总结出值得我国借鉴的措施来应对专利分散问题。

(3) 国外掌握核心专利的LED厂商结成联盟,采取专利许可战略进行交叉授权以此来阻止其他企业进入LED市场。但随着LED技术的日趋复杂化,五大厂商的垄断开始下降。为了打破国外LED厂商对我国的技术封锁,我国一些企业不断提高自身技术来获取核心专利。袁晓东(2010)认为某些技术领域的专利分散是一种正常的客观现象。采用专利适当集中不仅可以降低交易成本,而且是克服“互补性”和“敲竹杠”问题的有效手段。本书将比较分析这些专利战略的优缺点,制定适合我国LED产业专利特点的专利战略,解决出现的专利分散问题。

此外,为了避免类似DVD专利“敲竹杠”事件的出现,本书研究将LED专利商业化,建立预警机制等应对机制,为我国与企业提供政策措施建议。

第四节 研究框架

本书构建一种科学的适合我国专利特点的模型，测量 LED 产业专利是否存在专利分散现象，总结测量专利分散的方法，进一步探究专利分散对于企业技术创新的影响；最后，通过比较分析选择合适的专利战略来应对专利分散，促进我国 LED 产业的发展。

本书的基本框架如下。

第一章简要介绍了我国 LED 产业专利分散研究背景以及研究的目的和意义，运用的方法，文献综述，本书创新点以及文章的基本框架。

第二章介绍了专利分散的定义、形成因素，专利分散对于技术创新和社会福利的影响。

第三章介绍了测量专利分散的方法。首先，简单介绍分形理论及其运用，为什么选择分形模型来测量专利分散及其优势，并介绍了其他测量方法。

第四章通过收集有关我国 LED 专利数据，了解我国 LED 专利情况和存在的问题，在此基础上提出在我国 LED 产业中可能存在专利分散现象；为了测量专利分散程度，运用专利分析等方法在国家知识产权局专利数据库等其他专利数据库中检索出最新的 LED 专利数据，分析 LED 产业专利的布局情况；运用分形理论对 LED 产业专利中的专利量和专利权人两个元素进行测量，通过考察这两个元素的变化趋势、未来走势及分形维数所处的区间和其他测量方法来验证我国 LED 专利是否存在专利分散现象。

第五章通过文献分析，提出假设和设置研究变量，收集相关数据实证研究影响我国 LED 专利分散的因素和专利分散产生的影响。

第六章在第五章的基础上，运用案例研究方法，总结归纳出典型的应对专利分散的例子，分析我国 LED 产业的情况以及所面临的专利问题，比较借鉴国外与专利分散相关的 LED 产业发展政策，从中提炼出解决专利分散问题的方案；最后提出了运用专利集中战略来解决 LED 专利分散问题，并且构建博弈模型，综合比较分析了专利集中战略、专利许可、专利池三种专利战略具体在 LED 产业中的市场绩效。

第七章为全书总结。

本书的研究框架结构如图 1-2 所示。

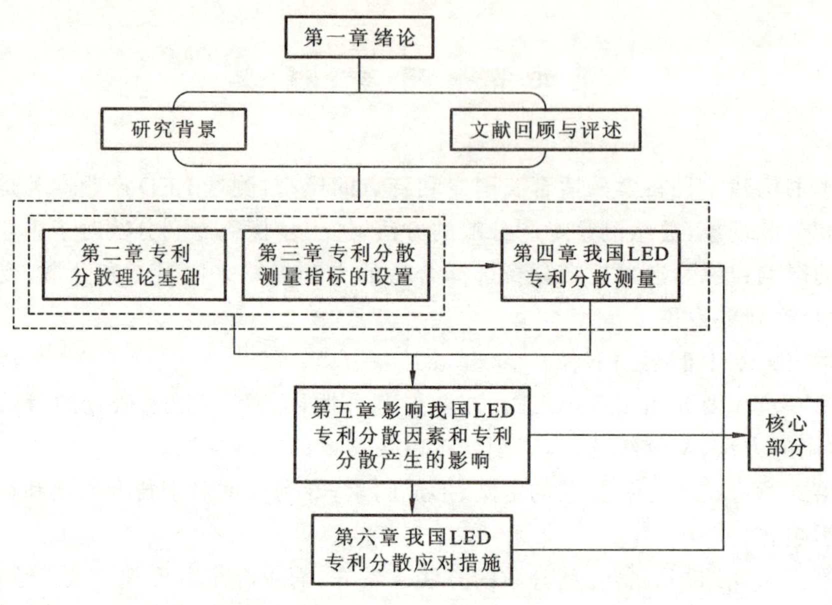

图 1-2 本书的研究框架图

第五节 研究方法与技术路线

一、研究方法

(1) 实证分析与规范分析相结合。所谓实证分析，主要揭示各种变量之间的关系，分析各种因素对于绩效的影响关系，而不去详论好坏与对错。规范分析则会对实证分析的结果做出判断、评论。而这种判断、评论在很大程度上反映了研究者不同的认识和价值观。在任何一项具体研究中，这两者是不可分割的。实证分析为规范分析提供基础，离开实证分析的理论往往是缺乏说服力的。但仅仅是实证分析而没有规范分析则会失去研究的社会意义。因此，本书研究的理论体系是实证分析和规范分析的统一。

(2) 定量分析与定性分析相结合。在分析我国 LED 厂商的竞争地位和应对专利分散的措施时主要运用定性分析方法。对于我国 LED 专利分析、影响专利分散的因素、专利分散对 LED 企业技术创新的影响进行定量分析与定性分析相结合的分析方法。这两者相互结合，保证了研究的严谨性。

二、研究技术路线

研究的技术路线如图 1-3 所示。

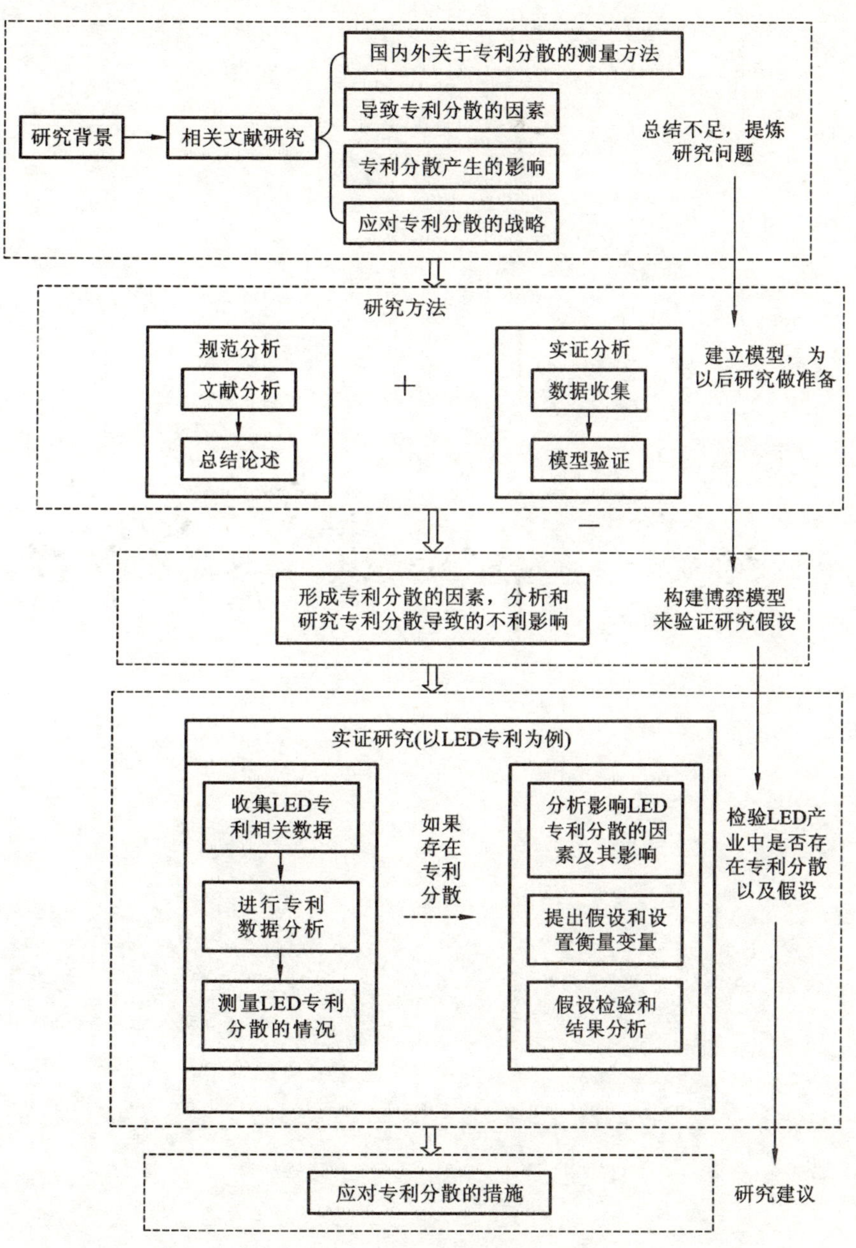

图 1-3 研究技术路线

第二章　专利分散理论基础

本章对专利分散理论的提出及界定进行整体概述及描述。首先对专利分散的起源、形成、发展进行描述，然后罗列出不同学者对专利分散的界定，最后总结归纳出专利分散的定义。本章在总结学者对于专利分散形成因素的基础之上，站在企业研发的角度，构建一个博弈模型，探究出深层次的影响产业专利分散的因素。在此基础上详细分析这些因素如何形成企业的“片段化”的专利权，具体分析了专利分散是如何激励企业获得更多专利。但伴随着专利申请和授权量的增多，专利权的分散会进一步阻碍企业技术创新，增加企业的交易成本，从而使企业无法进入市场，消费者支付不起创新产品，对于这些问题本章节将一一进行探究，为后文提出解决专利分散问题建议奠定基础。

第一节　专利分散的定义

专利分散也是近几年在产业界出现的新现象，伴随着每年发明专利的申请量和授权量不断递增，这种现象愈发的明显，尤其在美国的产业界（如半导体、软件、光电、生物、纳米等领域）中专利分散现象十分突出，每年也引发了大量的专利诉讼，专利分散导致了产业遭受巨大损失，因此在学术、企业界均引起了高度关注和广泛重视。

一、知识产权的私权属性特征

专利分散问题主要源自于知识产权的私权属性，正是由于这种私权属性，随着每年世界范围内的大量专利尤其是发明专利的授权给予专利权人法律意义上的权利，导致了每个专利权人在自己权利要求范围内享有排他权。由于授予的专利权人人数太多，专利权利要求数量也随之增多，这种“权利的分散”必将导致专利的过度保护影响到公共利益，造成了专利垄断，抑制了创新。这种人数过于众多的专利权人和专利权利要求数量的增加源自于知识产权的私权属性。Henry E. Smith（2012）认为私权是处理人们在社会中关系影响的一种法律。然而如果人们在考虑处理“黑土地”是卖给 B，租给 E 等问题上，发现这是一个矛盾的问题，而处理人们之间关系的私权法律是无法处理专利权问题。因此上产权法（property law）构成了私权法的一部分，规定了一系列的基准来保护公民的合法财产，来惩罚那些侵犯了他人产权的人。知识产权作为一项无形产权，属于产权保护的一部分。在其他的法律体系中，专利是作为“权利的产物”。然而在《专利法》中，专利是“法律保护的客体”。无论如何，专利作为无形资产具有“物权”要受到法律保护的性质。J. E. Penner（1997）指出产权保护是协调在特定的情境下人们的利益关系，一个完整的产权保护系统的特征为稳定、有利于投资、自由、有效率、公平。但是私权属性又注定了专利具有排他权的性质，通过法律赋予专利权人一系列权利把他人排除出物品之外。此外，Henry E. Smith 提出了模块化理论（modularity）。财产权作为法律体系模块之一，它具有集中互补物品的功能。例如购买了一栋建筑物，里面的家具、桌子、板凳这些资产都属于物权的所有者，如果一辆汽车是他人给 A 的担保物或者 A 的租赁物。当 A 把这辆车卖给了 B，假设 A、B 二人相互不认识，对彼此的信息不了解，不知道该车本来的拥有者是谁，A、B 对于他们各自的受让人也不是很了解，在兑现物权的过程中，在先专利权人的信息不会影响到现在的物权拥有者，这就是“模块理论”。我们可以利用“模块理论”来解释专利分散现象的起源，假设一项专利的权利要求权利项用 C 表示(C_1,C_2,C_3,…,C_n)。当发明人被授予了这项发明专利,他就在一定的时间范围内拥有了排他权。对于这项发明专利权利要求的详细信息(例如它的参数,技术描述以及保护范围)发明人是最为了解的,因此,其余人相较于该发明人来讲,这些信息是不对称的。当该发明人行使专利权时,其中的权利要求 C_3 有可能侵犯到另一专利权人在先的专利权(至于为何会授予后一个发明人专利权有可能是因为审查员的疏忽或者其他原因而被忽略掉)。根据产权的"模块理论",如果该项发明专利的其他权利要求没有依赖于在先的专利,那么该专利被判侵权的概率就比较小,该发明人可以和其他专利权人进行谈判合作;如果该专利的权利要求数过于依赖于在先的专利,那么即使该专利获得授权,被判侵权的概率也会增大。虽然"模块理论"中的各个"模块"能够降低后续专利依赖于在先专利的程度,但随着每年授权专利数的不断增加和各个"模块"执行依赖程度的加大,各"模块"的排他权范围不断缩小,侵权概率加大,单个专利的权利要求出现了"片段化"现象。

另一方面,美国的"亲专利"政策和《专利滥用条款》造成发明人大量申请专利,导致专利权的过度保护,使得专利保护的边界范围无限扩大,影响了公共利益。《专利滥用条款》源自美国的平等原则,专利持有者可以通过法院的帮助来加强他们的专利权利。Donald S. Chisum(1996)指出在一定时期内,美国的专利拥有者在不适当的行为下利用专利来排除反垄断法,或者专利保护超出了法律保护的范围,法院对于侵权将不会采取任何的措施来补救,即便侵权者从滥用专利中获得了利益。很多人认为美国应该废除《专利滥用条款》,他们认为只有托拉斯法才能提供一个精确的方法解决专利权人垄断市场的问题;他们认为《专利滥用条款》阻止专利拥有者利用专利来对抗公共政策,这是一个模糊的概念且难以操作;他们还认为《专利滥用条款》比《反托拉斯法》保护的范围更广泛,不利于企业发展,较宽的保护范围会引发专利权人发起诉讼的机会,增加专利权人从诉讼中得到利益,被告可能会因缺乏提供"反托拉斯要求"造成专利权滥用抗辩(William J. Nicoson,1962,James B. Kobak,1992,Lemley)。

Peter Meinhardt(1946)认为发明、专利和垄断已经不仅仅是个人而且还是整个国家应该考虑的问题。他认为有几个问题应该去探讨:发明人和发明,英国的专利法和执行,专利权的滥用,垄断以及对于专利法改革的建议。其中,专利权的滥用、垄断以及专利法的改革是重点,不仅是英国被改革的无效所困扰,就连其他国家也是如此。大量的发明专利许可价格高昂,随之而来的是拒绝许可,从而限制了在公共健康和国防上专利的使用。专利权的泛滥阻碍了国家正常的计划,并且企图扩充专利垄断的范围,当然,观察这些专利权的滥用是十分困难的事。因为英国的专利法规定国家在一定期限内给予专利权人合理使用专利金额、合理的补偿金额或者授予强制许可。

随着当今科技的突发猛进,专利日益成为企业竞争不可或缺的因素之一。就2009年,美国专利商标局(简称PTO)受理的专利申请文件高达485 000件,超出以往20年的总和的三倍以上①。实际数量超过了过去十年的三倍②。在2009年一共授权了190 000件专利,引发了大量专利囤积问题③。同时,专利诉讼也超过了过去的十年,企业无论是遭受侵权或者侵犯别人的专利权败诉赔偿都使得企业蒙受了巨大的经济损失。专利属于无形资产,因此也具备产权的属性受到产权法的保护,只要专利权人提供自己的授权专利受到侵犯,那么基于专利诉讼的专利商业化就能运行,因为法院为了保护专利权人的利益,阻止其专利被侵犯,就会责令侵权人赔偿金额给发明人或者支付专利许可费。

牛顿曾经说过自己之所以成功是站在"巨人的肩膀"之上,技术创新的推进也必须基于"巨人的肩膀"。新的专利技术必然是在在先的技术上改进而成的。但是,如果在先的技术取得专利权后,在法律上它就拥有了排他权。后续的创新如果需要越多的在先专利许可,那么这种排他权累积范围也就越大,后续创新就会变得十分艰难。知识产权这种私权属性与创新之间不可避免地将会发生冲突。Henry E. Smith(2012)认为私权是处理人们在社会中关系影响的一种法律。它规定了一系列的基准来保护公民的合法财产,惩罚那些侵犯了他人产权的人,知识产权作为一项无形产权也同样具备该功能。

综上所述,知识产权的垄断性和排他性的私权属性在某种程度上刺激鼓励了发明人去创造,但是如果过多授予专利权人这种垄断性和排他性的权利,会导致权利的"分散"化,反而不利于创新。

二、专利分散的定义

专利分散的概念是由R. Eisenberg(1990)提出的,最早出现在生物领域内。他指出对于基因注册专利权,例如医用蛋白质和基因诊断测试,很可能需要多个专利。而对于这些专利的注册意味着,由多个所有者持有个别片段的专有权看起来不可避免。企业打算开发类似产品时,必须得到多个许可权。对用来检测蛋白质药品的客体注册专利权,为了尽可能多地了解潜在产品潜伏期的治疗效果和副作用,企业必须从相关客体中筛选产品。但是如果有些产品被不同的专

① U. S. Patent and Trademark Office, "Performance and Accountability Report," Fiscal Year 2009, Table 2, Patent Applications Filed, available at http://www. uspto. gov/about/stratplan/ar/2009/2009annualreport. pdf.

② U. S. Patent and Trademark Office, "Performance and Accountability Report," Fiscal Year 2009, Table 3, "Patent Applications Pending Prior to Allowance."

③ U. S. Patent and Trademark Office, "Performance and Accountability Report," Fiscal Year 2009, Table 6, "Patents Issued."

利权所有者控制，集中所有必要的专利许可将十分困难。Kortum and Lerner (1998)，Cohen et. al. (1997)，Hall and Ham (1998)认为所谓的专利分散就是公司为了增加自己的税收开发利用自己的专利，尝试着申请更多专利来避免自己遭到别人的侵权或者侵犯他人的专利权，在这个过程中，公司为了寻求申请更多专利结果导致了“专利偏好”，同时也增加了“防卫性专利”。专利分散又叫做“专利洪水”。Michael J. Meurer(2002)认为当发明人在持续的几年内申请类似的专利(最明显的例子还是基因专利或者“商业方法”专利)，专利的申请如洪水般迅猛，而且这些发明很可能打开新的市场。“专利洪水”会引起社会成本的增加，这种社会成本远远超过了“分散”的专利累计起来的社会成本，甚至会形成“蝴蝶效应”。这种成本的巨额增加主要来自于专利诉讼许可成倍的增加以及反竞争排除专利使用权威胁的增加，从而抑制了专利发明的申请。

综合上述观点，基于专利量和专利权人两个维度，本书给出专利分散的定义：在特定技术领域内专利量不断增加，专利由众多专利权人分别享有，这些专利权人均享有排他权但不享有使用权，从而对于技术或相关产品的发展和制造形成阻碍。专利分散状态下的互补性创新将弱化创新，增加交易成本，阻碍竞争，降低社会福利。实证研究表明，美国和欧盟在生物、半导体和通信等复杂技术领域呈现专利分散趋势。它们为了解决互补性专利，产生了专利联盟，为了避免专利敲竹杠，催生了专利经营公司。但是，有时企业会滥用专利战略，阻碍创新。

21世纪是科学技术的世纪，伴随着科学技术日新月异的发展，大到国家，小到企业，竞争日常激烈。为了在市场上获取超额利润，国家和企业无不把科技创新作为头等大事，因此专利成为企业竞争的有力武器，企业已经从以前的“专利一体化”转变到现在的“开放式创新”，以求更快获得专利。依据美国的专利文件申请的规定必须注明引用他人的专利。换句话说，如果一项专利引用的专利文献越多，那么这项专利侵犯他人专利的概率越大。如果这些引用的专利掌握在不同的专利权人手中，很可能这一项专利技术侵犯多个专利权人的在先专利。随着每年专利申请量的不断增长，这种现象愈发明显。世界专利申请量趋势如图 2-1 所示。

涌现的大量专利权人成为“专利敲竹杠者”(hold-up)。Carl Shapiro(2010)表示专利一旦发现在保护期限范围内有被人侵权的情况发生，法院将颁布禁制令，生产商不允许生产侵权产品。同时他也指出当永久禁止令作为产权与专利联合的基础且持续的时间比较长。例如 NTP 和 RIM(Research in Motion)案件，NTP 是一家专利敲竹杠的公司，它起诉 RIM 公司的 BlackBerry wireless e-mail装置侵犯了该公司的若干专利权，RIM 公司为了避免其设备被停止生产，支付了大约 6.12 亿美金给 NTP 公司，这反映出了像 NTP 这样的公司在议价

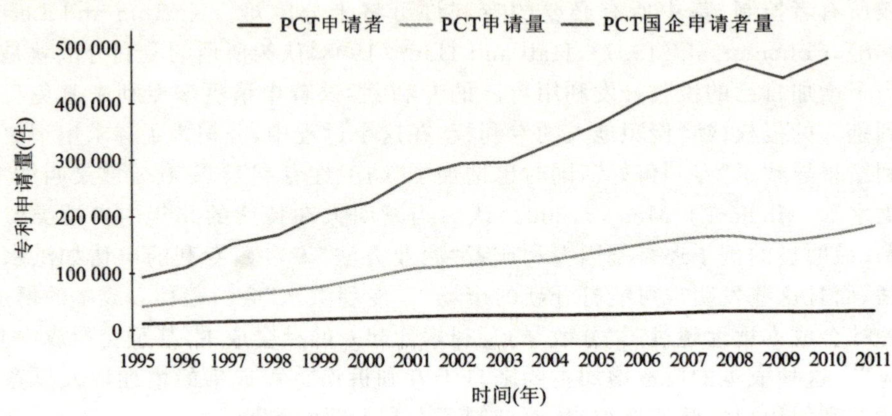

图 2-1 1995—2011 年间 PCT 申请者，申请量，国企申请者量的布局图

（资料来源：wipo 数据库统计，时间：2012.3）

过程中有很大的优势，而不在于它的技术本身有多大的潜力。

Catherine Tucker（2011）定义“patent holder”又可以称为“专利流氓”（patent troll）或者称“patent assertion entities”，它本身不制造产品但是利益来源于起诉他人的侵权。Catherine Tucker 利用实证研究的方法探究了“专利流氓”发动诉讼如何影响医学成像技术的定价，结果表明，相较于类似的同一家公司制作的成像软件，但不包括专利，成像软件的销售利润下降了三分之一。这并非是由于医院的需求降低，相反是与专利诉讼中缺乏产品创新有关。因此技术扩散效应在具有“专利流氓”的情况下不容易产生，那些创新低的产业，也不会卷入诉讼中来。

Timo Fischer，Joachim Henkel（2012）认为“专利流氓”（也称为“NPE”）的利润单纯来源于防范专利侵权。它们的特征为依赖于低质量的专利。这表明如果除去这些专利将会有效制止 NPE 的商业行为。Timo Fischer，Joachim Henkel 通过实证研究分析“NPE”在 1997 年到 2006 年之间所掌握的 392 件美国专利，把它们与专利实体公司的 784 件美国专利进行比较，发现被交易的专利往往都是由“NPE”获得而非专利实体所获得。从上述学者的研究中我们可以发现，专利虽然已经成为国家综合国力以及企业竞争的有力武器，但国家、企业过多地申请专利又必将导致专利和专利权人的泛滥。专利每年如洪水般增长，“专利流氓”、“专利 holder”也将不断涌现，尤其是在一些技术密集、高科技产业的领域内尤为明显。

每个国家以及企业的专利量都在大幅增长，每年涌现出新的专利申请人，处于领先地位的专利权人及专利量也在不断发生变化，间接影响到企业和国家产业的发展，图 2-2 显示出了 1978—2011 年间各个国家 PCT 申请的布局情况。

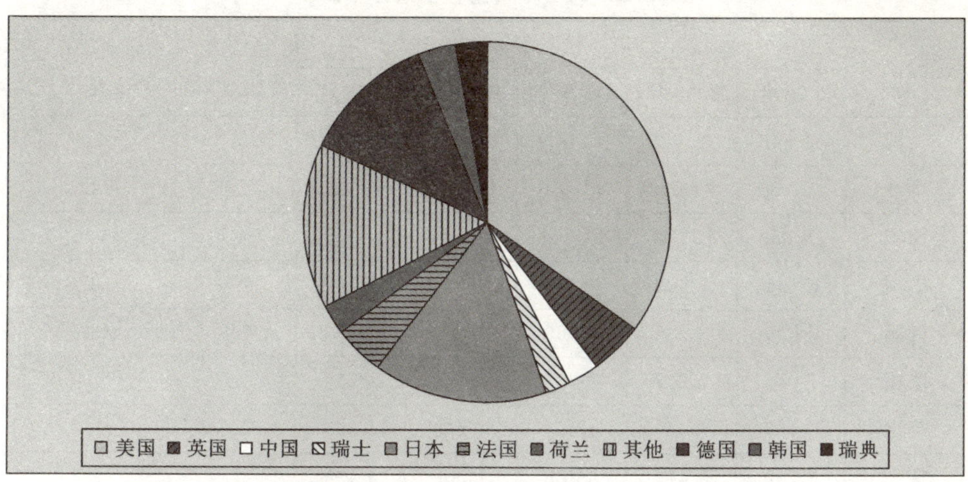

图 2-2 1978—2011 年间，各个国家 PCT 申请的分布情况

（资料来源：wipo 数据库，统计时间：2012.3）

从图 2-2 和图 2-3 中可以看出，尽管在 1978—2011 年间地域申请专利的多元化不断增长，但是，每个国家所占整个 PCT 申请的比例还是十分有限。根据图 2-3 的数据可以得出：美国的专利申请量占整个 PCT 申请量的 35.1%，位居所有国家的申请量之首，相较于其他国家的专利申请量，美国有压倒性的优势。与此同时，日本、美国专利申请量总和达到了 50.2%，而排名前几位国家的专利申请量占到了所有 PCT 申请的五分之四。

为了更进一步说明各个国家专利申请情况，我们根据 WIPO 提供的数据进行分析，如图 2-3 和表 2-1 所示。

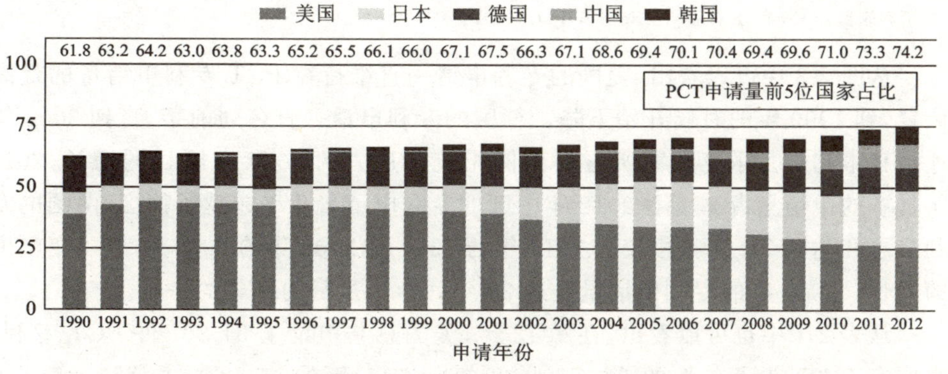

图 2-3 1990—2012 年间，前五位 PCT 申请国专利占整个 PCT 申请量的比例图

表 2-1　PCT 申请量各国家分布情况

国家	申　请　年					2012 年占比/(%)	相较于 2011 年的变化/(%)
	2008 年	2009 年	2010 年	2011 年	2012 年		
美国	51 643	45 628	45 029	49 060	51 207	26.3	4.4
日本	28 760	29 802	32 150	38 874	43 660	22.5	12.3
德国	18 855	16 797	17 568	18 851	18 855	9.7	0.0
中国	6 120	7 900	12 296	16 402	18 627	9.6	13.6
韩国	7 899	8 035	9 669	10 447	11 848	6.1	13.4
法国	7 072	7 237	7 246	7 438	7 739	4.0	4.0
英国	5 467	5 044	4 891	4 848	4 895	2.5	1.0
瑞士	3 799	3 672	3 728	4 009	4 194	2.2	4.6
荷兰	4 363	4 462	4 063	3 503	3 992	2.1	14.0
瑞典	4 136	3 568	3 314	3 462	3 585	1.8	3.6
意大利	2 883	2 652	2 658	2 695	2 836	1.5	5.2
加拿大	2 976	2 527	2 698	2 945	2 748	1.4	－6.7
芬兰	2 214	2 123	2 138	2 079	2 353	1.2	13.2
澳大利亚	1 938	1 740	1 772	1 739	1 708	0.9	－1.8
西班牙	1 390	1 564	1 772	1 729	1 687	0.9	－2.4
其他国家	13 725	12 655	13 346	14 298	14 466	7.4	1.2
共计	163 240	155 406	164 338	182 379	194 400	100.0	6.6

（资料来源:2013 PCT yearly review. WIPO,2013,3.）

从图 2-3 中可以看出,美国的专利申请一直维持在 PCT 专利申请量的最高位置,到 1990 年的时候开始下降。德国的专利申请一直名列前茅,直到 2003 年才被日本超越。东亚国家所占的比例相较于过去的 20 年有明显的增长,2012 年日本的申请量占 25%。2012 年中国的专利申请量几乎超越了德国,两国的专利量总和达到 74.2%,相较于 2011 年的 73.3%,2008 年的 69.4%,有一定幅度的增长。2012 年的专利申请量是这 20 年间申请量最为密集的一年。

从表 2-1 中也可以看出,在 2012 年,美国总共申请了 51 207 件 PCT 专利,占所有 PCT 申请文件的 26.3%,相较于 2011 年的 49 060 件专利,增长了 4.4%。而日本 2012 年的专利申请量占整个 PCT 专利申请量的 22.5%,两个国家的专利申请量总和占 48.8%。而德国和中国 2012 年的专利申请数量分别是 18 855 和 18627 件。相较之下，日本的 PCT 专利申请量对于 PCT 贡献最大，相较于 2011 年，日本 2012 年的专利申请量超出了 4 786 件，中国增加了 2 225件，美国增加了 2 147 件。相较于 2011 年，2012 年的申请国家中，在前 15 个专利申请国家中，荷兰增幅的比例最大，增长了 14%，随后是中国增长了 13.6%，韩国增长了 13.4%，芬兰增长了 13.2%，日本增长了 12.3%。在前 15 个专利申请国家里只有 3 个国家的专利申请量不如 2011 年，分别是加拿大下降了 6.7%，西班牙下降了 2.4%，澳大利亚下降了 1.8%。

从以上数据分析可以看出，美国在特定的技术领域、专利申请量以及专利权人量上都有一定的优势。美国近几年来出现了大量的"NPE"、"patent holder"和"patent troll"公司，利用自己所申请的专利对企业发动诉讼。因此美国近几年的专利诉讼量也在逐年增加，如图 2-4 所示。

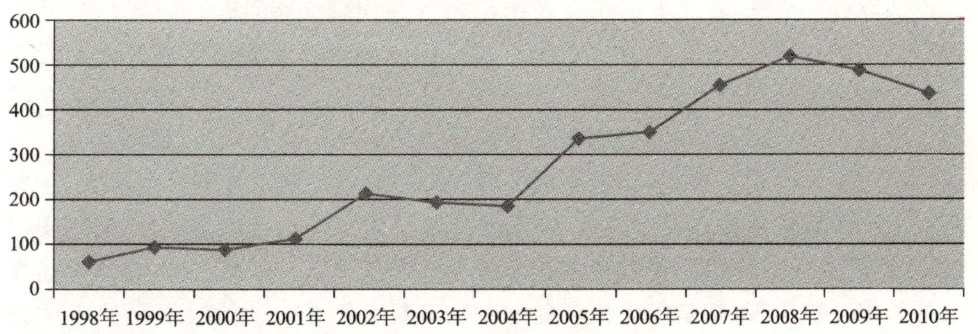

图 2-4　涉及专利诉讼的"NPE"数量趋势图

（资料来源：PatentFreedom.com）

"NPE"、"patent holder"或者"patent troll"公司利用自己获得的专利发明强制排除他人进行重复性创新，所采用的手段为许可谈判和诉讼。"NPE"的出现反映出一个问题，即美国在司法实践上给予私人所有权的保护，与知识产权产生的初衷背道而驰，赋予发明人有权卖掉自己的专利。如果要限制这些行为十分困难，因为这些"NPE"根本没有自己的创新产品，目前还没有任何法律条款来限制这些"NPE"专利活动。Jaffe，Lerner(2001)探究了之所以这些"NPE"涉及的专利诉讼比例不断增长的原因：在软件产业的发展中，涉及软件的专利范围非常广，在开发中相互依赖，这就意味着存在着大量的潜在的专利许可人。从图 2-4 中可以看出，"NPE"诉讼的能力很强，并且它不易遭到专利抗辩这种诉讼技术的反制，例如反诉或者专利滥用，虽然它们实际上没有生产任何实物。

综上所述，法律对专利保护的界定以及发明人在获得专利后如何运用已经成为产业界和学术界十分关注的问题。这些问题就像一把双刃剑，如果处理不好会对产业界造成毁灭性打击。例如，上述统计分析数据表明每年世界的专利申请量呈“爆炸式”增长，使得专利权出现了“片段化(fragmentation)”现象。企业要缩短自己的研发周期，尽快推出产品，抢占市场，从研发到申请专利，再在生产产品这种陈旧模式已经不再适用当今的市场竞争。随着时代的发展，企业已经从这种“封闭式创新”模式转变为实行“开放式创新”战略。如果产品越复杂，需要的专利越多，专利技术许可发生的也就越频繁，专利的依赖程度就越大。一方面，企业需要专利来激励创新，保护自己的合法权益不被侵犯；另一方面专利量过多又会导致依赖的专利越多，需要获得许可的专利也就越多，企业支付的许可费很可能会超出其成本。例如 A 企业需要 B 企业的专利，如果 A 企业没有得到 B 企业的技术许可，那么 B 企业就会对 A 企业进行技术许可谈判或者诉讼。无论采取哪种措施，A 企业的研发及推出新产品周期必将延长。法律意义上的保护专利的初衷是好的，但是过多的专利不仅使得自己要支付巨额的许可费而且还会抑制别人的研发创新，那么专利就不是在激励创新而是阻碍了创新。随着专利过度地申请，权利要求书中所要求保护的内容一旦被授予，那意味着它的保护范围也被确定下来，势必会影响公共领域的利益。随着专利量的增大，各专利权人均享有排他权而不享有使用权，法律上规定的保护范围会扩大，进一步加强了各专利权人排他权，使得其他竞争者无法进入市场。除此之外，根据上述显示的数据可以发现，特定技术领域内的专利不断增长，进一步加大了该产业的技术竞争，使得企业从以前的“闭门造车”转变为现在的“开放式创新”。这表示企业越来越倚重在先的专利，使得一些特定技术领域内的专利量获得飙升。另一方面，如果每年的专利量都在上升，间接导致了专利权人的增加，涉及诉讼的专利“holder”、“NPE”、“patent-troll”增多，尤其是在美国涉及专利诉讼的专利经营公司每年都在增加。伴随着这些专利经营公司的出现，专利诉讼也日益增加，导致了企业卷入到专利侵权纠纷中来。在诉讼期间，新产品的推出必将延后，影响到企业研发的进程；企业一旦败诉，必须支付给那些“专利 troll”巨额的许可费用或者侵权赔偿费用。因此，专利量的过度增长和专利保护范围过宽侵犯了公共领域的利益，专利量的增速过快还间接导致了专利权人增多，专利权人利用自己手头的专利发动专利诉讼或者向企业索要巨额的专利许可费。这些因素统统构成了专利分散形成的问题，如图 2-5 所示。

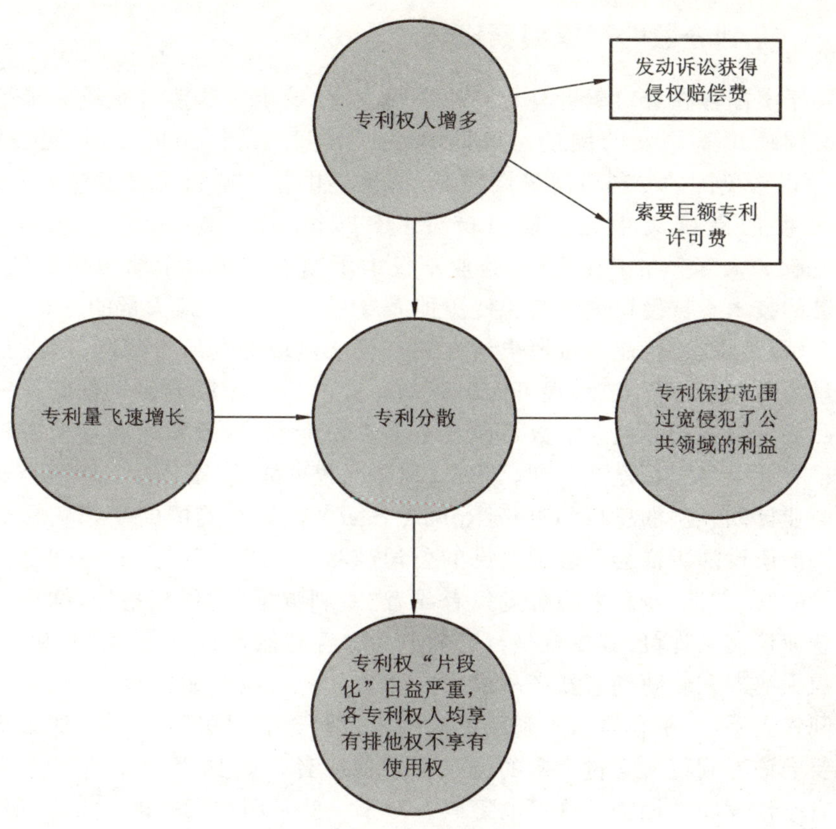

图 2-5　专利分散关系图

第二节　专利分散的形成因素分析
——基于研发创新视角

世界各国，尤其是中美日三国的专利量的增长如“洪水猛兽”，不仅如此，各国的企业以及特定技术领域中的专利量也在迅猛增长。然而，根据专利分散的定义，探究专利分散的形成必须基于专利权人和专利量两个维度来衡量，仅从宏观专利量是无法考察出专利权人和专利量的内在联系。本节基于微观的从企业研发创新视角去探究专利权人如何利用专利进行竞争以及在博弈过程中专利的变化趋势。

一、专利分散的形成因素概述

由于美国存在着对于持有专利的发明人有“偏袒”，这使得企业为了抢占市场就必须缩短其研发的周期。根据 Bronwyn H. Hall(2006)的研究表明，自1984 年以来美国的专利申请量激增，申请量集中在一些特定技术领域，形成了申请密度的高度集中化。信息产业(ICT, information and communication technology)大部分集中在美国，企业不仅为了抢占市场力求缩短研发周期，保护自己的技术不被侵权或者避免侵犯他人专利，因此会申请大量的专利，申请时间将会延长。如果企业大量地申请专利有可能造成专利质量的降低，一旦这些低质量的专利获得批准后，很可能会影响企业的后一阶段的研发创新。一项生物产品或者软件产品包含了数百份甚至上千份专利，这就意味着这上千份专利中如果有几个是“阻碍性”专利，那么这种情况很可能被“敲竹杠”，影响企业下一步的商业计划。例如思科的老板 Robert Barr[①] 曾经在美国的联邦贸易委员会和司法部所设的听证会上表示自己的公司产品存在几个问题，其一就是需要申请大量的“防御性”专利来防御竞争者或者“专利流氓”的侵权指控，抑或可以与其他企业谈交叉许可；其二就是自己的产品中含有他人的“阻碍性”专利，或者该专利权人的专利威胁到了新产品的推广销售，一旦这种“阻碍性”专利掌握在其他专利权人手中，不在自己专利保护范围内，即所谓的“外围专利”，那么很可能企业要向该专利权人支付大量的侵权赔偿费或者许可费，因为企业所掌握的专利没有与该发明人谈交叉许可的筹码。对于一些发明权人来讲自身专利用于产品制造价值不大，因为很可能该专利权人是“专利流氓”。

在特定技术领域内出现了大量不同属性的专利，如“问题”专利、“防御性”专利、“阻碍性”专利等，产品所涉及的技术领域日趋复杂化和多元化，技术产品的创新势必涉及许多不同专利。换句话来说，如今高科技产品需要多个不同的专利才能生产出来，这些专利的“互补性”属性造成了专利权的“片段化”。如果这些专利分别属于不同的专利权人，那就构成了一个专利权人的“片段化”，因此分析形成专利分散问题的因素欲从专利权人数、互补性专利量两个维度来衡量。Cournt(1838 年)最早提出“互补性”理论。例如，黄铜的制作是以铜和锌为原材料，但是这两种原材料又分别被两个企业所掌握，所以这两个企业分别生产成本价格都异常高，远远超出了铜本身的市场价值。所谓“互补性专利”是指下游制造商为了生产产品需要一定的标准，而这些标准基于一些基础专利，因此这些基础专利就构成了互补性专利(Klaus M. Schmidt, 2008)。Merges and Nelson

① Id. at 11.

(1990)认为发展中的市场产品及其创新,市场价值的巨大潜力及其经济价值导致在该技术领域内专利权人和专利量都十分密集。专利的"分散"现象很普遍,间接影响到了创新,Kortum,Lerner(1998)和Sanyal,Jaffee(2007)认为专利的蜂拥出现和爆炸式的增长是导致了目前专利"过剩"的原因。目前,有一些学者推测较短的产品制造周期也许会引发较高的专利偏好,但是这与实际生产中恰恰相反,企业会觉得在较短的时间内一项获得补贴的技术用于商业秘密会比申请专利要好。因此,较短的生产周期不仅不会引发高的专利偏好反而会降低人们对专利的喜爱。Sabety(2004)提供了一个典型的例子比较了信息技术产业,一开始软件没有被考虑作为专利保护的客体,因此不存在专利侵权的问题。为了能够让产业获得长久的发展,他建议采取一种类似于知识产权的制度。这种制度包含了知识产权保护的优点,用于保护成熟的产业,尽早避免遭遇阻碍性的处境。

综上所述,我们可以猜测出在特定技术领域内形成专利分散现象,其根本原因有可能是研发生产周期的缩短以及存在大量的"互补性专利"等因素造成的。下一节本书将构建一个博弈模型来验证探究专利分散问题的形成因素。

二、专利分散的形成因素博弈分析

(1) 模型假设

Myerson(1991)认为博弈是构建一种数学意义上的模型来探究合作与非合作之间抉择。VonNeumann,Morgenetern(1944)指出必须探寻出一种博弈模型来解决两者合作之间出现的问题,使得两者利益最大化,并提出了合作的策略来进行验证分析。Drew Fudenberg,Jean Tirole 在《博弈论》书中指出,利用博弈方法就是建立一个每个竞争者行为的模型,并可能找到可以构成这个模型的一个"均衡"的行为。Antoine Augustin Cournot,Joseph Bertrand 假设每个企业都知道其他企业的生产技术,并提出了一个通过策略式博弈工具和纳什均衡来研究的模型。最早研究博弈论的是 Cournot(1838),Bertrand(1883),Edgeworth,他们研究垄断定价和生产的问题;Nash(1950)提出了后来被称为"纳什均衡"的概念,将博弈论分析扩展到非零和博弈的一种方法。"纳什均衡"要求每个参与人的策略是针对他所预言的对手策略的支付最大化反应,并且进一步认为每个参与人的预言都是正确的。"纳什均衡"是 Cournot,Bertrand 模型的均衡的一般形式,大多数博弈分析都是基于"纳什均衡"。

运用博弈论来探讨专利分散形成因素,主要基于以下三个条件:①假设博弈模型中只有两个企业,且企业都是理性的,因此能够利用微观经济学的思想去分析;②企业本身是研发的参与者,无论企业选择任何一种行为都是为了追求利润最大化和成本最小化;③每个企业间专利策略假设都满足"纳什均衡","纳什均衡”指的是每一个参与者所选择的策略都是最优的一种理想状态。

在改进产品创新方面，许多学者都做了研究，最著名的就是Scotchmer(2004)详细讨论了在有知识产权情况下产品的改进情况。Gjerde et al.(2002)分析企业在后续研发以及决定累积创新或者前沿创新的影响因素战略，研究差异化公司在制造周期和国际贸易上的问题也有涉及。模型具有很高的创新性，在这模型基础上Vernon(1966)重新定义了模型并对企业在技术上的持续的竞争做了稳健性检验。Segerstrom et al(1990)发现保护来自于模仿，低劳动成本的国家的关税可以降低经济中的创新活动。类似的，延伸目前的阻碍性专利模型导致了研发效应，产品单一带动不了企业的积极性。Grossman，Helpman(1991)用一般均衡模型分析了差异化国家地区的企业，根据创新能力的不同，企业可以模仿或者创新，这个决定了内在的制造周期。他们研究两个区域以及研发支持或补助水平的类型如何影响创新和模仿，最后如何影响平均制造周期的长度。有些学者关注对称的企业，例如，Aghion，Howitt(1992)研究的问题关注与集中产品或者知识增长的适合政策。Reinganum(1989)分析了推出新产品的时间，考虑了市场时间和资源分配，产品的新颖程度之间的均衡。Fudenberg，Tirole(1984)以及Tirole(1990)，Hendricks(1992)关注了单一创新策略，现有的模型建立在这些观点上以及关注于把专利申请的作用作为执行这些策略的工具。Gjerde et al.(2002)提出了一个考虑到持续创新以及前沿创新的模型。本书将建立一个博弈模型来探究专利分散的形成因素。

(2) 博弈模型分析

为了简化分析，探究出专利分散的形成因素，不妨设市场上只有两家企业$i\in(1,2)$，且这两家企业是相互竞争，产品的差异化不大。假设这两家企业都是理性的，不会单方面改变企业策略，因此它们会在观察对方的行动后再作出调整。如今的企业创新已不再实行“垂直一体化”的创新策略，因为从研发投入到产品推出周期太长，在这个阶段其他企业很可能抢先推出同质产品并垄断利润来挤掉竞争对手。因此企业为了尽快将新产品推出市场，获得垄断利润，它一定不会从“零基础”开始，它一定会采取“立基战略”，依靠获得一些互补性专利来缩短研发周期。这些专利的获取来源于以下几个方面：首先，采用之前研发出的半成品来申请专利为后续研发做准备；其次，就是靠购买他人的专利或者向其他专利权人支付许可费；再次，就是和别人进行交叉许可获得。如果企业获得了足够的专利那么它就有可能缩短研发周期，将新产品尽快推出市场。这样做还有一个好处是在研发的时候利用专利作为参考来发现哪些技术或地方要改进，对专利进行使用会大大缩短生产周期并改进产品质量，从而推动创新，这就是所谓的“站在巨人肩膀上”。与此同时，随着企业技术的进步以及新产品的加快推进，企业又可以从中获得不少利润用于后续的研发。换句话说只要企业拥有的互补性专利越多，那么它的研发周期越短，越有可能获取超额的垄断利润。相较之下，那些研发速度较慢、周期较长的企业所需要的专利也就越少，在产品无差别化的情况下，所获得的利润也就越少。但是，如果企业所需的互补专利累积成本超过了企业的收益，那么该企业有可能调整自己的战略，适当地延长研发时间使自己不依靠外来的专利来缩减获取专利的成本。

不妨假设当企业 i 投入研发后，经历过了较长的时间，产品推出市场，这意味着研发和专利技术之间有一定的滞后性，当新产品推出市场后过一段时间，企业才进行下一轮的研发投入，那么最后的利润设为 F'_i，这表示当企业 i 使用这种较长的研发策略时获得的收益。为了简化模型的难度，在这里假设其研发成本为 0；另外企业的研发创新策略是利用专利来缩短研发时间，那么企业采用这种策略的利润为 F^s_i，那么该企业只用支付使用专利的成本，我们设为 $C(\theta)=\theta q^N$。除此之外，为了计算出企业利润的贴现值，我们引入贴现因子[①] δ 来计算，其取值范围为[0,1]。在博弈论中所用到的变量符号描述如表 2-2 所示。

表 2-2 变量符号及其描述

变量符号	描述
F^l_i	企业 i 采取较长的研发周期所获得的收益
F^s_i	企业 i 采取较短的研发周期所获得的收益
$C(\theta)=\theta q^N$	C 表示企业在研发过程当中所支付的使用专利的费用，θ 表示企业成功获得使用这些专利的概率，C 是 θ 的函数，q 表示专利的数量，N 表示幂指数，$N>1$，θ 的取值范围为[0,1]，由于 θ,q,N 的取值均大于 0，根据函数的性质，C 是单调递增，那么随着获取专利成功的概率增加(θ)所获得的专利量也在增加，那么专利使用成本增加，当 θ 趋近于 0 时，C 将为 0；当 θ 趋近于 1 时，表示成功获得的专利越大，C 趋近于∞
δ	δ 表示贴现因子，取值范围为[0,1]，根据其定义和表达式可以知道，δ 越小表示企业获得的贴现值也就越大
D	D 表示企业技术产品所获得的寡头垄断竞争利润
M	M 表示企业获得的完全垄断利润

① 贴现因子，就是将将来的现金流量折算成现值的介于 0～1 之间的一个数。http://baike.baidu.com/view/978697.htm 访问时间：2013 年 3 月 30 日

在不考虑专利以外其他成本的情况下，企业所获得报酬完全取决于其采取何种研发策略，首先假设在没有任何外界刺激的情况下，两家企业的研发策略是全部采取“垂直一体化”的战略，这时候它们所获得的报酬函数为

$$F^{l}_{1,2}=D/(1-\delta) \tag{2-1}$$

他们的研发投入情况假设未知，属于信息不对称。因此当其中某一家企业突然改变了研发策略，集中互补专利来缩短研发周期，该企业如果成功，获得完全垄断利润，于是我们可以得出企业1在除专利以外的其他成本为0的情况下，使用专利来缩短研发周期的期望报酬函数为

$$E(F^{s}_{1}|\theta)=\theta_1(1-\theta_2)M+(1-\theta_1)(1-\theta_2)D+\theta_1\theta_2 D+\delta E(F^{s}_{1}|\theta)-\theta_1 q^{N}_{1} \tag{2-2}$$

其中$\theta_1(1-\theta_2)M$表示企业1成功地集中了全部互补专利，企业2可能被排挤出市场后企业1获得的垄断利润；$(1-\theta_1)(1-\theta_2)D$表示企业1和企业2都没有成功获取垄断利润，但是它们可以从之前的产品获取利润；$\theta_1\theta_2 D$表示两家企业均成功将技术或产品推向市场获得利润；$\theta_1 q^{N}_{1}$则表示企业1从内部获得的互补性专利所支付的成本；$\delta E(F^{s}_{1}|\theta)$表示期望报酬函数的贴现值，由式(2-2)可得

$$E(F^{s}_{1}|\theta)=(\theta_1(1-\theta_2)M+(1-\theta_1)(1-\theta_2)D+\theta_1\theta_2 D-\theta_1 q^{N}_{1})/(1-\delta) \tag{2-3}$$

由于两家企业的研发情况双方都不知道，因此在不改变外界任何条件的情况下，两家企业都恪守创新“垂直一体化”策略。但是如果有一家企业在研发和推出产品获取专利后利用专利进行“开放式创新”战略，缩短了自己研发和推出新产品的时间，那么在对手做出策略调整之前它有可能获得完全垄断的利润，那么此时它的期望报酬函数为

$$E(F^{s}_{1}|\ F^{l}_{2})=\theta_1 M+(1-\theta_1)D-\theta_1 q^{N}_{1} \tag{2-4}$$

当企业1如果知道企业2的研发策略是在最终产品完成后才去申请专利这种“垂直一体化”的研发策略，那么企业1就有可能采取“开放式创新”战略来进行研发，彻底把企业2排挤出市场。如果企业1自始至终知道企业2会恪守“垂直一体化”策略，那么它也会始终采用“开放式创新”战略，如果企业2在第二个阶段调整战略及时采用“开放式创新”战略，那么企业1的期望报酬函数又回到了式(2-3)。如果企业2一直采用“垂直一体化”策略那么它的期望报酬函数为

$$E(F^{l}_{2}|\ F^{s}_{1})=(1-\theta_1)D \tag{2-5}$$

从式(2-5)中我们可以看出，在企业1采取了“开放式创新”战略后获得垄断利润的情况下，企业2的利润来源于假设在企业1上述战略不成功的前提下，才会获取利润。根据博弈的对称性性质，我们可以得出两家企业在采取不同的策略情况下所得到的期望报酬矩阵，如表2-3所示。

表 2-3 企业 1,2 的期望报酬支付矩阵

企业采取不同研发策略所获报酬函数	F_2^s	F_2^l	F_1^s	F_1^l
F_1^s	$\theta_1(1-\theta_2)M+(1-\theta_1)(1-\theta_2)D+\theta_1\theta_2D-\theta_1q_1^N$	$\theta_1M+(1-\theta_1)D-\theta_1q_1^N$		
F_1^l	$(1-\theta_2)D$	D		
F_2^s			$\theta_2(1-\theta_1)M+(1-\theta_2)(1-\theta_1)D+\theta_2\theta_1D-\theta_1q_2^N$	$\theta_2M+(1-\theta_2)D-\theta_2q_2^N$
F_2^l			$(1-\theta_1)D$	D

从表 2-3 中可以看出企业 1、企业 2 在对方率先采取研发策略的情况下，做出战略布局后所获得的利润是对称的。表 2-2 无法显示出企业 1 和企业 2 如果采用“开放式创新”战略较其他战略的优势在哪，以及研发周期缩短后如何推动技术进步，导致专利越来越分散。为了证明这些问题，假设企业 1 采取“开放式创新”战略，企业 2 采取“垂直一体化”策略或者“开放式创新”战略，那么企业 1 在企业 2 采取“垂直一体化”策略下，采取“开放式创新”战略所获得利润要大于企业 2 所获得利润的条件是

$$\theta_1M+(1-\theta_1)D-\theta_1q_1^N\geqslant D$$

$$\theta_1M+(1-\theta_1)D-\theta_1q_1^N>\theta_1(1-\theta_2)M+(1-\theta_1)(1-\theta_2)D+\theta_1\theta_2D-\theta_1q_{1-}^N \quad (2\text{-}6)$$

为了比较出式(2-6)的大小，对不等式两边求 θ_1 的一阶导数，不等式左边的求导结果为 $M-D-q_1^N$，不等式右边的求导结果为 $M-D-\theta_2(M-2D)-q_{1-}^N$，整理两边导数可得

$$M-D-q_1^N>M-D-\theta_2(M-2D)-q_{1-}^N \quad (2\text{-}7)$$

由于专利的成本函数 $C(\theta)=\theta q^N$ 单调递增，那么 $q_1^N>q_{1-}^N$，即 $q_1>q_{1-}$，其中 q_{1-} 表示在企业 1、企业 2 均实行“开放式创新”战略条件下的企业 1 所需互补专利量。由此可以得出企业 1 要想保持自己的垄断地位必须满足 $q_1>q_{1-}$，且 $q_1^N<\theta_2(M-2D)+q_{1-}^N$。由前面分析可知，企业如果想利用专利争取更多的垄断利润，它就必须缩短研发周期然后不断获取互补专利用于后续研发。这些专利越多，代表这项技术或产品越复杂，且这个专利成本属于内部成本，这样做还可以把竞争对手排挤出了市场，那么可以得到以下命题。

命题 1 企业研发技术或产品构成越复杂，为了追求一定时期的垄断利润，

如果企业缩短研发周期，在研发的每个阶段申请专利，所需要的互补专利就越多，且成本不高。这就表示在缩短研发周期的情况下，复杂技术或产品涉及的专利越多则单个专利权越不完整。

由此我们可以得出，当企业1选择“开放式创新”战略，企业2采取“垂直一体化”策略，这时候企业1所获得的期望报酬肯定会比两家企业都采取“垂直一体化”策略所获得利润要多。如果两家企业同时采取“开放式创新”战略，那么两家企业为了缩短研发周期、抢占市场，双方比拼专利，企业1所需的互补专利来源可能是自己内部的专利，以及企业2的专利，因此要向企业2支付专利许可费，由此引发专利竞赛导致专利进一步分散反而加重了企业的成本负担，有可能会比采取“垂直一体化”策略的利润要小。如果在这个专利竞赛的过程当中某家企业不堪重负，退出了专利竞赛，调整自己的策略使得研发又回到了“垂直一体化”的阶段，那么它的利润又会小于专利竞赛的时候，这样企业在选择战略时就面临一个囚徒困境，大家都希望选择“开放式创新”战略，但是又害怕向对方支付过多的专利许可费所带来的成本增加，以及中途研发中侵犯对方专利权的风险，因此该囚徒困境可以表示为

$$\left.\begin{aligned}&E(F_1^s \mid F_2^l) > F_{1,2}^l\\&F_{1,2}^l > F_{1,2}^s\\&F_{1,2}^s > E(F_1^l \mid F_2^s)\end{aligned}\right\} \tag{2-8}$$

为了得出专利成本范围，由式(2-8)可得

$$\left.\begin{aligned}&\theta_1 M+(1-\theta_1)D-\theta_1 q_1^N > D\\&D > \theta_1(1-\theta_2)M+(1-\theta_1)(1-\theta_2)D+\theta_1\theta_2 D-\theta_1 q_1^N\\&\theta_1(1-\theta_2)M+(1-\theta_1)(1-\theta_2)D+\theta_1\theta_2 D-\theta_1 q_1^N > (1-\theta_2)D\end{aligned}\right\} \tag{2-9}$$

根据式(2-9)可依次解得

$$\left.\begin{aligned}&\theta_1 q_1^N < \theta_1(M-D)\\&\theta_1 q_1^N > \theta_1 M-\theta_1\theta_2 M-\theta_2 D-\theta_1 D+2\theta_1\theta_2 D\\&\theta_1 q_1^N < \theta_1 M-\theta_1\theta_2 M-\theta_1 D+2\theta_1\theta_2 D\end{aligned}\right\} \tag{2-10}$$

根据对称性原理，企业为了达到“纳什均衡”那么可以得出 $\theta_1=\theta_2=\theta$，那么可得

$$\left.\begin{aligned}&\theta q^N < \theta(M-D)\\&\theta q^N > (\theta-\theta^2)(M-2D)\\&\theta q^N < (\theta-\theta^2)(M-D)+\theta^2 D\end{aligned}\right\} \tag{2-11}$$

由不等式的性质及式(2-11)取三个不等式的交集可知，专利成本函数 $C(\theta)$

的取值范围在

$$C(\theta)\in[(\theta-\theta^2)(M-2D)-(\theta-\theta^2)(M-D)+\theta^2 D]$$

由此可得出企业1将在这个专利成本范围内,“纳什均衡”的最优策略是采取“开放式创新”战略。

上述分析是第一阶段的博弈分析,属于静态博弈。现实中两个企业不可能研发投入只存在于第一期,它们研发战略的制定是一个动态的博弈过程且是反复的博弈,每一个企业都希望对手采取“垂直一体化”策略,都不希望对手突然改变其策略,那样自己也要做出相应的调整。如果企业2想要阻止企业1获得垄断利润,它就必须比企业1拥有更多的专利从而迫使企业1不得不从“开放式创新”回到“垂直一体化”。随着企业2的专利量不断提升,企业1为了避免侵犯企业2的专利权或者被索要高额的许可费,企业1肯定会尝试采用开发新技术、新产品,研发的周期肯定会很长,因此当企业1采取“开放式创新”所获得利润的动态博弈的条件为

$$E(F_1^s \mid F_2^l)+[\delta/(1-\delta)]F_{1,2}^s > F_{1,2}^l \tag{2-12}$$

其中$[\delta/(1-\delta)]F_{1,2}^s$表示在研发投入第二期所获得的收益,展开式(2-12)可得

$$\theta_1 M+(1-\theta_1)D-\theta_1 q_1^N+[\delta/(1-\delta)][\theta_1(1-\theta_2)M+(1-\theta_1)(1-\theta_2)D+\theta_1\theta_2 D-\theta_1 q_1^N]>D/(1-\delta) \tag{2-13}$$

在这个动态博弈的模型中,企业1制定的研发策略是根据企业2的战略来进行调整的。在第一阶段,企业2采用“垂直一体化”策略,那么企业1采用“开放式创新”战略,所需的互补专利来源于企业内部,到了第二阶段企业2调整战略也采用“开放式创新”战略来应对,企业1获得互补专利的来源不再仅是内部的专利,有可能是来自与企业2研发过程中所获得的专利以避免侵权。这样就引发了两个企业新一轮的专利竞赛,企业2为了获得垄断利润排挤企业1,它有可能申请使用更多的企业1所需的互补专利或者获得其他专利权人的许可,这使得企业1为了研发生产产品又不得不向企业2支付许可费来获取所需互补专利。一旦不堪重负,企业1可能又会选择较长的研发周期策略来绕开企业2的专利包围。换句话说,如果企业1要制定自己的研发战略就必须根据企业2所获得专利来考虑,企业2成功获得专利的数量由θ_2所决定,那么企业2想要把企业1挤出市场的条件是,企业1的“开放式创新”战略所带来的期望报酬小于“垂直一体化”的时候,即

$$\theta_1 M+(1-\theta_1)D-\theta_1 q_1^N+[\delta/(1-\delta)][\theta_1(1-\theta_2)M+(1-\theta_1)(1-\theta_2)D+\theta_1\theta_2 D-\theta_1 q_1^N]<D/(1-\delta) \tag{2-14}$$

对此不等式两边求θ_2的一阶导数,可得

$$[\delta/(1-\delta)(-\theta_1 M-D+2\theta_1 D]<0 \quad (2\text{-}15)$$

由此可得，企业 1 在两阶段的研发投入的期望报酬函数是 θ_2 的减函数，那么分别令 $\theta_2=0$ 或者 $\theta_2=1$，可得出企业 1 不同的报酬函数。

当 $\theta_2=0$ 时，企业 1 的期望报酬函数为

$$\theta_1 M+(1-\theta_1)D-\theta_1 q_1^N+[\delta/(1-\delta)][\theta_1 M+(1-\theta_1)D-\theta_1 q_1^N] \quad (2\text{-}16)$$

当 $\theta_2=1$ 时，企业 1 的期望报酬函数为

$$\theta_1 M+(1-\theta_1)D-\theta_1 q_1^N+(\delta/1-\delta)(\theta_1 D-\theta_1 q_1^N) \quad (2\text{-}17)$$

由减函数的性质可知，当 $\theta_2\in[0,1]$时，企业 1 的期望报酬函数取值范围为 $\{\theta_1 M+(1-\theta_1)D-\theta_1 q_1^N+[\delta/(1-\delta)](\theta_1 D-\theta_1 q_1^N)-\theta_1 M+(1-\theta_1)D-\theta_1 q_1^N+[\delta/(1-\delta)](\theta_1 M+(1-\theta_1)D-\theta_1 q_1^N)\}$

只有在上述区间范围内，企业 1 才不会背离“垂直一体化”策略。当 $\theta_2=0$ 时，企业 2 的专利量趋近于 0，此时企业 1 的期望报酬函数达到最大。此时如果它知道企业 2 已经没有专利了，企业 1 就处在改变研发策略的临界状态了。如果 $\theta_2=1$，代表企业 2 拥有极大的专利量，同时专利的成本趋近于∞，企业 2 为了迫使企业 1 一直维持“垂直一体化”策略，必须申请很多专利或者支付超额的专利许可费才能保证自己的垄断地位，那么在这种情况下，企业 2 又处于重新考虑自己的研发策略的临界状态，因此得到命题 2。

命题 2 随着企业间竞争的日益激烈，单个企业为了避免侵犯他人的专利权缩短研发周期，就不得不向他人支付许可费来获取互补专利，一旦这些专利过于分散，许可费超出了企业所承受的范围，该企业可能会被排除出该市场。

如果企业 1、企业 2 的研发策略博弈在第一个阶段就结束了，即 $\delta=0$，那么当企业 2 实行“开放式创新”战略且没有完全把企业 1 排挤出市场，那么企业 1 的报酬函数为

$$E(F_1^l \mid F_2^s)=(1-\theta_2)D \quad (2\text{-}18)$$

两家企业均采取“开放式创新”战略的期望报酬函数为

$$E(F_1^s \mid \theta)=\theta_1(1-\theta_2)M+(1-\theta_1)(1-\theta_2)D+\theta_1\theta_2 D-\theta_1 q_1^N \quad (2\text{-}19)$$

当 $\theta_2=0$ 时，由式(2-18)可得

$$D<\theta_1 M+(1-\theta_1)D-\theta_1 q_1^N \quad (2\text{-}20)$$

即
$$E(F_1^s \mid \theta)>E(F_1^l \mid F_2^s)$$

当 $\theta_2=1$ 时，可得 $0<\theta_1 D-\theta_1 q_1^N$，

即
$$E(F_1^l \mid F_2^s)<E(F_1^s \mid \theta)$$

由于 $E(F_1^l \mid F_2^s)$是减函数，根据减函数的定义，在 $\theta_2\in[0,1]$之间，当 $\theta_2=0$

时，$E(F_1^l \mid F_2^s)$有最大值即 D，它小于 $E(F_1^s|\theta)$，可以推出当 θ_2 在[0,1]区间取值，$E(F_1^s|\theta)$恒大于 $E(F_1^l \mid F_2^s)$。那么我们可以得出，当企业 2 的专利量不足，没有企业 1 所需的互补专利，且企业 1 自身内部已成功获取集中了所需的专利，那么在这种情况下企业 2 无法把企业 1 排挤出垄断市场，企业 1 一样会选择“开放式创新”战略，由此我们得到命题 3。

命题 3　当竞争对手专利量不足没有自身所需专利，企业一定会调整研发策略。从以前为了避免侵权和支付大量许可费给他人的“垂直一体化”策略转变为“开放式创新”战略，在研发的每个阶段申请专利来获取互补专利，以此获取产品技术正常利润以外的超额利润，同时也可以起到排挤竞争对手的目的。

综上所述可以得到企业 1、企业 2 选择研发策略的博弈树，如图 2-6 所示。

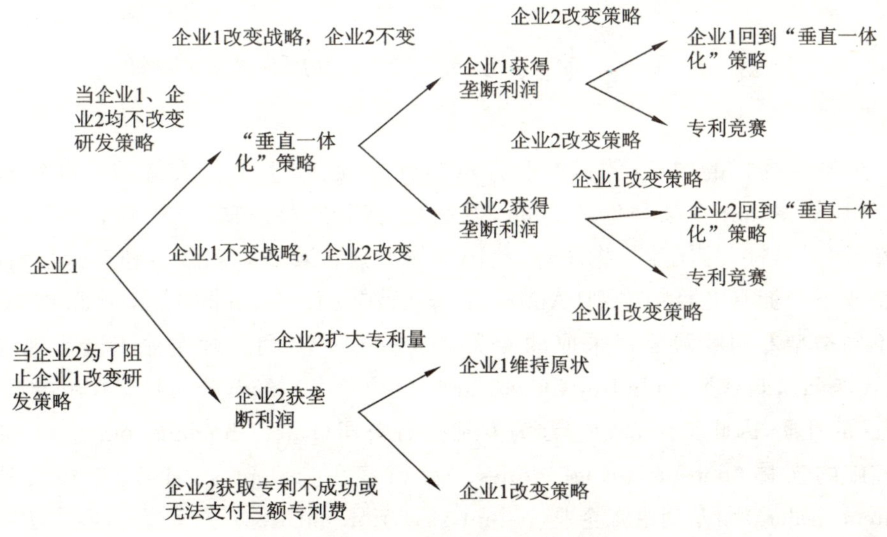

图 2-6　企业选择研发策略的博弈树

本节构建了一个博弈模型来验证研发策略的选择不同，企业研发的周期不同。如果是选择“开放式创新”战略，那么它对专利量的使用有要求，研发周期的长短决定了企业是否能成功获得垄断利润。例如，如果一家企业缩短研发周期，那它获得超额利润的概率肯定会高于对手。通过上述博弈模型的分析我们可以得出，研发周期的缩短，企业必须获得更多的互补专利，这些专利不仅用于创新产品的后续研发，还可以获取竞争对手的许可费，在这种情况下，因为研发周期的缩短，在研发的每个阶段都将产生大量的互补专利。而不是只围绕产品申请少量专利，这些互补专利导致了单个专利权的进一步“弱化”，企业为了集中这些专利又不得不向这些专利权人支付许可费,专利分散问题尤为明显。企业为了彻底把竞争对手排挤出垄断市场,又必须不断申请获取专利来打压竞争对手使他们不随意改变自身的研发策略。但是,如果企业无法获取专利或者专利成本超出预算,那么竞争对手将作出一定的调整,改变既定的策略参与竞争来提升自己的利润空间。该博弈模型从研发策略的角度说明了形成专利分散问题的因素:随着技术的复杂化,企业为了抢占市场获取垄断利润,必将缩短自身的研发周期,在研发的每个阶段产生了大量的专利,这些专利构成了最终产品所需的互补专利,从而导致了专利的分散。该博弈模型的缺点在于只考虑了两家企业的博弈,没有考虑更为复杂的情况,没有考虑消费者效用。为了简化模型只考虑了专利成本,没有加入其他成本。

第三节 专利分散产生的不利影响

专利爆炸式的增长,使得专利许可市场兴起,催生出了大量的专利经营公司,Patent holder 在某种意义上可以看做是专利经营公司的一种类型,在市场上存在着“敲竹杠”的风险。据统计,美国市场上活跃着 200 多家专利经营公司,每家企业至少拥有几百项专利(Andrei Hagiu,2009)。Millien,Laurie(2007)归纳了不同类型专利经营公司采取的专利经营模式。专利经营企业不同于现有企业,无法归入既有类型(Jeffrey Chang,2009)。由于专利经营公司具有在市场上“敲竹杠”的性质,因此又可以把它称为专利持有公司(patent holding company)、非专利实施的实体(non-practicing entities)、专利鲨鱼(patent sharks)、专利交易商(patent dealers)和专利主张企业(patent assertion entities)等,是指不希望实际使用专利生产产品而获得专利权的个人或企业(McDonough,2006;Ohly, Joike, Morron, Robinson,2008;英国知识产权局,2011)。

专利经营公司设立的初衷是为解决专利分散问题,事实上是造福社会的(McDonough,2006;Chien,2009)。专利经营公司是执行专利的一种有效机构(Opitz,Pohlmann,2010),能够增加中小企业收益(JE Bessen, MJ Meurer, JL Ford,2011),促进技术市场发展(Myhrvold,2010;Bessen,2011)。

然而,现有的专利经营公司已成为“专利流氓”。“专利流氓”是非生产型的机会主义者或有目的的企业,其利润来源于不小心侵犯其专利企业所支付的赔偿金(Reitzig and Henkel,2007),将专利侵权诉讼作为从大企业榨取经济利益的一种机制(Ball and Kesan,2009)。高额的许可成本减少下游企业的创新利润，由此降低创新效率(Lemley，Shapiro，2007)。实证研究表明，专利经营公司提起的专利诉讼集中在专利分散的技术领域(Risch，2012)。“专利流氓”存在最严重的是美国，远盛于欧洲(英国知识产权局，2011)。英国在 2000—2008 年间，专利经营公司提起的专利诉讼数量没有明显增加(Helmers，McDonagh，2012)。运用美国资本市场专利诉讼数据，研究发现美国 1990—2010 年被告因专利经营公司提起的专利诉讼损失 5000 亿美元，而且只有极少一部分赔偿流向小的发明者。这意味着减少了创新激励和降低了社会福利(James，2011)。专利经营公司提起的专利诉讼将对创新产生负面影响(Tucker，2011)，并使社会福利遭受实质性损失(Bessen，Meurer，2011)。

根据世界知识产权组织(WIPO)的统计，从 2000—2011 年间有 5 种技术专利领域处于领先地位，如图 2-7 所示。

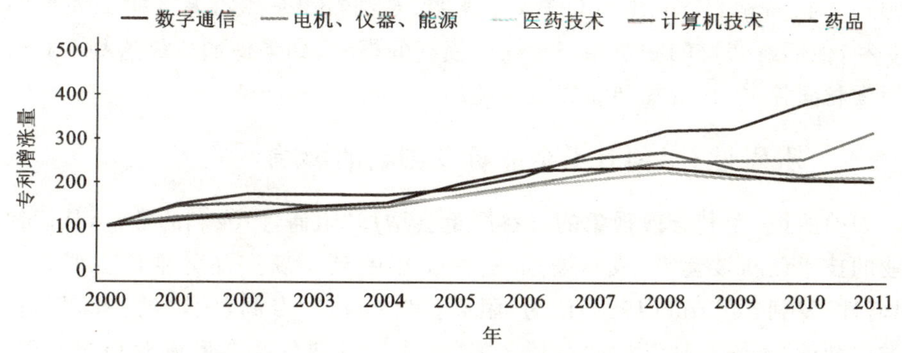

图 2-7　2000—2011 年间，PCT 申请前 5 位的技术专利领域

(资料来源：WIPO 数据库，统计时间：2012.3)

根据 WIPO 的统计，在 1978—2011 年期间 PCT 专利申请的数量是最大的，尤其是在医药技术领域。然而，这个数量如果把它放在整个专利申请中只算是一小部分，它说明了 PCT 申请已经涉及了许多技术领域，而非只是单一的一种，许多不同领域的专利申请量都在不断发生变化，如图 2-7 所示，2011 年医药技术专利位居第三，排在数字通信技术和电机、仪器、能源后面。2000—2011 年，数字通信技术专利 PCT 申请量的增长速度是前 5 位技术领域里最快的，在此期间几乎是以超过 4 倍的速度在增长。2010 年以来，数字通信技术专利 PCT 申请始终位居前列。

此外，Dietmar Harhoff et al. (2012)认为专利的分散引发的“专利丛林”效应导致了专利诉讼和后授权效率的问题，这对于专利局来讲是一个极大的挑战，如果专利局授予专利时出了错，导致了很多“问题专利”出现，那么其他人在使用这些专利时，专利使用费超出了他人的成本。两个方面都可能导致这样的原因：第一，公共产品的问题，企业通过专利来限制他人从中获利；第二就是许多专利申请人申请专利形成了“专利丛林”，导致了成本的提升。他们用欧洲专利局的专利数据进行实证检验发现，在一些特定的领域内专利权人过于密集，并且有相当一部分“阻碍性”专利，这些专利形成了“专利丛林”从而影响到了其企业的技术进步，他们建议后通过授权制度来解决相关问题。专利分散的问题会使专利权属的界定不清，这很可能引发企业遭到诉讼的攻击甚至会被禁止开发“阻碍性”产品，企业开始考虑使用专利组合来保护自己的专利免于被套牢，但在专利分散的情况下，企业必然不可能一心一意地只专注研发，必然要防范“专利流氓”对它的要挟，无论是交叉许可还是争议谈判，虽然可能会降低企业的成本，但必然会分散企业研发的精力，这样一来肯定也会影响企业的技术创新（FTC，2003）。Graham，Harhoff（2009）研究表明，专利“holder”如果掌握了大量的授权专利，他们所获得的利益相当于社会福利的损失，如果他们依靠这些专利所获得超额利润越多，社会福利损失也就越多。

一、“阻碍性”专利对于企业研发创新的影响

如前所说，专利分散现象的日益严重会增加“阻碍性”专利的数量，从而使得企业的技术创新被套牢，成本增加，进一步影响到了新产品的推广。那么何为“阻碍性”专利？Tirole（1988）认为“阻碍性”专利是“专利丛林”的一部分，它会引发权利的“不确定性”以及“专利套牢”问题。专利分散会形成专利权的重叠，一项新的产品要想实现其商业化，必须突破知识产权所带来的层层关卡，他认为这个过程很可能会导致企业技术创新的负面效应。随着企业专利量每年不断提升，专利权的保护范围无限扩大，每年将不可避免地侵犯到外部的专利权，除非它根本不适用专利。有些企业为了避免诉讼或者受到专利“holder”或“阻碍性”专利的影响，企业可能只使用外围专利又或者在申请专利授权后，将其专利搁置一旁，结果变成了“沉睡型”专利，难以进行商业化。

那么，为了验证“阻碍性”专利是否对于企业技术创新造成影响，我们沿用上一节的博弈模型，考虑构成一个“阻碍性”因子$\lambda \in [0,1]$之间，它的含义是，随着λ值的增大，代表着企业利用专利“阻碍”竞争对手的可能性也就越大，无论该企业拥有的专利量是多是少，它的竞争对手的技术或者专利落入到它的专利保护范围的概率肯定是很大的，那么它的竞争对手为了避免侵权，很可能会发展外围专利技术避开正面冲突，因此上研发周期会变长，企业的利润会缩小。对于新引入的一些变量符号及其描述如表 2-4 所示。

表 2-4　变量符号和描述

变量符号	变量描述
λ	$\lambda\in[0,1]$，随着 λ 值的增大，代表着企业利用专利"阻碍"竞争对手的可能性也就越大
$\lambda\theta_i$	表示企业 i 在其专利量 q 的范围内成功"阻碍"了竞争对手利润的概率，那么 $\lambda\theta_i$ 也可以看做是企业竞争对手利润的减损，那么企业 i 的竞争对手获取垄断利润的机会也就降低了，$\lambda\theta_i$ 取值范围为[0,1]
$\theta_2(1-\lambda\theta_1)$	表示企业 1 的竞争对手企业 2 在存在企业 1 利用专利"阻碍"其研发创新的情况下，企业 2 利用其外围专利所获得垄断利润的概率，其取值范围为[0,1]

为了简化模型，还是假设市场上有两家企业，且这两家企业的产品是同质的，当这两家企业都采取"垂直一体化"策略，那么这两家企业都会相安无事，各守本分。如果其中的某一家采取"开放式创新"战略，而另一家在得知了这个情况后，无动于衷，那么该企业就会逐渐被排除出垄断市场。如果两家企业都采取"开放式创新"战略，它们必将不可避免地陷入"专利竞赛"中，两家企业必将利用专利相互掣肘，打压对方，两家的利润必将都受到影响。所以，只有在两家企业同时使用专利的情况下，"阻碍效应"才会出现。根据以上阐述可以得出，在有"阻碍效应"存在的情况下企业的报酬支付矩阵如表 2-5 所示，在这里一律假设企业除专利以外的其他成本为 0。

表 2-5　"阻碍效应"存在的企业报酬矩阵

	无"阻碍性"专利	企业 1 的"阻碍性"专利	企业 2 的"阻碍性"专利
企业1	$\theta_1(1-\theta_2)M+(1-\theta_1)(1-\theta_2)D+\theta_1\theta_2D-\theta_1q_1^N$ 或 $\theta_1M+(1-\theta_1)D-\theta_1q_1^N$，$(1-\theta_2)D$	$\theta_1(1-\theta_2)M+(1-\theta_1)(1-\theta_2)D+\theta_1\theta_2D-\theta_1q_1^N$ 或 $\theta_1M+(1-\theta_1)D-\theta_1q_1^N$，$(1-\theta_2)D$	$\lambda\theta_1\lambda\theta_2D$，$\theta_1(1-\lambda\theta_2)M$
企业2	$\theta_2(1-\theta_1)M+(1-\theta_2)(1-\theta_1)D+\theta_2\theta_1D-\theta_1q_2^N$ 或 $\theta_2M+(1-\theta_2)D-\theta_2q_2^N$，$(1-\theta_1)D$	$\lambda\theta_2\lambda\theta_1D$，$\theta_2(1-\lambda\theta_1)M$	$\theta_2(1-\theta_1)M+(1-\theta_2)\times(1-\theta_1)D+\theta_2\theta_1D-\theta_1q_2^N$ 或 $\theta_2M+(1-\theta_2)D-\theta_2q_2^N$，$(1-\theta_1)D$

表 2-5 中的变量符号及描述与表 2-2 中的变量符号及描述一致，在这里就不再赘述，为了验证"阻碍性"专利对于企业技术创新的影响，我们在两家企业均

采用“开放式创新”战略的期望报酬函数中加入“阻碍性”因子 λ 来证明，根据其对称性性质，这里以企业 1 为例（企业 2 同企业 1）进行论证。企业 1 的原期望报酬函数为

$$E(F_1^s|\theta)=\theta_1(1-\theta_2)M+(1-\theta_1)(1-\theta_2)D+\theta_1\theta_2D-\theta_1q_1^N \quad (2\text{-}21)$$

将式(2-21)加入“阻碍性”因子 λ 可得

$$E(F_1^s|\theta)=\theta_1(1-\theta_2)(\lambda\theta_2D+(1-\lambda\theta_2)M)+(1-\theta_1)(1-\theta_2)D$$
$$+\theta_1\theta_2(\lambda\theta_1\lambda\theta_2D+\lambda\theta_1(1-\lambda\theta_2)M+(1-\lambda\theta_1)(1-\lambda\theta_2)D)+(1-\theta_1)\theta_2\lambda\theta_1D \quad (2\text{-}22)$$

其中式(2-22)中的 $(1-\theta_1)\theta_2\lambda\theta_1D$ 表示企业 1 虽然没有成功阻挡企业 2 的竞争，但是还是由于“阻碍效应”获取了一部分利润。那么，对式(2-22)求 λ 的一阶偏导数，可得

$$\partial E(F_1^s|\theta)/\partial\lambda=-\theta_1\theta_2(M-2D)(1-\theta_2-\theta_1+2\lambda\theta_1\theta_2)<0 \quad (2\text{-}23)$$

由式(2-23)可得 $E(F_1^s|\theta)$ 为 λ 的减函数，由函数的性质可知，$E(F_1^s|\theta)$ 随着 λ 的增加而减小，换句话说，“阻碍性”专利越多，企业的技术创新越艰难，企业研发投入的期望报酬越少。除此之外，“阻碍性”专利还限制企业进入特定技术领域内，由上述模型可知，“阻碍性”专利越多，同质产品的企业在这个领域内竞争就越激烈，可上升的利润空间也就越小，因此一些小企业就逐渐被排除出市场，从而去开发新的外围技术，那么必将导致它的研发周期加长，利润暂时受到影响。不仅如此，“阻碍性”专利还浪费了企业和社会公共资源，减少了社会福利和消费者剩余，这些专利的拥有者申请“阻碍性”专利其目的不是把它产品化，而是利用手中的这些专利打击竞争对手，本来一项好的技术可以推动企业和科技的发展，但由于专利权人对该项技术申请了专利保护，根据专利权的私权属性，对于这项技术，其他人就不能在该专利规定的法定保护期内无偿使用，倘若该专利权人又不持续创新改进该项技术，他人又不能使用该项专利进行新的研发，本来是一项好的技术，不仅没有得到更好的发展，反而浪费了公共资源还影响新技术的更新。

二、专利分散对企业市场竞争和社会福利的影响

通过上述分析我们可以看出，“阻碍性”专利或者竞争对手的专利量过多，企业会逐渐被排除出这个市场，社会福利也受到了相应的影响。国内外许多学者都对专利分散引发的专利竞赛、企业市场行为和许可行为，以及它们如何对消费者剩余和社会福利造成影响有一定的研究，但是由于模型过于复杂，结果也不太直观，而且一些企业的研发数据属于企业的商业秘密很难收集，不具有一定的代表性。因此本小节利用博弈模型来分析专利分散问题是如何影响企业市场竞争和社会福利。

本博弈模型所涉及的专利均是已授权专利，现在不妨考虑一个由上下游两部分构成的市场，假设这个市场中的上下游企业信息是不对称的，因为上游企业假设是有两类专门从事专利许可的企业，即常说的 NPE、“专利 holder”或“专利流氓”，我们命名为 A 类和 B 类企业，下游是只有一类专门从事生产、制造的企业 $D(d_1, d_2, d_3, \cdots, d_n)$，这类企业是无专利的企业。假设每家企业 $A(A_1, A_2, A_3, \cdots, A_n)$ 和每家企业 $B(B_1, B_2, B_3, \cdots, B_m)$ 专利是“互补型”专利，每家 A，B 类企业都各拥有 n、m 项下游每个 D 类企业都需要的专利，可以说如果每个 D 类企业不同时使用 A、B 类企业的专利，它就没办法生产或者陷落到与 A、B 类企业专利侵权的案件中，因此每个 D 类企业使用 $n+m$ 项专利才能支撑起该产业的发展，在不考虑一些特殊情况的条件下，我们可以看出 D 类企业如果过多地依赖于专利，那么它的产量价格受到上游专利许可价格的影响很大，而它们又不能左右上游的 A、B 类专门从事专利许可企业的许可定价，只能被动接受。因此在包含了这三类企业的市场中，上下游市场可以说是信息不对称的市场，上游专利许可企业许可价格的制定完全是自己说了算，且成本为 0，在这种情况下我们设下游产品的反需求函数为 $P=a-Q$，$a>0$，c 为除专利许可成本以外的其他成本，市场需求量 Q 为所有 D 类企业产量之和，即 $Q=\sum q_{di}$。首先由上游市场 A、B 类企业同时各自自行制定专利许可费，假定每家 A 类企业的专利许可费为 l_{Ai}，每家B类企业的专利许可费为 l_{Bi}，假设上下游的企业均展开古诺 - 纳什均衡竞争，每个 D 类企业的成本函数为

$$C_{di}=c+\sum l_{Ai}+\sum l_{Bi} \tag{2-24}$$

由此可以得到每个 D 类企业和每个 A、B 类企业的利润函数为

$$\left.\begin{aligned} \prod\nolimits_{di} &= (a-Q-C_{di})q_{di} \\ \prod\nolimits_{Ai} &= l_{Ai}Q \\ \prod\nolimits_{Bi} &= l_{Bi}Q \end{aligned}\right\} \tag{2-25}$$

由 $\mathrm{d}\prod_{di}/\mathrm{d}q_{di}=0$ 并利用逆向递归求解可得

$$\left.\begin{aligned} q_{di} &= (a-c-\sum l_{Ai}-\sum l_{Bi})/(n+1) \\ Q &= n(a-c-\sum l_{Ai}-\sum l_{Bi})/(n+1) \end{aligned}\right\} \tag{2-26}$$

把式(2-26) 代回式(2-24)，分别令 $\mathrm{d}\prod_{di}/\mathrm{d}l_{Ai}=0$，$\mathrm{d}\prod_{di}/\mathrm{d}l_{Bi}=0$，解得 A、B 两类企业专利最优许可费为

$$\left.\begin{aligned} \sum l_{Ai}+\sum l_{Bi} &= a-c \\ \prod\nolimits_{di} &= 0 \end{aligned}\right\} \tag{2-27}$$

从式(2-27)可以看出,下游市场的D类企业竞争不是垄断竞争而是无数同类厂商的竞争,是完全竞争。因此,下游市场是所有D类企业组成的完全竞争市场,因此

$$\left.\begin{aligned} P &= C_{di} \\ Q &= a - c - \sum l_{Ai} - \sum l_{Bi} \end{aligned}\right\} \tag{2-28}$$

将式(2-28)代回到式(2-25),令 $\mathrm{d}\prod_{Ai}/\mathrm{d}l_{Ai}=0$,$\mathrm{d}\prod_{Bi}/\mathrm{d}l_{Bi}=0$,解得A、B两类企业专利最优许可费为

$$l_{Ai} = l_{Bi} = (a-c)/(n+m+1) \tag{2-29}$$

下游D类企业的收益函数由此可得

$$\prod_{\mathrm{D}} = \mathrm{PQ} = (a-c)(c+a(m+n))/(n+m+1)\hat{\ }2$$

由洛必达法则,可得

$$\lim_{(n+m)\to\infty}\prod_{D} = a(a-c)/2(n+m+1) = 0 \tag{2-30}$$

由式(2-30)可知,当上游的这些专利许可企业(也就是我们俗称的"专利流氓"、"专利 holder"、NPE),这些专利权人如果在上游专利许可市场过于密集,所掌握的专利数量过多,会造成专利权的"片段化",由式(2-29)可知,落实到每个专利权人的专利许可费会因为专利权人过于密集、专利权的交叉重叠导致许可费过于小,而下游厂商因为无专利要向上游的专利许可企业支付巨额许可费,可能会逐渐退出市场,导致整个产业链都受到影响。于是我们得到命题4。

命题4 由于专利过于分散,使不拥有专利的产品制造企业不得不向分散的专利权人支付巨额的专利许可费用,有些企业可能不堪重负,将会退出市场,削弱了产业的发展趋势。

将式(2-28)、式(2-29)代回式(2-25)可得,A、B类每个企业的许可费收益

$$\left.\begin{aligned} \prod_{Ai} &= (a-c)\hat{\ }2/(n+m+1)\hat{\ }2 \\ \prod_{Bi} &= (a-c)\hat{\ }2/(n+m+1)\hat{\ }2 \end{aligned}\right\} \tag{2-31}$$

由式(2-28)可求得消费者剩余CS为

$$\left.\begin{aligned} \mathrm{CS} &= \int_0^Q (a-Q) - PQ = Q^2/2 \\ &= (a-c)\hat{\ }2/2(n+m+1)\hat{\ }2 \\ \lim_{(n+m)\to\infty} \mathrm{CS} &= 0 \end{aligned}\right\} \tag{2-32}$$

由式(2-31)、式(2-32)可求得社会福利SW为

$$\mathrm{SW} = \sum\prod_{Ai} + \sum\prod_{Bi} + \prod_{D} + \mathrm{CS}$$

$$= (a-c)\hat{\ }2(1+2(n+m))+2(a-c)(c+a(m+n))/2(n+m+1)\hat{\ }2 \quad (2\text{-}33)$$

由洛必达法则可得

$$\lim_{(n+m)\to\infty} \mathrm{SW} = (a-c)(3a-c)/2(n+m+1) = 0 \quad (2\text{-}34)$$

由式(2-34)可知，在特定技术领域内，随着“专利流氓”等专利经营公司的进入，它们利用手中的专利套牢无专利的厂商，在分散的专利市场上，下游企业必将把巨额的专利许可费用转移给消费者，从而消费者剩余减少，同时伴随着下游专业生产商退出市场，上游的专利许可市场也会受到影响，从而使整个社会福利减少。由此我们可以得到命题5。

命题5　过多的专利权的分散和专利权人的分散，导致企业市场失灵，一些无专利的厂商为了获取这些必要专利，不得不向这些分散的专利权人购买他们手中必要的专利，那么厂商的利润必然缩小，消费者剩余下降，随着一些无专利的厂商退出该市场，那么那些“专利 holder”的利润也受到影响，整个社会福利水平下降。

综上所述，专利分散导致的“阻碍性”专利的出现，以及过多的专利权的分散和专利权人的分散会导致企业利润缩小，消费者剩余下降，从而影响到社会福利，给市场竞争带来负面影响。

第三章　专利分散测量指标的设置

第二章充分阐述了专利分散的起源、形成、驱动因素和影响，这些分析都是从法学或者纯粹的博弈模型上探究专利分散问题。如何判断在特定技术领域是否存在专利分散或者在某个产业内是否存在专利分散，仅仅通过专利分散的定义或者知识产权局公布的专利数据是无法衡量的，因为专利分散的定义是一个抽象的概念，无法将其量化。而世界知识产权局以及各国国家知识产权局公布的专利数据仅仅是一个整体的数据，只能一般描述每年专利量的变化趋势，并没有反映出这些专利在专利权人手中动态变化的情况。单纯的专利数据已经直接验证了专利分散的存在，但无法衡量专利分散的程度。博弈模型是基于假设的市场中，通过一系列的数学推导证明当专利权人或者专利量增长会影响市场竞争，但是没有给出一个具体指标说明增长到何时才算是专利分散。而且现实的市场企业并非都是理性的，一定是存在很多同质或者有差异的企业。这些企业在专利许可上并非都达到了"古诺均衡"，现实中可能会存在"寻租"的现象。本章决定采用分形理论和其他测量专利分散的方法来验证专利分散，通过分形理论同时揭示衡量专利分散的两个维度——专利权人和专利量之间相互影响、相互变化的内在联系。本章首先介绍分形理论，然后比较它与其他测量专利分散方法的优缺点，论述采用分形理论来测量专利分散的原因，并以我国 LED 产业专利作为专利分散测量的数据，尝试运用分形理论及其他测量专利分散的方法测量我国 LED 产业是否存在专利分散现象以及分散趋势，为进一步研究专利分散做铺垫。

第一节 测量指标设置原则

国外学者提出了测量专利分散的一些方法，如专利分散指数、三角引证、网络密度法，这些方法均基于专利引文。我国的专利文献对于专利引文没有要求，专利引文不能反映出专利权人所有专利的情况并且存在滞后性，因此这些方法难以适应我国国情。国内文献对于专利分散的研究仅仅局限于地区。国内外学者对于专利分散测量作了一定研究，但是数据来源基本上都是调研的样本数据或区域专利数据，忽略了对于整个产业专利分散程度的测量。现有文献对于专利分散的测量都只停留在被引用的专利和专利权人之间的关系或者地区与专利之间的关系，而没有清晰地反映出专利量与专利权人之间的内在联系以及两者的变化趋势。现有的模型没有预测出专利分散程度未来如何变化，以及专利量与专利权人之间变化趋势如何。

由于上述问题都没有得到很好的解决，因此，本书认为测量我国专利分散程度的方法必须遵循以下几条原则：①在模型中要包含专利量和专利权人两个变量；②能够清晰反映出专利量与专利权人内在联系；③能够准确反映出专利量与专利权人变化趋势；④具有预测未来专利分散程度走势的作用。此外，还有以下几个特点。

1. 能衡量出绝对集中度变化趋势

绝对集中度是指在市场占有率、技术强度、专利垄断力等处于前几位的企业占整个市场的比重。由于我国专利文献没有引文要求，因此无法借助国外测量专利分散的方法衡量出在特定技术领域内专利权人的影响力和专利被引用的次数，也无法通过国外专利分散测量的公式看出在某个技术领域中到底存在多少个专利权人以及每年的变化趋势，因此只能从专利权人掌握的专利数量来衡量在特定技术领域或者产业中专利权人的垄断情况和市场竞争形势。这就要求有区别于国外的测量专利分散的公式，通过衡量整个产业或技术领域内处于前几位的专利权人专利量占有率来反映出整个市场中竞争趋势和专利权人数量的变化，以此来测量出专利分散的程度。

2. 能衡量出细分技术领域中专利分散的程度

当累积创新达到一定程度，随之而来的就是产品技术的复杂程度日趋提高，因此所涉及的技术领域也越来越广泛，那么，在这些技术领域内的专利所形成的互补性专利构成了整个产业中的技术和产品。这就意味着在这些细分技术领域内专利量越来越多，专利权进一步弱化。因此专利分散的测量指标必须能够衡量出专利的增幅情况，以此考察在没有专利引文的条件下，专利的集中和分散情况。

3. 能测量出相对集中度变化趋势

所谓相对集中度是指反映产业内企业规模和专利分布的集中度指标。由于我国专利文献没有引文的要求，因此专利引文数据残缺不全，不能看出哪些专利权人的专利影响力较大以及这些专利权人专利影响的变化趋势，也无法通过专利文献分析专利权人数和专利数量增长情况，因此无法测量专利分散的程度。所以，要测量出我国产业是否存在专利分散的趋势，只能通过相对集中度指标考察产业专利的规模和涉及专利权人的数量。

4. 一定程度上反映出技术差距

专利是技术创新的产物，通过专利可以看出各个发明人之间技术和创新能力的差距。测量专利分散不仅要从宏观层面上考察专利量和专利权人数的变化，还要在微观层面上衡量专利权人之间技术差距以及专利聚集的程度，从中分析产业专利布局结构是否合理。通过专利来衡量专利权人之间的集中情况，一定程度上也可以反映出专利是否存在过度分散和集中。

第二节　测量指标的设置

一、分形理论

分形理论在当今的应用领域十分广泛，如物理化学、哲学、系统动力学等。随着分形理论研究学科的跨度进一步扩大，从早期局限于工科的应用扩展到现在应用于社会科学，国内外学者把分形理论的思想模型化用来研究金融价格的变化趋势和市场变化的趋势。分形理论也可以用来评估产业集聚的程度、人口变化的程度以及区域创新能力，甚至还涉及专利量变化趋势的评估。学者们通过建立各种不同的模型赋予分形维数不同的含义，通过测量分形维数的变化，反映出不同变量内在的联系与变化。例如，Xin Peng，Wei Qi 等(2013)认为分形的几何理论提供了一种有价值的工具，可以描述蛋白质的布局以及结构。他们利用两种分形理论的方法(本地分形理论和后骨分形理论)把来自于四种不同层的 750 种蛋白质分形检验。Thomas C. Halsey 等(1986)依据分形集描述了正态分布(有些来自于动态系统理论)，他们通过分析奇异值的大小来观察测量值的属性范围，这个奇异值由两个指数来衡量：a 决定奇异值的长度；f 描述奇异值的分布和密度。A. S. SOLIMAN(1996)检验了现行的非线性经济系统中分形域的边界对于政策制定的重要性,他表示分形理论与边界共存的一些稳定的解决方案有很强的联系。

分形理论是用自身的整体与局部的相似性性质来观察分形图形,并以此来判断真实世界的变量的走势。例如,Robert F. Mulligan(2010)首先利用重标极差和功率谱密度检验多元的宏观数据的分形特征以及随机关系,他利用分形统计评估两种商业周期竞争模型,即澳大利亚商业周期理论和真实的商业周期理论。证据强有力地证明了在货币交易中存在反持续随机性。它的发展历程大概经历了以下几个阶段(见表 3-1)。

表 3-1 分形理论的发展历程[1]

时间	学　者	主要内容
1890 年	G. Peano	构造填充空间的曲线
1904 年	H. von Koch	描述出类似雪花和岛屿边缘的一类曲线
1910 年	F. Hausdorff	尝试进行奇异集合性质与量的研究,提出分数维概念
1915 年	W. Sierpinski	设计了像地毯和海绵一样的几何图形
1928 年	G. Bouligand	将闵可夫斯基容度应用于非整数维,由此能将螺线进行分类
1932 年	L. S. Pontryagin	引入盒维数
1934 年	A. S. Besicovitch	深刻揭示了豪斯道夫测度的性质和奇异集的分数维,在豪斯道夫测度及其几何的研究领域中作出了重要贡献,从而产生了豪斯道夫-贝塞考维奇维数概念
1982 年	B. B. Mandelbort	《自然界的分形几何》出版,将分形定义为局部以某种方式与整体相似的集,重新讨论盒维数,它比豪斯道夫维数容易计算,但是稠密可列集盒维数与集所在空间维数相等
	F. M. Dekking	研究递归集,这类分形集由迭代过程和嵌入方法生成,范围更广泛,但维数研究非常困难
1983 年	P. Grassberger, I. Procaccia	提出根据观测记录的时间数据列直接计算动力系统吸引子维数的算法
1989 年	钟红柳等	解决了德金猜想,确定了一大类递归集的维数

① 资料来源:根据 http://www. baike. com/wiki/%E5%88%86%E5%BD%A2%E7%90%86%E8%AE%BA 本研究整理

不仅国外学者将分形理论运用到医学、数学和经济学研究中，国内学者也开始将分形理论应用到研究领域中来。余佩琨，林水山(2005)尝试着利用分形理论对中国各区域专利数量的时间序列进行分析，通过计算各区域创新系统的绩效的 Hurst 指数，发现各区域创新系统绩效具有分形结构，而且具有反持久性。他们从动态和非线性角度给出了这种现象的经济解释，并对区域创新系统内外合作提出政策建议。他们还认为分形理论对非线性系统内部不确定性的研究扩宽了经济学的视野，经济系统内部存在着某种程度的自相似性，从而可以利用分形理论对区域创新系统之间以及与其他经济系统之间的合作提供理论指导。楼晓东，张良(2013)指出分形理论为国际金价定量描述提供了新的研究思路。他们的研究结果表明，识别长记忆性时，V/S 方法最贴近实际，计算出的 Hurst 指数证实了国际黄金现货(周线/月线)存在着显著的长记忆性，表明黄金市场不是弱势有效的，因此在国际金价预测中运用统计分析是有效的。随后通过分数差分将长记忆识别与分形预测模型有机地联结起来，构建的 ARFIMA 、FIGARCH 与 ARFIMA-GARCH 等模型能够很好地刻画国际金价的内在波动规律，具有良好的定量预测功能。张元，谷林(2013)在借鉴供应链绩效评价研究成果的基础上，利用分形理论针对分形的供应链绩效评价的目标，从客户、流程、改进和财务 4 个层次分别对供应链绩效评价指标进行研究，建立了供应链绩效评价指标体系。他们认为我国传统的供应链网络 (supply chain network，SCN)中过于重视物理节点的作用，而缺乏了对信息流、资金流重要性的认识，再加之企业间信用体系不健全和信息共享不够，缺乏企业间的有效信息交流，导致大多数企业很少能够将企业自身的各项职能与贸易伙伴集成起来。因此供应链的绩效评价是实施供应链管理过程中的关键问题之一。他们构建了模糊综合评价的模型，最后实例验证了该评价模型的有效性和正确性。周彬学，张伟，马继刚(2013)利用分形理论进行城市体系的经济规模等级特征分析，推广了规模等级分形理论的应用领域。以长江三角洲地区县级以上行政单位为研究对象，以 2009 年经济数据为载体，分别从分部门的经济总量、经济密度和第一无标度区 3 个角度计算城市体系经济规模的分维，验证了分形理论在城市体系经济规模等级研究中的适用性。

分形理论是现代数学的一个新分支，也是一种全新的数学方法。它与动力系统的混沌理论有着紧密的联系。它的核心思想是：整体与局部相似性，虽然局部是整体的一部分，整体由局部构成，但是这两者之间内在有一定紧密的联系，存在着相似性。分形理论还有很多方面值得探究。其关键在于研究各种分形维数计算，不断改进和完善分形维数的测量方法，使之简便，实用性强，这也是学者们最普遍关注的问题。不仅如此，学者们在分形模型的基础上衍生出一套法则，即位序规模法则，用来研究不同变量之间的差异。例如，姜磊，戈冬梅等(2011)从经济地理学的角度出发，根据区域经济发展差异的相关指标，采用长江三角洲

16 个城市(2003—2008 年)的专利申请授权和专利申请受理量作为创新变量对创新活动进行分析。通过计算变差系数、基尼系数和赫芬达尔指数,发现长三角地区各城市在两个专利变量上的相对差异变化均呈下降趋势,首位度指标则显示创新第二的城市距离创新最高城市——上海的差距在逐年减小;然后基于位序-规模分布理论研究长三角区域创新活动规模的发展趋势,发现其模式呈分散均衡型分布。最后,归纳出促使长三角区域创新差异缩小的重要因素,并提出了若干建议。杨勇,杨丹,张明勇(2011)从都市圈等级体系的理论出发,提出了都市圈城市等级规模结构的分形模型,并以上海都市圈为例,从非农业人口、国内生产总值(GDP)、社会商品零售总额、建成区面积四个方面研究该城市等级体系的分形特征,最后将上海都市圈与其他 4 个典型都市圈的城市等级体系分形特征进行了比较分析。甘健胜,黄泽民(2006)利用分形维数来预测城镇居民恩格尔系数的变化,认为分形理论是研究复杂、非线性、无序系统的一种有力的数学工具,在非线性系统的预测方面具有一定的优势。他们采用分形分析方法预测恩格尔系数的变化趋势,为研究恩格尔系数提供了一种新的方法,是一种尝试。他们通过二阶累计变换的方法将离散的数据做变换使其符合分形模型的要求,最后求出分形维数 D。结果表明,1992 年我国逐步开始向市场经济体制转变,城镇居民恩格尔系数从 53%下降到 2003 年的 37.1%,下降了 15.9%,年均下降约 1.33%。其中 1995—1999 年年均下降约 1.6%,2000—2003 年年均下降约 0.575%。按照分形模型推断未来 5 年恩格尔系数变化趋势可知,城镇居民恩格尔系数下降速度低于 0.5%,我国城镇居民恩格尔系数下降速度呈放缓趋势。陈宗胜,马军海,许颖悟(2005)通过复杂的系统理论推导出了分形维数和赫斯特指数之间的关系和差异,并对我国东部沿海地区改革开放 20 年来的 GDP 发展数据和 GDP 增长速度数据进行了分析,计算出了珠江三角洲、长江三角洲、环渤海地区及全国 GDP 发展数据,GDP 增长速度数据的赫斯特指数、分形维数及关联函数;从数量上探讨了我国由南到北的经济梯度格局的形成机理,弥补了以往只从性质上进行讨论的不足,并对渤海地区的未来 10 年的经济发展进行了预测,得到的结论可为政府的宏观经济政策的制定提供理论依据。通过上述研究,我们可以得出分形理论方法的应用非常广泛,其最主要的条件是整体与局部有自相似性,通过赋予分形理论模型变量不同的含义,计算出分形维数,来预测未来的趋势。

以上论述了分形理论的定义、发展历程以及学者们运用分形理论研究不同的学科领域,需要注意的是,运用分形理论模型进行研究有一个大前提,就是赋予分形模型变量含义的因变量与自变量之间有某种内在联系。它们的变化趋势满足分形的要求,即因变量和自变量的分布呈金字塔规模分布,因变量随着自变量的减小而增大,随着自变量的增大而减小,它们之间的此消彼长是负幂增长,基于此，它们之间的分布就满足了分形理论规定的分布情况，通过给定一定的数据就可以判定两者之间的变化趋势以及预测未来的走势。

依据分形理论可以构造出计算分形维数(D)的公式

$$N=AP^{-D} \tag{3-1}$$

式(3-1)中 P 代表一定数量的专利量；N 表示拥有一定数量专利量的专利权人人数；A 表示常数，$A>0$；D 是分形维数。该公式表示：当 $D<1$ 时，专利在各专利权人之间的分配不均匀，某些专利权人掌握绝对多数的专利，拥有较少专利的专利权人人数比较少，专利权的垄断很强；当 $D>1$ 时，拥有较少专利数量的专利权人人数增多，专利在各专利权人之间的分配不均匀，虽然少数专利权人拥有的绝对专利量增加，但是占有垄断地位的专利权人人数减少，拥有较少专利的专利权人人数增多，专利权的垄断性减弱，呈现分散的趋势。

通过式(3-1)可以看出分形模型是从专利权人以及专利量两个维度去考察产业专利分布情况，这恰恰满足了专利分散衡量的两个因素。它是一个动态变化的模型，通过计算出分形维数 D 的变化区间，可以得出产业内专利的离散情况。它还可以通过观察 D 值预测未来专利的变化情况，不同 D 值产业专利分散情况如表 3-2 所示。

表 3-2　不同 D 值产业专利分散情况

D 的取值范围	不同 D 值产业专利分散情况
$D\to 0$	该产业内只有一个专利权人是寡头垄断，拥有绝对专利量，极大地阻碍了技术创新和产业发展
$0<D<1$	该产业拥有较多专利量的专利权人有一定数量，垄断性很强，其他专利量的专利权人较少，专利分布层次不合理
$D=1$	专利权人数和专利量呈一阶线性关系
$D>1$	虽然产业中拥有较多专利的专利权人有一定优势，但是专利量处于劣势的专利权人人数较多，专利权进一步“片段化”，产业中出现专利分散现象
$D\to\infty$	在这种情况下，产业中存在大量的专利权人且专利权人拥有的专利量差距不大，进一步阻碍了产业发展

通过表 3-2 可以知道，分形模型不仅可以看出专利权人和专利量的关系，而且还可以考察不同专利量和拥有这些专利的专利权人之间相互制约、变化的情况，可以横向观察和纵向比较不同年度的产业的分形维数 D 的变化趋势，以此衡量不同专利量和拥有这些专利的专利权人人数增减的趋势，从而为产业发展制定政策提供依据。

分形理论的优势在于：它克服了国外测量专利分散对于专利数据要求“专利

引文"的规定以及只能测量截面数据的缺点，解决了国内依靠集中度的方法无法直接测量专利分散的问题。不仅如此，无论是国外的测量专利分散的方法还是国内测量集中度的方法，它们的最大问题是只能反映出某一个时间段或者一个年度的专利权人专利分布情况，从中看不出任何的趋势变化。国外的"分割指数""三角引证""网络密度"和国内的集中度法则是基于专利量一维视角，能反映出较有垄断性的企业专利垄断的变化情况，间接地判断整个产业的变化情况以及部分企业专利相互阻碍情况，但没有验证整个某个产业是否存在专利分散。因此，这是本书选取分形模型测量专利分散的客观条件，利用分形的自相似性反映专利权人和专利量之间的内在联系和变化。

将分形理论引入到研究专利分散问题，可以想象在某个产业中把专利看做分形的元素，那么只要产业中的专利布局与专利分散耦合，就可以说该产业的专利是分散的。产业中的分形元素不仅相互联系而且还受到外部因素的影响。例如，专利的情况受到企业的投入、国家政策和市场多方面因素的制约，专利之间还会有阻碍效应。如果把产业专利看做一个整体集合，那么它同时也制约着各个元素。因此，我们只要观察某个产业内专利的布局情况就可以测量出整个产业内是否存在专利分散。这就解决了国外测量专利分散方法无法测量出整个产业的专利分布情况问题。正是由于产业内专利相互制约有着类似性以及每个专利都有一些共同特征，因此它们能够共同构成整个产业的专利集合，那么结构的相似性就是能够通过观察产业内专利变化趋势得出专利分布情况的最大理论依据。不仅如此，依据分形理论，元素又可以由元素构成，也就是它可以再分成更小的结构单元。例如设某个产业专利的集合为 $S=(r_1, r_2, r_3, \cdots, r_n)$，$P$ 代表专利，那么 r 也可以看做一个集合，$r=(P, N)$，这里的 P 代表一定的专利量，N 表示达到 P 及以上的专利权人人数。通过观察集合中元素的变化就可以知道它如何影响整个集合的发展。设定一个标准，如果在这个标准下的元素数量超过了一定的数量，那么有可能给集合带来负面效应，例如，某个产业中专利权人人数和相对应的专利量超过了某一个标准，就可能会导致专利分散现象，给产业发展带来负面效应。

之前运用分形公式测量我国 LED 封装产业专利的分散程度，其结果如下①。

通过对我国 LED 封装技术专利的检索及其实证研究发现，拥有专利数量规模越大，相应的专利权人越少；相反，拥有的专利数量越少，相应的专利权人也越多(见图 3-1)。

由于 2000 年以前的发明授权专利太少且专利审查周期平均为 2～3 年，因此，在这里以 2000—2010 年我国拥有 LED 封装技术发明授权专利的专利权人

① 罗恺，袁晓东. 基于专利分析的我国 LED 封装技术存在问题研究[J]. 情报杂志，2013，32(5)：94-98.

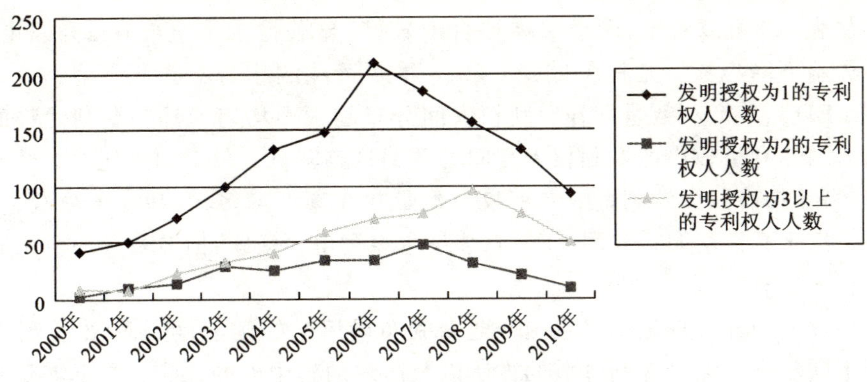

图 3-1　专利权人人数分布图

为样本进行分析。图 3-1 中不同曲线代表不同的授权专利量，可以看出，每年拥有 1 件专利的专利权人人数明显多于其他专利量的专利权人，且逐年保持着急剧增长的趋势。相反，每年拥有较多专利的专利权人人数却很少，每年增长的趋势很平稳，相对于拥有较少专利的专利权人人数的增长显得十分缓慢。由于专利审查周期为 2～3 年，2008 年以后，专利权人人数逐渐下降，预计将来会出现更多的专利权人。

为了进一步验证我国 LED 封装技术专利分散趋势，本书运用分形理论公式计算，结果如表 3-3 所示①。

表 3-3　帕累托系数

每年 LED 封装技术专利权人人数	帕累托系数	标准差	R^2
2000 年为 28 位	2.0511(−32.2267)*	0.0636	0.9980
2001 年为 44 位	1.3461(−6.8198)*	0.1973	0.9394
2002 年为 66 位	1.4622(−11.855)*	0.1233	0.9656
2003 年为 103 位	1.8343(−18.2460)*	0.1005	0.9852
2004 年为 119 位	1.6926(−28.3990)*	0.0596	0.9901
2005 年为 161 位	1.5132(−21.0050)*	0.0720	0.9713
2006 年为 178 位	1.4214(−22.9626)*	0.0619	0.9813
2007 年为 179 位	1.6723(−44.3481)*	0.0377	0.9954
2008 年为 154 位	1.5984(−19.2858)*	0.0828	0.9789

注：括号外面是帕累托系数，括号里面是 T 统计值，* 表示在 1% 水平上显著。

① 袁晓东，罗恺. 我国 LED 封装技术专利丛林测量实证研究[J]. 科研管理，2014，35(1)：82-89.

从表 3-3 可以看出，模型整体拟合度较好，显著性水平全部在 1%以上。α 值整体呈下降趋势。尤其在 2003—2006 年期间，帕累托系数逐年下降。这表明我国 LED 封装专利数量在各专利权人间分布趋于不均匀。具有专利优势的专利权人与专利量较少的专利权人之间的差距日趋明显。随着帕累托系数的不断下降，每年拥有较少专利量的专利权人数量却在逐渐增多，专利呈现分散趋势。表 3-3 验证了假设 H1：我国 LED 封装技术专利申请活跃，但专利权却由不同的专利权人所有。

通过利用分形理论测量我国产业专利布局情况的例子，可以看出分形理论模型不同于国外测量专利分散的方法以及国内的集中度的方法。它不需要要求专利文献中提供专利引文，适合我国国情。一项专利从申请到授权需要一个周期，直到这项专利获得授权后被他人引用又要花上一段时间，因此测量专利分散在专利数据获取上存在着滞后性。被引用的专利如果在此期间被判无效或者流入到公共领域，那么结论将会失去意义。由于美国专利制度起步较早，无论是专利质量和专利数量都领先我国，但测量专利分散的方法数据均是截面数据，没有涵盖整个产业。美国利用这些截面数据测量专利分散具有一定代表性，但也有局限性。我国的专利制度起步较晚，如果用截面数据分析得出的结论可能会不准确，因此国外的测量方法无法适应我国现实情况。而分形理论的性质可以用于测量我国专利分散程度，并且分形模型对于“专利引文”没有硬性的要求，这就符合了我国的专利文献要求，数据的获取上也比“专利引文”滞后性要小。因为，只有被授权的专利才会被引用，没授权的专利或者无效专利不会被引用，但是授权和被引用都需要很长的周期。由于分形模型对专利引文没有要求，因此我国专利均可以用来测量；分形理论适用截面数据和时间序列数据，克服了国外测量专利分散对专利数据有较高的要求的困难。如上述例子，通过时间序列数据测量分形维数 D 来验证产业是否存在专利分散现象。国内测量专利分散的方法有两大特征：全部是用专利集中度的方法测量，这并非真正的测量专利分散，而是衡量区域间创新的差异程度，通过比较区域间专利聚集程度来衡量不同省份的创新程度，并没有研究产业中的聚集程度。较少的测量产业专利分散的文献，也都是测量专利集中度，从而间接衡量产业中的专利集聚性，并未直接测量产业专利分散的程度，测量的对象也都是国外的特定技术领域内的产业或者典型企业的专利分布情况，并未对我国产业是否存在专利分散现象进行验证。

二、专利集中度

目前部分学者尝试着运用集中度的公式测量专利集中度，最典型的几种集中度公式叙述如下。

专利集中度指标：CR_n。专利集中度是世界知识产权组织（WIPO）测量各国专利分布情况的基本方法。笔者拟运用专利集中度对前10位的专利权人所拥有的专利占该技术领域所有专利的比例进行测量，验证假设H3。专利比例法的计算方法如式(3-2)所示。

$$CR_n = \sum_{i=1}^{n} X_i \bigg/ \sum_{I=1}^{N} X_I \tag{3-2}$$

在式(3-2)中，n表示前几位专利权人，N表示所有专利权人，X_i表示前几位专利权人中某一个专利权人的专利量，X_I表示所有专利权人中的某一个专利权人的专利量。该公式代表前几位专利权人的专利量的总和占所有专利权人的专利量总和的比例。

笔者利用绝对集中度公式测量高校专利的分布情况，数据获取范围为1986—2010年，依据教育部公布的《中国高校知识产权报告2010版》中专利申请量位居前100名的高校以及国家知识产权专利数据库和教育部最新公布的985高校（截止到目前一共39所），整理出1986—2010年累计专利申请量前50名中的所有985高校每年发明和实用新型专利申请量，以及每年高校发明和实用新型专利申请总量作为专利分散测量的数据来源。在39所985高校中，进入专利申请量前50名的共有31所，如表3-4所示①。

表3-4 1986—2010年累计专利申请量前50的985高校

排序	985高校	排序	985高校	排序	985高校	排序	985高校
1	浙江大学	9	天津大学	17	中山大学	25	西北工业大学
2	清华大学	10	北京航空航天大学	18	武汉大学	26	华东师范大学
3	上海交通大学	11	华中科技大学	19	重庆大学	27	南开大学
4	东南大学	12	西安交通大学	20	吉林大学	28	北京理工大学
5	电子科技大学	13	同济大学	21	南京大学	29	东北大学
6	哈尔滨工业大学	14	山东大学	22	大连理工大学	30	厦门大学
7	华南理工大学	15	四川大学	23	中南大学	31	湖南大学
8	复旦大学	16	北京大学	24	中国农业大学		

① 罗恺，袁晓东.我国高校专利分散趋势及其影响因素研究[J].高等工程教育研究，2013(4):81-87.

研发经费及研发人员数据来源于1986—2010年的《中国统计年鉴》和《中国科技统计年鉴》。通过得出的研发经费及研发人员计算出历年人均研发经费。变量描述如表3-5所示。

表3-5 变量描述($N=25$)

变　　量	均　值	中位值	最大值	最小值	标准差
985高校发明专利量	4 085.92	424	19 836	142	5 969.14
985高校实用新型专利量	894.72	358	3 779	116	993.49
985高校专利总量	4 980.64	735	23 615	258	6 954.64
高校发明专利总量	8 307.52	841	48 294	509	13 274.85
高校实用新型专利总量	3 029.8	965	18 223	490	4 479.53
高校专利总量	11 337.32	1 735	66 517	1 054	17 703.82
研发人员/万人	17.4	16.6	29	9.7	5.608
研发经费/亿元	134.62	57.7	597.3	5.7	161.626

计算结果表明，高校发明专利集中度先增加达到最大值后再递减，发明专利趋于分散。同理可验证高校实用新型专利与专利总量也是如此。图3-2为高校发明专利集中度与人均研发经费的拟合图。

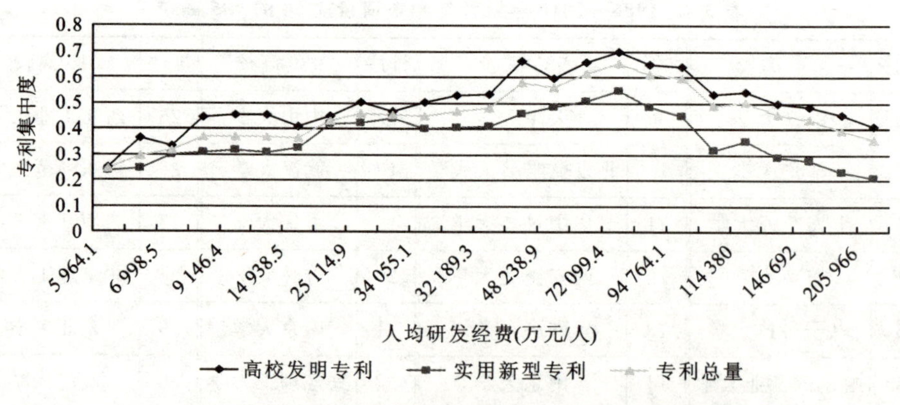

图3-2　高校发明专利集中度与人均研发经费拟合图

从图3-2中可知，专利集中度与人均研发经费之间的关系类似于倒U形曲线，有力地验证了高校发明专利在初期趋于集中，过了一定时期后，专利趋于分散。

三、分割指数

本书利用赫芬达尔指数(HHI)构造分割指数来直接测量专利分散，如式(3-3)所示。

$$\text{Frag} = 1 - \sum_{i=1}^{n}\left(\frac{X_i}{X}\right)^2 = 1 - \sum_{i=1}^{n} S_i^2 \tag{3-3}$$

式(3-3)中括号里面是HHI指数，它表示产业内专利权人的规模越接近，专利权人数越多，HHI指数就越接近于零，产业专利也就越分散。反之，专利权人人数越少，专利越集中在少数专利权人手中，垄断力越强。HHI指数的优势在于兼有绝对集中度和相对集中度指标的优点。因为该值对规模较大的专利权人的专利份额的变化比较敏感，而对规模较小的专利权人的专利份额小幅度的变化不敏感。HHI指数可以用来测量产业内专利集中的程度，它的大小反映出了产业专利的集中程度。如果用1减去HHI指数就是分割指数，它的值反映出了产业内专利分散的程度。

式(3-3)中 X_i 表示某一个专利权人的专利，X 表示专利总量，分数值表示某一个专利权人的专利平方占整个专利总量的平方的比例，HHI指数实际上就是某几个专利人的专利量平方和占整个专利总量平方的比例，样本 n 一般取前50个专利权人。当只有一个专利权人的时候，分割指数为0；当 n 个专利权人拥有的专利量相同，分割指数为 $1-1/n$；一般分割指数值在 $0\sim(1-1/n)$ 区间变化。假设某个产业有无数多个专利权人，专利掌握在不同的专利权人手中，那么，分割指数趋近于1，这表示专利分散的程度很大。

四、分散度指数

本书首次尝试着利用分散度指数测量我国LED封装产业细分技术领域中专利布局情况[①]，如式(3-4)所示。

$$D^j = \sum_{i=1}^{n}\left|\frac{x_i^j - \overline{x^j}}{\overline{x^j}}\right| \times \frac{P_i}{P} \tag{3-4}$$

式(3-4)中，P_i 表示 i 公司的LED封装技术发明专利授权量，P 为样本企业LED封装技术发明授权量总和。x_i^j 为 i 企业在涉及LED封装的 j 技术领域内的授权发明专利量。$\overline{x^j}$ 为涉及LED封装的 j 技术领域内样本企业发明授权专利总和的平均值。分散度指数小，表明专利授权在各企业之间的分布均匀，技术竞争激烈；分散度指数大，表明专利授权主要集中于少数企业，技术领域存在明显领

① 罗恺，袁晓东. 基于专利分析的我国LED封装技术存在问题研究[J]. 情报杂志，2013，32(5)：94-98.

导者。

经过筛选，挑选其中累计拥有授权发明专利量最多的10位专利权人为样本进行分析[①]，样本企业发明专利授权量情况如图3-3所示。

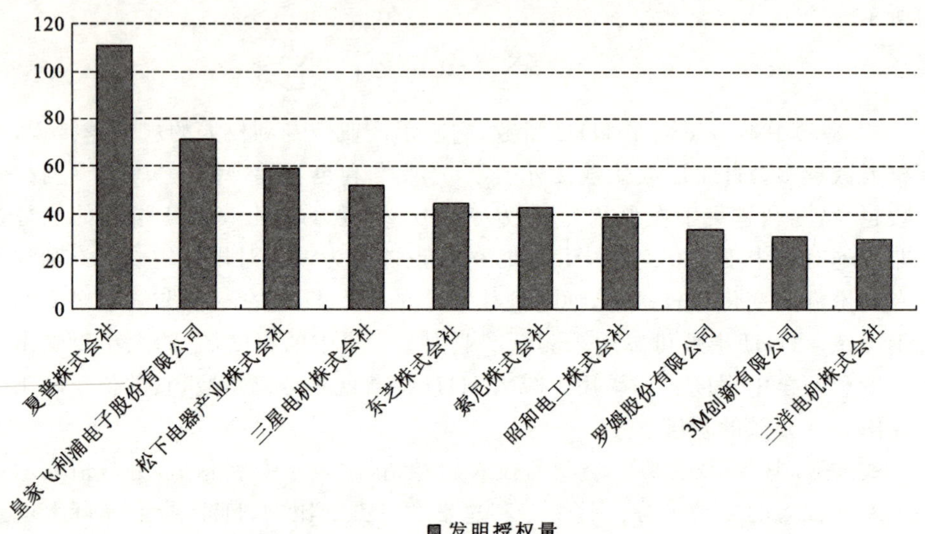

图3-3　前10位专利权人发明专利授权情况

封装行业是技术密集型行业，知识产权竞争十分激烈。通过图3-3可以得出日本的夏普株式会社在专利授权量上面较其他专利权人有一定优势，其次为皇家飞利浦电子股份有限公司。虽然我国从事LED封装技术的企业众多，但是核心专利却掌握在国外专利权人手中，且拥有绝对数量专利的专利权人基本上都是外国企业，这对于我国LED封装产业的发展是极为不利的。

该10位专利权人专利分散度指数计算结果如表3-6所示，LED封装所涉及的技术领域以IPC进行分类。

表3-6　前10位专利权人专利分散度指数

IPC分类	所占样本发明授权量总和的比例/(%)	分散度指数
H01L	32.4	0.5
F21V	5.0	0.8

① 累计拥有授权发明专利量最多的10位专利权人分别是：夏普株式会社，皇家飞利浦电子股份有限公司，松下电器产业株式会社，三星电机株式会社，东芝株式会社，索尼株式会社，昭和电工株式会社，罗姆股份有限公司，3M创新有限公司，三洋电机株式会社。

续表

IPC 分类	所占样本发明授权量总和的比例/(%)	分散度指数
F21Y	4.6	1.1
F21S	4.6	0.6
H05B	3.6	0.7
G02F	9.7	0.9
G09F	2.3	1.0
G02B	3.8	0.6
G09G	3.1	0.8
G03B	3.4	1.1

计算结果显示在 LED 封装行业中，一些专利授权量大的技术领域，分散度指数为 0.5～0.9，例如，H01L，F21V，G02F，分散度指数分别为 0.5、0.8、0.9。该区间分散度指数小表明专利在各公司分布均匀，竞争激烈，其中 H01L 的分散度指数最小，这表示在该领域样本公司竞争最为激烈。在一些授权量小的领域内，分散度指数不低于 1，如 F21Y、G09F、G03B 领域。分散度指数不低于 1，表明专利分布集中在少数专利权人中，其属于技术创新者。样本企业中的夏普株式会社、索尼株式会社、三洋电机株式会社分别在这些技术领域内属于技术创新者，且相较于其他企业占据着一定优势。总体而言，样本企业的分散度指数较小，这表明拥有绝对数量专利的国外企业之间竞争十分激烈，专利在这些专利权人中分布均衡，技术差距不大。进一步来讲，在我国 LED 封装行业中，日本企业相较于专利量前列的其他外企在某些封装技术领域内处于领先地位。前 10 位专利权人中竟没有一个中国企业，而日本企业却占据了 6 位，这表明我国 LED 封装企业主要的竞争对手为日本企业。日本企业在未来很可能以通过其自身的技术优势对我国企业发起专利诉讼等方式来威胁我国 LED 封装产业的发展，因此我国企业要提高警惕。

五、首位度法则

首位度法则可以测量具体专利权人拥有专利量之间的差距。其计算方法如式(3-5)所示。

$$S_2 = P_1/(P_2 + P_3 + P_4) \tag{3-5}$$

在式(3-5)中，P_1 表示某年中专利量最多的专利权人拥有的专利量，P_2 表示某年中专利量居第二的专利权人拥有的专利量，其余的按照专利数量由高到低排。首位度不仅可以反映专利权人之间的专利数量差距，也反映了专利聚集的程度。首位度越大，表示拥有绝对专利数量，专利权人的专利量与其他专利权人相比优势越明显，影响力越大，垄断力度越强。反之，则专利在各个专利权人之间的分布越均匀，差距越小，专利量布局结构越合理，专利量处于前位的专利权人垄断力越弱。

综上所述，测量专利分散指标的结构如图 3-4 所示。

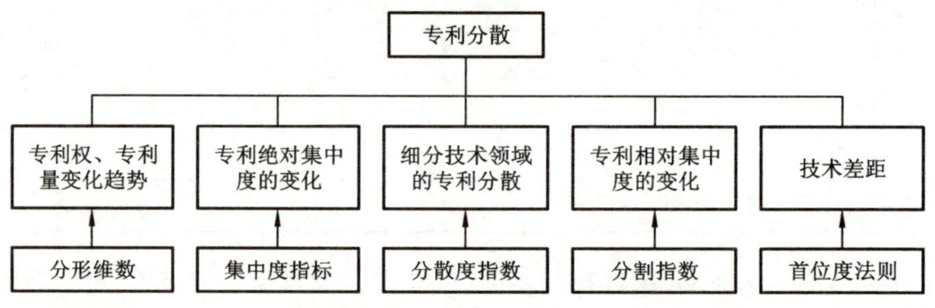

图 3-4　测量专利分散指标结构图

第三节　几种测量指标的比较

国内研究测量专利分散程度的研究资料较少，国外测量专利分散的方法有一个共同特征，即全部基于专利引文（patent citation），这就对于专利文献数据有很大的限制。如果想测量某个技术领域的专利分散程度，那么这些技术领域内的专利文献，要求书写时必须有专利引文，所指的专利引文必须是统计的专利文献中引用其他发明人专利的数量，也就是向后引证（backward citation）。它与向前引证（forward citation）不同。向前引证是指该项专利被其他专利文献引用的数量，向前引证的次数越多，表示该专利创新价值越大；向后引证引用的次数越多，表示发明人所掌握的专利实施越依赖于他人的专利，这种专利就越可能侵犯他人在先的专利权，被控侵权的风险也就越大。但是，由于我国的专利文献并没有要求专利引文，因此上述国外测量专利分散的方法在我国不太适用。国外测量专利分散的专利数据多是截面数据（所谓截面数据就是部分数据，例如某一年、某一个季度的数据或者行业中若干个企业的数据），而且授权专利有一定的滞后性，因为无效专利或者未经授权的专利无法起到阻碍其他发明人研发创新的作用。所以国外测量专利分散的范围无法涵盖技术领域内所有的专利权人。而我国由于专利制度起步较晚，因此专利数量远远不及美国，获取数据的时间存在滞后性。如果从高校或者其他产业中选取几个代表性的专利权人进行专利分散的测量则有以下缺点：一来专利数据太少；二来专利分散的趋势不是很明显，无法说明整个产业的专利情况；三来不可能做截面数据分析，只能做时间序列，并且专利权人每年的专利量都在变化，因此以专利量的多寡来衡量专利权人的专利实力的测量方法基本上不符合我国国情。我国必须利用时间序列数据对于某个产业整体的专利数据进行测量，才能判断出该产业专利是否有分散趋势。

综上所述，国内外测量专利分散的方法如表 3-7 所示。

表 3-7　国内外测量专利分散的方法

	名　　称	公式形式
国外	分割指数	$FRAG_i = 1 - \sum_{j=1}^{j} \left(\frac{NBCITES_{ij}}{NBCITES_i} \right)^2, \quad i \neq j$
	三角引证法	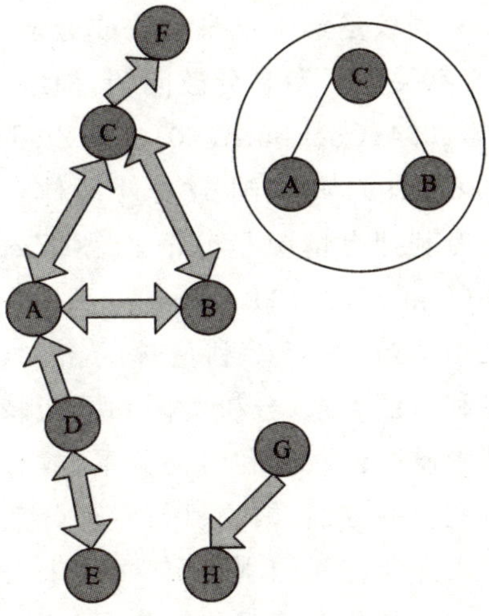
	网络密度	$\Delta = \sum \sum X_{ij} / n(n-1)$
国内	专利集中度指标：CR_n	$CR_n = \sum_{i=1}^{n} X_i \Big/ \sum_{i=1}^{N} X_i$
	首位度法则（prime law）	$S_2 = P_1/(P_2 + P_3 + P_4)$
	分割指数（Frag）	$Frag = 1 - HHI\left(= \sum_{i=1}^{n} \left(\frac{X_i}{X} \right)^2 = \sum_{i=1}^{n} S_i^2 \right)$

通过上述分析，可见专利所有权分布是动态变化的，是从集中到分散的过

程。1970 年 Watson 运用帕累托分布的斜率系数（分形维数的一种）方法，测量了美国 1921—1963 年的专利集中程度，发现美国 20 世纪 60 年代专利分布呈现集中的状态（Watson，1970）。进入 21 世纪，美国和欧洲的学者逐渐发现一些新技术领域的创新产品凝聚了大量专利，专利呈现分散趋势。尽管仍有学者认为缺乏足够证据证明专利丛林的存在（Denicolo，1996），但是在过去 15 年，有 100 余篇国外学术论文深入研究并论证专利丛林的存在。现有文献对美国和欧洲某些技术领域的专利分散进行了测量，证明了生物技术（Overvalle，2007）、半导体（Ziedonis，2004）、光纤（Cattani，2005）、软件（Iain M，2011）、电子商务（英国知识产权局，2011）、纳米技术（Joshua M，2012）和通信（英国知识产权局，2011）等技术领域的专利呈分散趋势。通过文献比较，专利分散一律出现在特定的技术领域和国家。然而，目前鲜有文献对我国专利分散进行测度。

对专利所有者分散状况进行测量可以描述出专利布局状况。专利分散为一项技术的专利权是集中在某些人或分散在许多专利权人手中提供了一种测量指标，现有文献关注了专利分散问题，但缺乏一个可靠的测量专利分散程度的方法（Ziedonis，2004；Cockburn，2010）。Ziedonis 根据美国专利引文建立了破碎指数，对 1980—1994 年美国 67 家半导体企业的专利分散程度进行了测度，认为半导体企业专利拥有情况呈分散趋势（Ziedonis，2004）。此后许多学者运用这种测量方法（Iain M，2010）。Graevenitz 通过计算特定技术领域中专利互相引证的三角关系个数，测量专利丛林的密度（Graevenitz，2011，2012）。这些文献主要利用专利引证关系，分析美国和欧盟特定技术领域的专利分散度。由于我国专利文献中没有记载专利引证关系，故针对我国战略性新兴产业的专利分散测量尚待研究。一方面，因为目前专利分散测量方法在我国很难适用。另一方面，战略性新兴产业在我国刚刚出现，尚未引起国内学者对专利分散问题的注意。

我国的专利分布情况与国外大相径庭。大学、科研院所和处于行业领先地位的企业，往往是拥有大量专利的专利权人。虽然这些专利权人的专利申请量和有效专利拥有量在逐年增加，但相对于同类专利总量而言，开始呈现分散趋势。根据专利量、专利权人数，运用分形理论和其他适合的方法构建测量方法和模型，对特定专利权人的专利分散度进行测量，不同国家和不同技术领域专利分散程度是不一样的。现有文献表明，一些新兴技术领域容易呈现专利分散趋势，根据适合的方法理论构建测量专利分散的模型，以 LED 产业为例，对我国战略性新兴产业专利分散程度进行测量，发现差异并予以合理解释。

综上所述，分形理论模型与这些测量专利分散方法比较结果如表 3-8 所示。

表 3-8　分形模型与其他测量专利分散方法比较结果

	国外测量专利分散的方法			国内测量专利分散的方法		
	分割指数	三角引证法	网络密度	绝对集中度	首位度	分割指数
分形模型	不需要专利引文，且数据可以是截面数据或者时间序列，专利数据滞后性较小，涵盖面较广	没有“三角引证”直观但是数据要求较低，无需专利两两引用，从整体上把握专利布局情况，“三角引证”规定过于狭隘	同“三角引证”一样，要求专利相互引用形成稠密的网络才能测量且也是基于专利引文，非常片面	单纯地从专利量出发，只能大概观察趋势	只比较前几位专利权人的专利量的差距，无法从全局上面说明问题	从其公式上来看也是从专利量出发，但是是直接测量专利分散的方法，具有代表性的专利权人可能每年都有变化，因此在选取数据上面没有分形模型好把握，部分与整体量上面的比较，说明的是部分专利权人专利量相对于整体的变化情况

第四章　我国LED专利分散测量

基于第三章研究探讨的国内外测量专利分散的方法，本章以我国 LED 产业为例进行专利分散的测量。首先，对我国 LED 专利布局进行描述，利用专利分析方法以及社会网络分析方法说明我国 LED 专利以及技术关联、专利权人、发明人合作的具体情况；然后，利用第三章提到的测量专利分散的方法对我国 LED 专利进行专利分散测量，验证我国 LED 专利是否有专利分散趋势。

第一节 研究假设

LED专利数量的急剧增加，同时专利权人也急剧增多，每年参与专利竞赛的人越来越多，专利竞争日益激烈。拥有大量专利的专利权人，其专利数量占整个技术领域的比例可能逐渐下降。具有专利优势的专利权人的专利增加幅度，逐渐赶不上整个技术领域内专利数量增长的幅度。

假设H1：每年处于前列的专利权人授权的专利量占整个技术领域的专利比例逐渐下降。

随着LED技术的日趋成熟，企业竞争日益激烈，国外LED厂商对所掌握的LED专利进行不断开发并进行专利的延伸。中国的LED市场上竞争极为激烈，不断发生专利诉讼。尤其是日本企业（如夏普等LED优势企业）在中国的LED技术优势较大，据工业和信息化部软件与集成电路促进中心称，在我国申请的LED专利中，专利量名列前茅的绝大部分是日本企业。由于占据优势专利的国外LED企业技术优势各有侧重，LED技术的日益复杂化，自20世纪90年代以来，LED芯片及材料制作技术的研发取得多项突破，进一步推动了下游LED应用技术及产业发展。如封装技术，采用不同封装结构形式与尺寸，不同发光颜色的管芯及其双色或三色组合方式，可生产出多种系列、品种和规格的产品，分为引脚式、表面贴装式、功率型封装三大类。近几年来，国外LED企业为了弥补自身的技术不足，通过相互的交叉许可的方式结成专利壁垒，而我国企业在LED技术发展初期创新能力较差，专利数量较少。因此国外企业在LED技术领域具有更强的创新能力和专利优势，大量专利可能被少数外国企业所拥有。

假设H2：国外LED专利优势企业技术差距不大，且外国企业在我国具有专利数量相对集中优势。

随着LED领域专利申请量和授权量的不断增加，一个LED产品可能涉及多项专利。而这些专利可能由不同的专利权人所有，即LED技术领域的专利由众多专利权人享有。随着国家产业政策的引导和我国LED产业的发展，许多专利权人开始重视对LED技术的研发。每年不断出现新的专利权人。具有专利优势的专利权人，在专利增长到一定数量之后将难以保持快速增加。因为持续创新需要更大的研发投入和市场激励。众多创新主体的参与和专利数量的急剧增加，可能相对淡化拥有大量专利的专利权人在该技术领域的优势。

假设 H3:我国 LED 技术专利申请活跃,但专利权却由不同的专利权人所有,每年拥有大量专利的专利权人较少,而拥有少量专利的专利权人较多。

虽然中国 LED 企业涉及的 LED 领域很广泛,如涉及 LED 芯片、照明、背光源、显示屏、封装等。但在 LED 的核心专利中,特别是白光、大功率 LED 灯的热平衡问题、持久高效的荧光粉等专利,一直被国外 LED 企业垄断。我国的 LED 专利则相对分散,虽然我国单个厂商的 LED 专利量较少,但是随着我国 LED 专利量每年不断提升,LED 企业不断增多,每年已经积累了大量专利,导致了国外的 LED 专利的垄断程度相对下降。

假设 H4:国外 LED 企业在我国的 LED 专利中的垄断程度日益下降,相对的专利集中优势减小,我国 LED 专利整体上趋于分散。

本章首先对整个我国 LED 专利布局进行分析,然后利用第三章所提到的测量专利分散的方法来验证上述假设,证明我国 LED 专利是否存在专利分散的现象。

第二节　我国 LED 专利布局分析

为配合国务院十大重点产业调整和振兴规划的实施,发挥专利信息对经济社会发展和企业创新活动的支撑作用,由国家知识产权局牵头,在国资委行业协会办公室协调下和各行业协会的积极参与下,建立了专利信息服务平台(以下简称信息平台)为十大重点产业提供公益性的专利信息服务。信息平台在内容上,涵盖"规划"中有关技术创新重点领域的国内外数十个国家专利文献信息;在功能上,针对科技研发人员和管理人员,提供集一般检索、分类导航检索、数据统计分析、机器翻译等多种功能于一体的集成化专题数据库系统。利用信息平台,行业和企业可以了解竞争对手的技术水平、跟踪最新技术发展动向、提高研发起点、加快产品升级和防范知识产权风险,为自主创新、技术改造、并购重组、产业或行业标准制定和实施"走出去"战略发挥重要作用。不仅如此,它还包括世界大部分国家和地区及组织的专利数据。由于 LED 产业属于我国战略性新兴产业,也是我国在 21 世纪重点发展的产业,因此本书选取重点产业专利信息服务平台为我国 LED 专利数据来源。

考虑到专利的保护期最长年限为 20 年及数据的科学性和正确性,检索日期区间定为 1993—2013 年。LED 所涉及的技术领域十分广泛且复杂,大体可分为外延、芯片、封装等,如表 4-1 所示。

表 4-1　LED 产业结构

<table>
<tr><th></th><th colspan="2">外延、芯片</th><th>封装</th><th>应用</th><th>总计</th></tr>
<tr><td rowspan="2">销售额
(单位:亿元)</td><td colspan="2" rowspan="2">23</td><td rowspan="2">204</td><td>600</td><td rowspan="2">827</td></tr>
<tr><td>LED 显示:140</td></tr>
<tr><td rowspan="2">产能</td><td>外延</td><td>芯片</td><td rowspan="2">1065 亿只/年</td><td rowspan="2"></td><td rowspan="2"></td></tr>
<tr><td>160 万片(GaP、InGaAIP、GaN)</td><td>552 亿只(GaP、InGaAIP、GaN)</td></tr>
<tr><td>厂商分布</td><td colspan="2">超过 50 家
规模以上</td><td>超过 1000 家
规模以上</td><td>超过 3000 家</td><td></td></tr>
<tr><td>投资分布
(单位:亿元)</td><td colspan="2">81.4(37%)</td><td>24.2(11%)</td><td>114.4(52%)</td><td>220</td></tr>
</table>

(资料来源:《中国信息产业年鉴 2010》)

作者阅读了涉及上述技术的 2 万多份专利文献资料后,从中总结出了 LED 专利所涉及的关键词,由于 LED 的大类是属于电子信息产业中的半导体分立器件,因此在国家知识产权局网站中的重点产业专利信息服务平台界面上点击“电子信息产业”,进入后在行业分类导航中选择“半导体分立器件”。在检索专利时采取布尔表达式,输入关键词“LED or 发光二极管 or 光 or 照明”,在 IPC 分类号一栏输入“H01L”。考虑到发明授权专利量价值较大且说服力较大,以后章节主要以发明授权专利量为主进行数据分析。

一、专利总体态势分析

在所有统计的 LED 专利中,按设定的研究对象,剔除与 LED 专利无关的专利后,从 1993 年到 2013 年,我国共受理了 55 637 件 LED 相关专利申请,其中发明专利 45 241 件,实用新型 10 396 件。这些专利包含了 LED 产业的上中下游,如 LED 上游的外延技术包括发光材料荧光粉的制备技术,中游的芯片制备技术以及下游的 LED 封装技术和照明应用领域,其中封装技术包括了 MOCVD(以Ⅲ族、Ⅱ族元素的有机化合物和Ⅴ族、Ⅵ族元素的氢化物等作为晶体生长源材料,以热分解反应方式在衬底上进行气相外延,生长各种Ⅲ-Ⅴ族、Ⅱ-Ⅵ族化合物半导体以及它们的多元固溶体的薄层单晶材料)和封装荧光粉及芯片的 MOCVD 设备专利,提高发热效率;照明应用包括室外的大功率照明以及室内照明、计算机、汽车、液晶电视、手机上的照明设备等。我国 LED 专利总体态势分布如图 4-1 所示。

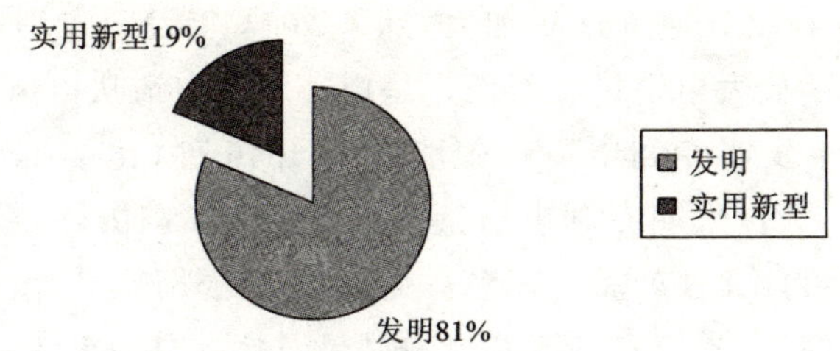

图 4-1　我国 LED 专利总体态势分布

由图 4-1 可知，发明专利申请量最为活跃，占 81%；实用新型较少，只占到了 19%，和发明专利相比差距还是比较大的。这说明了专利申请人在每个类型的专利申请上取得了较大的发展，且发明专利数量优势明显。从另一个侧面也反映出专利申请量都在增长，预计未来将有更多的专利申请人涌现出来，各种类型的专利量进一步提高。

二、LED 专利发明授权年度增长趋势分析

鉴于发明专利的质量更高，创新价值较大，且其权利状态更为稳定，也更能反映技术创新的真实情况。因此，本书仅就 LED 发明专利的申请及授权年度增长趋势情况进行分析，分析结果如图 4-2 所示。

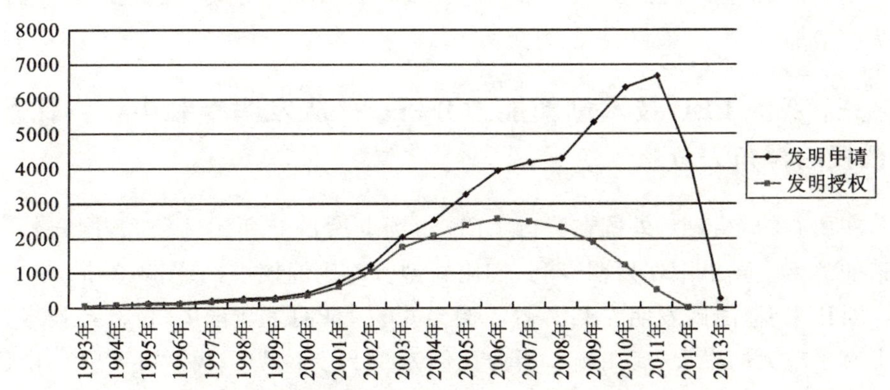

图 4-2　LED 发明专利的申请及授权年度增长趋势

图 4-2 横轴代表专利申请年，纵轴代表专利申请量，该图反映出了 LED 发明申请和授权专利变化的趋势，在两条线上都存在着两个拐点，因为专利申请和发明授权有其滞后性，专利申请从申请日到公告期周期有一年半。因此 1993—2011 年这将近二十年间 LED 发明申请量逐年提高。从图 4-2 可以看出，从 1993 年到 2001 年增长速度十分缓慢，每年的专利量不超过 1000 件，然而从

2002—2011年专利增长速度逐年加大，到了2011年发明专利申请达到了最大值6676件，是历年最大申请量。然而正是由于专利申请从申请日到公告期周期有一年半，2012年发明专利申请量骤然降到4346件，比2011年少了2000多件，到了2013年LED发明专利申请量只有267件。国内外专利申请人不断地加大研发投入，使得LED产品出现多样化，在封装、外延、芯片、应用上出现了不同种类的专利。例如，封装专利涉及封装材料、封装结构、封装工艺；外延专利涉及外延生长技术；芯片专利涉及LED接触电极、LED电极结构、LED芯片表面粗化、LED芯片衬底剥离、LED划片裂解、LED刻蚀、LED微结构纳米结构、LED芯片光子晶体制作、光刻技术、LED芯片钝化技术等。LED发明授权量增长幅度每年逐步提高，截止到2012年，我国LED发明授权的专利量累计达到了20 053件。从1993年到2001年增长速度十分缓慢，每年的发明专利授权量不超过1000件，然而从2002年到2006年，专利增长速度逐年加大，到了2006年，发明专利授权达到了最大值2550件，是历年最大授权量，然而正是由于专利审查周期有2～3年，2007年发明专利授权量降到2488件，此后发明专利授权量逐年递减，到了2012年，LED发明专利授权量只有10件，2013年为0，预计将来会有更多的发明授权专利出现，LED产业发展受到进一步的广泛关注，LED技术创新活动明显增强，专利申请人将会投入更多资金申请专利，发明专利量将大幅度增加，技术成果将会显著增多。

三、我国LED技术创新能力分析——从发明专利申请占比及发明授权的视角去分析

在所有的专利中，外国在我国LED市场上所占专利比例较大，国内外专利申请的类型主要集中在发明专利，实用新型所占比例较小，如图4-3所示。

对比来看，国内发明专利所占比例为69%，证明了我国LED产业技术在创新上有了较大的发展，实用新型所占比例为31%。说明了我国发明专利申请和实用新型申请专利量上差距并不是很大，发明专利虽然能更好地衡量专利质量的高低，反映出专利权人的创新能力，但是从图4-3中可以看出，我国发明专利申请的比例并没有占到优势，这说明了我国LED产业在技术创新上面还需要进一步发展。相比之下，国外两种类型的专利占比差距十分显著，发明专利申请量达到了22 820件，占到了专利的99%，而实用新型只有158件。国外LED技术创新程度十分高，且非常重视专利质量和专利价值，他们主要以发明专利在华申请为主，实用新型居然累计不超过200件，由此可以反映出国外专利在研发投入

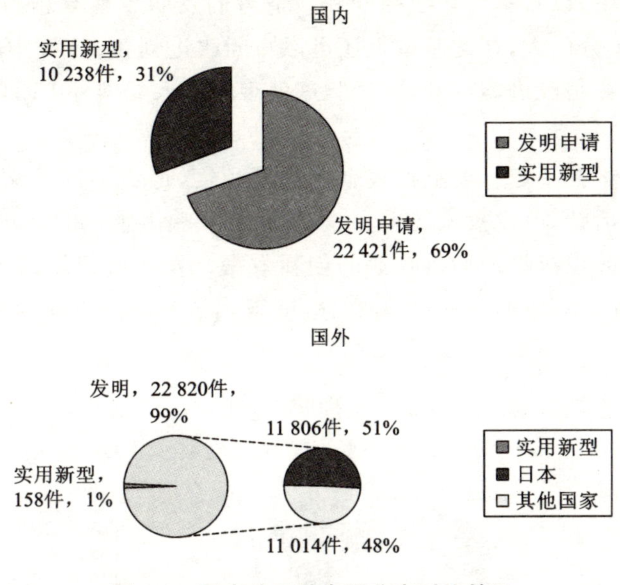

图 4-3　国内外两种专利分布对比情况

上十分庞大，并且以获取发明专利为主。笔者认为这是由于发明专利的创新价值较大且垄断力度大，保护周期最长，可以较好地形成技术壁垒，将存在及潜在的竞争对手排除出 LED 市场。而实用新型创新程度不如发明专利，且中国企业在数量上占据着绝对优势，因此国外权利申请人专利都集中在 LED 发明专利上，在 LED 产业链上构成了技术垄断。由此可见，从两种专利数量尤其是发明专利以及专利申请战略上来看，国外 LED 专利申请人在专利保护及专利利用上十分成熟，值得我国 LED 专利权人借鉴学习。

此外，我国在专利总量上虽然超过国外的在华专利申请总量，但是在发明专利申请量上却低于国外在华发明申请量。这就说明，我国 LED 专利在创新能力上远远不如国外。国外的专利权的质量要高于国内的专利权。这再一次对我国 LED 产业的发展敲响了警钟并值得我们深思。国外发明专利申请中以日本专利申请为主。由图 4-3 可见，日本发明专利申请量达到了 11 806 件，占到了国外在华发明专利申请量的 51%。这也反映出了日本 LED 企业掌握核心技术，技术优势十分明显，在我国的 LED 专利市场上技术垄断十分显著，是领导厂商。目前，日本是全球 LED 技术创新大国，一般情况下，这些专利权人会首先将新技术在本国申请专利，所以日本在 LED 领域的专利申请量遥遥领先。由于知识产权的保护是有地域性的，因此这些日本企业并不满足通过其专利只在本国获取垄断利润，通过其分公司或者 PCT 申请专利来进一步控制中国市场。在这些申请的发明专利中，以日本为代表的专利申请者的发明专利有相当一部分是原创的，发展潜力十分巨大，在此基础上还可以不断改进创新。而我国的专利申请者申请的专利往往是改进型创新的专利，这就难免落入到国外LED专利权人的原始专利中来。

发明申请量在一定程度上代表企业创新程度，但更多的意义是说明了企业申请专利十分活跃，研发投入较大，并不能全面反映出企业的创新效率。因此人们往往利用发明授权量来衡量企业的创新效率。发明授权量越大，说明专利申请的质量越高。图4-4为1993—2013年国内外在华LED发明授权量总体布局。

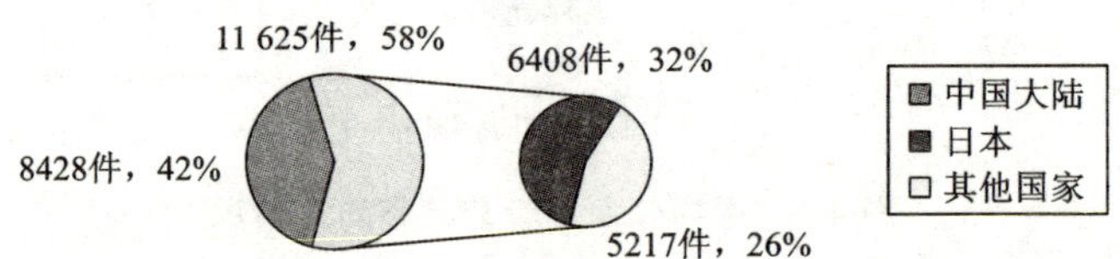

图4-4 1993—2013年国内外在华LED发明授权量总体布局

从图4-4中可以看出国内的发明授权量累计只有8428件，所占比例为42%。而国外的在华发明授权专利量累计1万多件，所占比例为58%，其中又以日本专利量居多，达到了6408件，其他国家累加起来达到了5217件。这些数据说明了我国虽然在LED专利申请总量上有优势，但我国LED发明授权专利的专利量远少于国外。这也反映出了我国LED产业发展中存在着巨大的隐患，国外厂商在我国不断申请LED专利对我国LED产业发展构成了不利因素。到目前为止，我国LED专利发展虽然取得了一定成绩，但是和国外主要LED厂商的差距还相当大（尤其是日本）。其原因在于我国知识产权的发展起步较晚，专利制度还不够成熟，LED照明技术的核心专利基本都被外国几大公司控制[①]，这些公司利用各自的核心专利，采取横向（同时进入多个国家）和纵向（不断完善设计，进行后续申请）扩展方式，在全世界范围内布置了严密的专利网，并且这些公司在LED技术上面起步较早，发展至今技术不断创新，已经形成了一套成熟的知识产权管理制度；并且在专利申请时间上，与我国LED领域的最早申请日

① 低碳情报平台：《2008—2012年中国半导体照明（LED）产业研究及发展趋势预测报告》，第165-169页。

差距最大的相差 24 年，最少也有 5 年，普遍在 10 年左右。上游产业中的传统技术手段，如芯片电极、划片、封装材料、外延缓冲层、碳化硅衬底的时间差距最大，一般在 15 年到 20 年。主流技术（如外延接触层、外延覆盖层、外延量子阱技术、超晶格技术、氮化镓衬底技术、芯片微结构技术、钝化技术等）和下游产业时间差距为 10 年左右。另外，与外国相比，我国缺少原创技术，基本上所有的专利申请技术都在外国专利保护范围之内。国内外 LED 产业发展历程如图 4-5 所示。

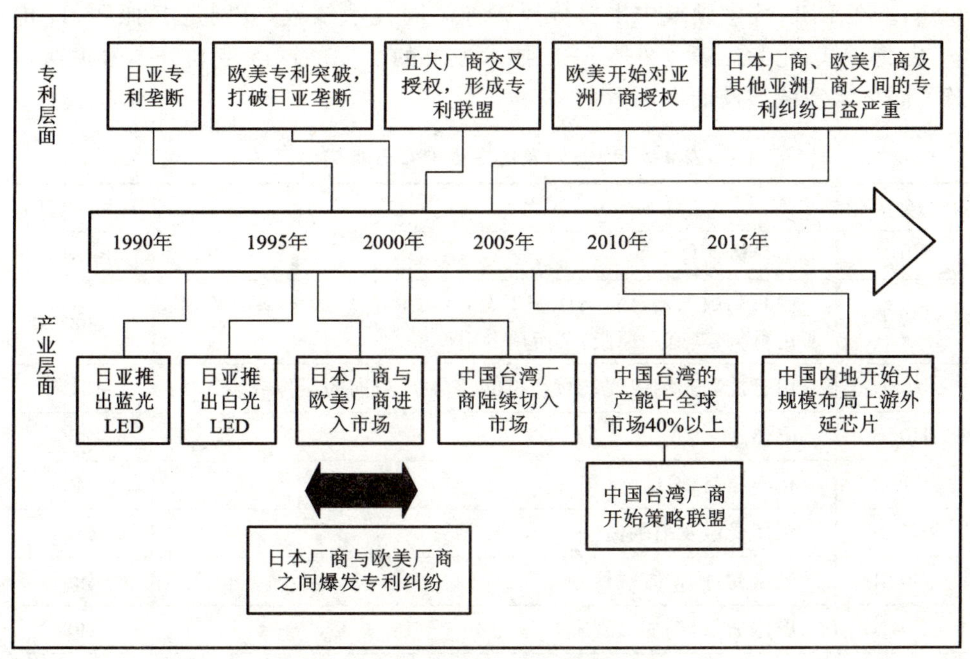

图 4-5 国内外 LED 产业发展历程

（资料来源：工业和信息化部电子知识产权中心）

从图 4-5 中可以看出，日本等企业很早就开始申请 LED 相关专利，并且近几年来与欧美厂商进行相互交叉授权，形成技术壁垒阻碍我国 LED 企业进入使得我国 LED 厂商只能徘徊在 LED 产业链的下游，而且一旦国外专利权人凭借着自身的专利优势对我国本土 LED 企业发动大规模的专利侵权诉讼，这对我国 LED 产业发展将是灭顶之灾，重蹈我国 DVD 事件的覆辙。因此，我国应该高度重视专利权的发展。

四、我国LED专利IPC分析

IPC是指国际专利分类法[①](international patent classfication),它采用的是按照功能分类和按照应用分类相结合的分类原则,以功能分类为主。功能性分类法是指按照物或者方法所固有的性质或功能的分类方法;应用性分类法是把物或方法限定于特定使用领域的分类法。经分析得出,LED专利重要的国际专利分类号包括:H01L,G03F,G02F,H05B,C09K,H01S,G02B,H04N,F21V,G09G。在LED技术领域中主要分为四种不同技术领域,分别是F-照明、H-电学、G-物理、C-化学。表4-2是LED技术涉及的主要的国际专利分类号说明以及不同技术领域涉及的专利数量。

表4-2　LED涉及的主要IPC分类描述表

IPC分类号	说　明	专利量(件)
H01L	半导体器件	15 818
G03F	照相制版工艺,例如:印刷工艺,半导体器件的加工工艺;其所用材料;其所用原版;其所用专用设备	2032
G02F	用于控制光的强度、颜色、相位、偏振或方向的器件或装置	1317
H05B	电热	1286
C09K	化学原料	943
H01S	利用受激发射的器件	640
G02B	光学元件,系统或仪器	599
H04N	图像通信(例如电视)	592
F21V	照明装置或它的系统的功能特征或其他细节;照明装置和其他物品结构组合物	498
G09G	对用静态方法显示可变信息的指示装置进行控制的装置或电路	464

(资料来源:国家知识产权局网站中的重点产业专利信息服务平台检索而来,本研究整理。)

此外,通过对1993—2013年在不同技术领域下专利申请的变化可以分析得出LED专利涉及的技术领域的变化如图4-6所示。从图4-6中可以看出,在1993年专利申请只涉及H01L等少数技术领域;随着LED产业的发展,专利申请也开始

① 资料来源于http://www.lawtime.cn/info/zhuanli/zllawzhishi/2011090185189.html,访问时间2013年6月2日.

逐步涉及不同技术领域，申请量也不断增加。其中变化趋势可以分为三个阶段：从1993年到1996年，这段时间涉及LED专利非常少，有些技术领域专利量几乎为0；从1997年到2002年，一些技术领域开始涉及LED专利，但是申请量依然很少；2003年至今，封装技术不断发展，所涉及的技术领域也越来越广泛，随着市场竞争的加剧，专利申请量大幅度地增加，从原来的几件到现在的成百上千件，由于专利审查周期平均为2～3年，因此现在无法得出2013年的LED发明授权专利数据。

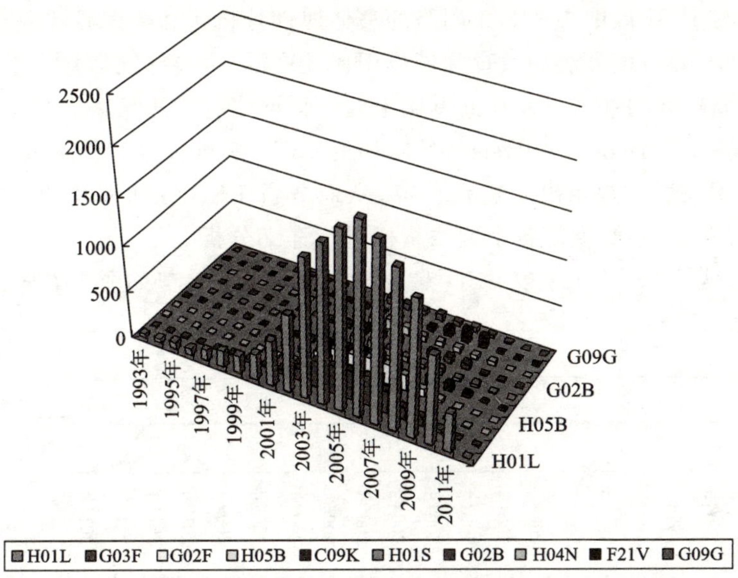

图 4-6 LED专利IPC趋势分析

从图4-6中可以看出，目前LED技术发展非常迅速，然而远没有达到成熟。产业化的芯片发光效率仅为30 lm/W，与普通照明要求的100 lm/W以上的指标有很大差距。未来的技术路线在不断发展，白光技术路线在探索，衬底、外延、芯片、封装技术都在不断更新。

从技术路线角度考虑，国内可以分两个阶段进行研究。第一阶段是围绕国际主流的技术路线去探索，在主要技术路线上创造新的LED专利。而第二阶段就要研究国外还没有实现批量生产的新方法，例如开发直接发白光的芯片，开发受激发后直接发白光的白光荧光粉。

从产业链角度考虑，我国应当重点发展封装和应用技术，但上游技术领域也不能放弃。我国在上游的每个环节有一定的技术积累，例如在衬底技术中的复合衬底、外延技术中的量子阱和隧道结技术、芯片技术中的电极和划片技术等领域，我国已经拥有了一定数量的外围专利，在此基础上应当进一步发挥优势，深入开展横向、纵向研究，可以争取更大的发展空间。

为了进一步探究 LED 专利技术关联程度，本章选取当今世界主流的社会网络分析法来分析 LED 技术关联的具体情况。社会网络分析法是①一种社会学研究方法。社会学理论认为，社会不是由个人而是由网络构成的，网络中包含节点及节点之间的关系。社会网络分析法通过对网络关系的分析，探讨网络的结构及属性特征，包括网络中的个体属性及网络整体属性。网络个体属性分析包括点度中心度、接近中心度等。网络的整体属性分析包括小世界效应、小团体研究、凝聚子群等。该方法在教育领域应用比较广泛，主要探究信息技术环境下学习者所构成网络的特点以及在此基础上对于该网络的改进策略。本章以社会网络分析(social network analysis，SNA)研究 LED 专利的 IPC 作为研究的样本，从 IPC 技术关联的视角出发进行研究，从而分析 LED 专利涉及的 IPC 领域的情况，并对密度、中心度等各个网络指标进行详细分析。

首先，从 1993—2013 年 LED 专利 IPC 技术关联趋势如图 4-7 所示。

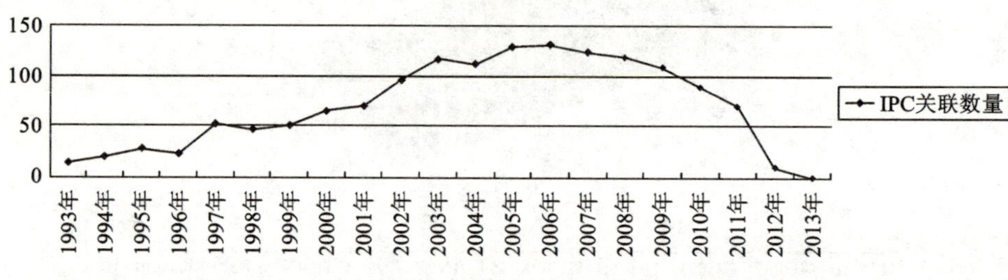

图 4-7　1993—2013 年 LED 专利 IPC 技术关联趋势

从图 4-7 中可以看出，IPC 关联增长趋势历经了三个阶段：第一个阶段，从 1993 年到 2000 年之间，由于授权的发明专利数量较少，因此所涉及的 IPC 数量较为单一，因此这个阶段的 IPC 关联数较少；第二个阶段，2001 年到 2007 年，这是我国 LED 产业飞速发展的时期，随着专利量的不断增多，IPC 关联数也随之增加，因此这个时期是 LED 技术领域发展的高峰期；第三个阶段，2008 年至今，由于专利审查周期平均为 2～3 年，因此 IPC 关联数量逐年递减，预计未来将出现更多的 LED 发明授权专利，IPC 组合专利将会日益增多。

为了进一步探究 LED 专利的 IPC 关联情况，本书将利用社会网络分析软件 UCINET 来进行 IPC 数据分析。UCINET 软件②是由加州大学欧文(Irvine)分校的一群网络分析者编写的。现在对该软件进行扩展的团队由斯蒂芬·博加

---

① (美)斯科特．著，刘军．译．重庆大学出版社，2007-1-1.

② 百度百科，网址 http://baike.baidu.com/view/2343008.htm.

提(Stephen Borgatti)、马丁·埃弗里特(Martin·Everett)和林顿·弗里曼(Linton Freeman)组成。UCINET 网络分析集成软件包括一维与二维数据分析的 NetDraw,还有正在发展应用的三维展示分析软件 Mage 等,同时集成了 Pajek 用于大型网络分析的 Free 应用软件程序。利用 UCINET 软件可以读取文本、KrackPlot、Pajek、Negopy、VNA 等格式的文件。它能处理 32 767 个网络节点。社会网络分析法包括中心性分析、子群分析、角色分析和基于置换的统计分析等。

另外,UCINET 软件具有很强的矩阵分析功能,如矩阵代数和多元统计分析。它是目前最流行也是最容易学习、最适合新手的社会网络分析软件。

从 LED 专利文献中选择有高度关联的前 50 名 IPC 进行分析。由于从原始数据中无法看出哪些 IPC 是高度关联,无法比较各个 IPC 之间的关联度。因此首先统计出前 50 名 IPC 关联数据,然后再进行下一步的分析,统计情况如表 4-3 所示,由于篇幅有限,只列出部分统计情况。

表 4-3 IPC 关联数(部分)

序号	IPC	关联数
1	H01L	245
2	G03F	81
3	H05B	76
4	G02F	80
5	C09K	59
6	F21V	45
7	H01S	48
8	G02B	84
9	H04N	41
10	G09G	23

(资料来源:国家知识产权局网站中的重点产业专利信息服务平台检索而来,本研究整理。)

从表 4-3 中可以看出,H01L 的关联度最高,其次是 G02B,G02F,G03F,关联数达到了 80,G09G 关联数最少,可见所涉及的专利数量并不可靠。

借助 UCINET 软件,根据 50 个 IPC 生成 50×50 的技术关联矩阵,并对该矩阵进行二值化处理,处理结果如表 4-4 所示,由于本书篇幅有限特选取部分处理结果。

表 4-4 IPC 关联矩阵(部分)

IPC	H01L	H05B	G03F	G02F	C09K	H01S	F21V	H01G	G09G	G02B
H01L	0	1	1	1	1	1	1	1	1	1
H05B	1	0	1	1	1	1	1	0	1	1
G03F	1	1	0	1	1	1	1	0	1	1
G02F	1	1	1	0	1	1	1	1	1	1
C09K	1	1	1	1	0	1	1	1	0	1
H01S	1	1	1	1	1	0	0	0	0	1
F21V	1	1	1	1	1	0	0	0	1	1
H01G	1	0	0	1	1	0	0	0	0	1
G09G	1	1	1	1	0	0	1	0	0	1
G02B	1	1	1	1	1	1	1	1	1	0

(资料来源:国家知识产权局网站中的重点产业专利信息服务平台检索而来,本研究整理。)

如表 4-4 所示,该矩阵的横列和纵列元素表示 IPC,如果矩阵中行和列中的某两个 IPC 有关联,则在这两个 IPC 所在行和列的交汇处用“1”表示。如果没有关联则用“0”表示,自身 IPC 的关联度取“0”。从表 4-4 中可以看出,H01L 的关联度最高,说明 LED 专利在 H01L(半导体器件)领域申请授权的专利最多。

使用社会网络分析法将该矩阵进行可视化,为直观反映某一个产业的专利情况,可采用可视化技术表现这些专利数据。将专利数据可视化,进一步反映出本产业中技术发展路线和研发热点。专利可视化分析方法广泛应用于许多技术领域,例如环境保护绿化、能源再生、新能源利用、现代交通专利、未来城市规划、节能建筑、基础设施建设、安全生产专利、生命科学专利、生物医药专利、军事、工业污染监测设备、旅游设施建设、安全控制与检测。专利技术可视化涉及的行业有房地产、石油、机械、化工、矿业、国防等行业。通过绘制知识图谱,反映该产业技术领域中专利以及发明人、合作者、技术研发的基本状况,使得企业的领导者和技术人员对本领域的技术一目了然,对未来的研发及企业技术发展有一个清晰的认识,更有效更好地推动企业的战略发展。

将表 4-3 中的 50×50 的矩阵导入 UCINET 软件,利用 UCINET 中的 NETDRAW 可视化功能对 LED 专利涉及的 IPC 关联数进行可视化,得到图 4-8,该图直观体现了 50 个 IPC 关联情况。其中,图 4-8 中有 50 个 IPC 构成的节点,1068 条 IPC 两两之间的连线。

图 4-8 中,节点表示 IPC,连线表示两个节点之间在专利文献中同时作为该专利文献的分类号出现过,即节点两端的 IPC 相互关联;节点大小表示该 IPC 的度数

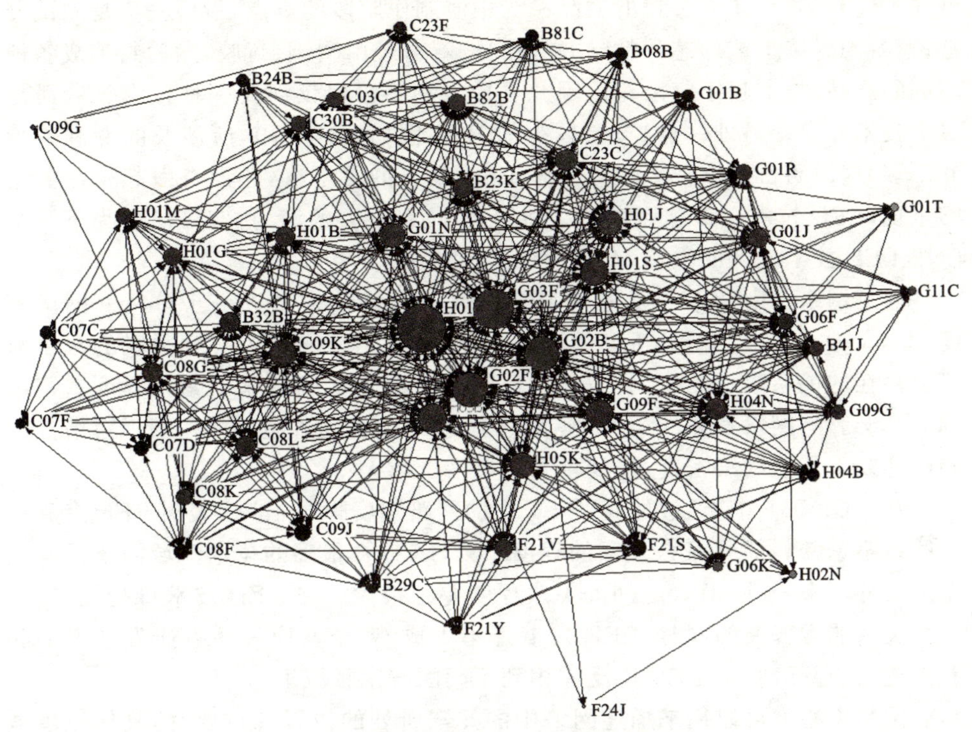

图 4-8　LED 专利 IPC 关联网络图

中心性，即与其他 IPC 关联的个数，连线粗细表示两端 IPC 被关联的强度。

由图 4-8 可知，该网络图中存在着 IPC 关联范围较大的现象。节点越大，代表 IPC 关联的数量较多；连线越粗，代表两端 IPC 关联次数越多，其所在的专利数量越多，暗示了两个技术领域之间联系比较紧密，是专利比较容易涉及的技术，是研发的热点地带；连线越细，表示两端 IPC 关联的次数越少，其所在专利文献也就越少，两个技术领域之间无甚关联，也是技术难点和空白区，在未来可能成为研发的重点，有潜在的研发价值。从图 4-8 中还可以发现，与 H01L 关联的 IPC 数量达到了 245 个，这说明了 LED 主要技术都集中在 H01L(即半导体器件)，这说明涉及 H01L 的 LED 专利数量很多，反映出了当今世界 LED 半导体技术是 LED 技术的主流。从图 4-8 整体上来看，LED 专利 IPC 关联的程度十分紧密，几乎没有任何一个 IPC 是孤立存在的。这从另一个侧面说明，LED 技术发展至今，从早期的照明到如今的 LED 上游的单晶片衬底制作、外延晶片生长，中游的芯片、电极制作、切割和测试分选，即厂商根据 LED 元件结构的需要，先进行金属蒸镀，然后在外延晶片上光罩蚀刻及热处理而制作 LED 两端的金属电极，接着将衬底磨薄、抛光后切割为细小的 LED 芯片，由于衬底较脆且机械加工性差，芯片切割过程的成品率为中游制作阶段的重点，最后一步是测试分选；下游的封装工艺即芯片粘贴并焊接导线架，经由测试、封胶，然后封装成各种不同的产品，技术趋于复杂化。因此一项专利不再仅仅涉及一种技术领域而是多个技术并存。另外一点，节点较少的 IPC（例如 F24J 等），所涉及的专利数量并不多，这说明目前该技术领域还是 LED 发展的真空区，还没有引起企业的足够重视，LED 技术在该领域发展空间很大，具有很大的潜力，有可能成为下一个阶段 LED 技术发展的重点，企业应该给予关注。

通过网络密度和中心度等对 IPC 关联的网络结构做进一步分析。网络密度（density）是社会网络分析中的一种测试指标，它是网络中实际关联的数目与可能存在的关系数目的比例，因此它反映出了节点之间联系的紧密程度。密度的大小会影响网络整体的结构，密度越大，网络的连通性越好。一般通过节点之间的连线来衡量网络密度，连线越多代表密度越大。

在 UCINET 中，经过计算图 4-7 中的网路密度为 0.43，这表明 LED 专利技术联系不紧密。部分 IPC 关联的程度不大，LED 在很多的技术领域内还没有完全地延伸开来，不同 IPC 之间的关联程度差距很大。在 LED 技术日趋复杂化、技术关联非常普遍的同时，LED 发展还不太成熟，企业应该注意研发技术的相互渗透，共存互动，使 LED 广泛应用到不同的技术领域里。

网络中心度可以用来描述网络中的元素所处的位置和重要性，具体以度数中心度（degree）、中间中心度（betweenness）、接近中心度（closeness）以及特征向量中心度（eigenvector）为主。度数中心度①是指处在一系列联系的核心位置的点，该点与其他点有众多的直接联系。中间中心度由 Freeman 提出②，是用于测度个体对资源控制程度的算法，点的中间中心度就是测量一个点在多大程度上位于图中其他点的中间。中间中心度与度数中心度没有绝对的关联，一个度数中心度相对比较低的点可能起到重要的中介作用，其中间中心度的值相应就比较高，因而处于整个网络的中心。接近中心度是③一种针对不受其他点控制的测度，Freeman 等根据点与点之间的距离来测量接近中心度。特征向量中心度是④把那些与特定节点相连接的其他节点的中心性考虑进来而进行的测度，可以反映特定节点与处于最中心位置的其他节点之间相连接的程度。

利用 UCINET 中心度功能计算度数中心度、中间中心度、接近中心度以及

---

① 约翰.斯科特普.社会网络分析方法[M].重庆：重庆大学出版社，2007：69-73.

② Freeman LC. A Set of Measures of Centrality Based on Betweenness[J]. Sociometry，1997(1)：35-41.

③ 刘军.整体网分析讲义：UCINET 软件使用指南[M].上海：上海人民出版社，2009：10-11.

④ 皇甫青红，刘艳华，丁军艳.国际社会网络分析领域作者共被引用网络结构研究[J].情报杂志，2013，32(5)：121-126.

特征向量中心度四个指标，部分计算结果如表 4-5 至表 4-8 所示。

表 4-5　度数中心度计算结果(部分)

IPC	Degree	NrmDegree	Share	IPC	Degree	NrmDegree	Share
H01L	49.000	100.000	0.046	H01M	20.000	40.816	0.019
G02B	42.000	85.714	0.039	C08K	19.000	38.776	0.018
G02F	41.000	83.673	0.038	F21S	18.000	36.735	0.017
G03F	40.000	81.633	0.037	C03C	18.000	36.735	0.017
H05B	36.000	73.469	0.034	C09J	18.000	36.735	0.017
C09K	32.000	65.306	0.030	C08F	17.000	34.694	0.016
H01S	32.000	65.306	0.030	C07D	17.000	34.694	0.016
G09F	32.000	65.306	0.030	G09G	17.000	34.694	0.016
G01N	31.000	63.265	0.029	B41J	17.000	34.694	0.016
H05K	31.000	63.265	0.029	C23F	15.000	30.612	0.014
H01J	30.000	61.224	0.028	B29C	15.000	30.612	0.014
C23C	27.000	55.102	0.025	B24B	15.000	30.612	0.014
H04N	25.000	51.020	0.023	B81C	15.000	30.612	0.014
B32B	24.000	48.980	0.022	H04B	15.000	30.612	0.014
C08L	24.000	48.980	0.022	C07C	15.000	30.612	0.014
C08G	24.000	48.980	0.022	B08B	14.000	28.571	0.013
H01B	23.000	46.939	0.022	G01B	14.000	28.571	0.013
B23K	23.000	46.939	0.022	F21Y	13.000	26.531	0.012
G01J	23.000	46.939	0.022	C07F	13.000	26.531	0.012
H01G	22.000	44.898	0.021	G06K	12.000	24.490	0.011
F21V	21.000	42.857	0.020	G11C	11.000	22.449	0.010
B82B	21.000	42.857	0.020	G01T	10.000	20.408	0.009
G06F	20.000	40.816	0.019	H02N	9.000	18.367	0.008
G01R	20.000	40.816	0.019	C09G	5.000	10.204	0.005
C30B	20.000	40.816	0.019	F24J	3.000	6.122	0.003

表 4-6　中间中心度计算结果(部分)

IPC	Betweenness	nBetweenness	IPC	Betweenness	nBetweenness
H01L	131.573	11.188	H01M	5.455	0.464
G02B	75.028	6.380	G01R	5.275	0.449
G02F	53.822	4.577	C09J	5.138	0.437
G03F	51.654	4.392	B24B	5.093	0.433
H05B	34.668	2.948	C23F	4.537	0.386
C09K	29.964	2.548	B29C	4.315	0.367
G09F	26.188	2.227	C08F	3.808	0.324
G01N	24.634	2.095	C03C	3.607	0.307
H01S	24.465	2.080	C08K	3.538	0.301
H05K	21.660	1.842	B81C	3.281	0.279
H01J	19.838	1.687	B41J	3.092	0.263
C23C	16.069	1.366	G09G	2.175	0.185
C08G	13.518	1.149	H02N	2.150	0.183
H04N	12.100	1.029	C07D	2.133	0.181
B23K	11.959	1.017	H04B	2.091	0.178
B32B	9.622	0.818	G01B	1.801	0.153
G01J	9.363	0.796	G06K	1.790	0.152
H01G	9.342	0.794	C07C	1.647	0.140
C08L	9.043	0.769	B08B	1.483	0.126
B82B	8.249	0.701	C07F	1.009	0.086
H01B	7.410	0.630	G11C	0.980	0.083
C30B	6.994	0.595	F21Y	0.754	0.064
G06F	6.791	0.577	G01T	0.439	0.037
F21S	5.819	0.495	C09G	0.111	0.009
F21V	5.526	0.470	F24J	0.000	0.000

表 4-7　接近中心度计算结果(部分)

IPC	Farness	nCloseness	IPC	Farness	nCloseness
H01L	49.000	100.000	H01M	78.000	62.821
G02B	56.000	87.500	C08K	79.000	62.025
G02F	57.000	85.965	F21S	80.000	61.250
G03F	58.000	84.483	C03C	80.000	61.250
H05B	62.000	79.032	C09J	80.000	61.250
C09K	66.000	74.242	C08F	81.000	60.494
H01S	66.000	74.242	C07D	81.000	60.494
G09F	66.000	74.242	G09G	81.000	60.494
G01N	67.000	73.134	B41J	81.000	60.494
H05K	67.000	73.134	C23F	83.000	59.036
H01J	68.000	72.059	B29C	83.000	59.036
C23C	71.000	69.014	B24B	83.000	59.036
H04N	73.000	67.123	B81C	83.000	59.036
B32B	74.000	66.216	H04B	83.000	59.036
C08L	74.000	66.216	C07C	83.000	59.036
C08G	74.000	66.216	B08B	84.000	58.333
H01B	75.000	65.333	G01B	84.000	58.333
B23K	75.000	65.333	F21Y	85.000	57.647
G01J	75.000	65.333	C07F	85.000	57.647
H01G	76.000	64.474	G06K	86.000	56.977
F21V	77.000	63.636	G11C	87.000	56.322
B82B	77.000	63.636	G01T	88.000	55.682
G06F	78.000	62.821	H02N	89.000	55.056
G01R	78.000	62.821	C09G	93.000	52.688
C30B	78.000	62.821	F24J	95.000	51.579

表 4-8 特征向量中心度计算结果(部分)

IPC	Eigenvec	nEigenvec	IPC	Eigenvec	nEigenvec
H01L	0.256	36.151	G01J	0.142	20.073
H05B	0.212	29.927	G01N	0.185	26.149
G03F	0.225	31.763	H01J	0.183	25.913
G02F	0.231	32.733	C07F	0.085	11.953
C09K	0.188	26.653	C08K	0.125	17.730
H01S	0.190	26.883	F24J	0.022	3.116
F21V	0.140	19.816	C03C	0.123	17.392
H01G	0.133	18.826	G11C	0.076	10.687
G09G	0.117	16.501	G06F	0.130	18.440
G02B	0.229	32.408	C23F	0.094	13.298
H04N	0.154	21.727	G01R	0.129	18.295
C23C	0.165	23.402	H01B	0.149	21.138
G09F	0.189	26.750	C09G	0.031	4.415
B23K	0.138	19.560	G01B	0.099	14.006
C07D	0.117	16.507	G06K	0.083	11.794
H01M	0.124	17.598	B82B	0.129	18.290
F21Y	0.092	12.961	H02N	0.064	9.012
H05K	0.188	26.545	C08F	0.108	15.251
C30B	0.125	17.614	G01T	0.071	9.991
B24B	0.092	12.973	B32B	0.155	21.884
C08G	0.147	20.849	H04B	0.103	14.560
F21S	0.116	16.466	B29C	0.093	13.161
C08L	0.150	21.229	B81C	0.094	13.248
C09J	0.116	16.381	B41J	0.118	16.641
C07C	0.099	14.056	B08B	0.095	13.459

从表 4-5 至表 4-8 中可以看出,度数中心度表示 IPC 局部中心指数、测量技术关联程度。由此可见,半导体技术在 LED 技术中处于领头羊的地位,通过在

该领域授权的 LED 发明专利来看，半导体技术广泛应用于 LED 上面，进一步推动了 LED 发展，但也显示出在这个技术领域中 LED 竞争极为激烈，是 LED 企业主流发展改进的方向。接近中心度考虑的是 IPC 多大程度上不受其他 IPC 控制，如果某一个 IPC 与其他 IPC 关联较少，那么这个 IPC 就具有了较高的中心度。特征向量中心度①可以帮助人们判断网络中的核心节点，且特征向量不关注局部的模式结构。

LED 核心技术的雷达图如图 4-9 所示，可以直观地考察核心 LED 技术的发明授权专利分布情况。

从图 4-9 中可以看出，LED 技术的核心效应十分明显。LED 发明专利基本集中在 IPC 分类号为 H01L，G03F 上，其中 H01L 中的发明专利为 15 818 件，G03F 上的为 2032 件，由此可见，LED 核心技术为半导体技术及其相关方面的加工与制作技术，其余的技术领域专利数量分布得比较离散。

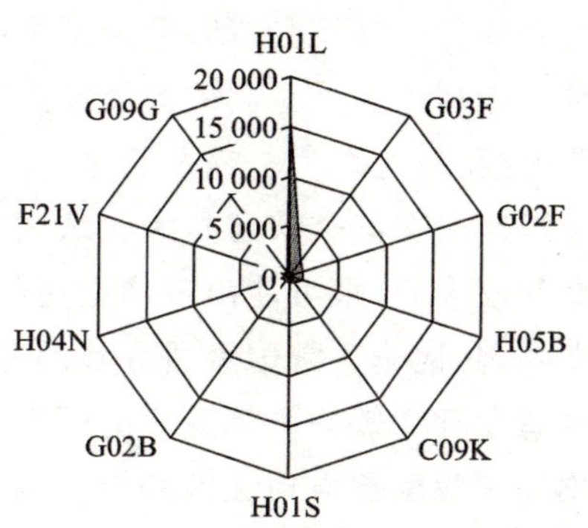

图 4-9　LED 核心技术分布雷达图

五、我国 LED 失效专利分析

失效专利是衡量专利质量的一个维度。所谓失效专利，泛指申请专利最终未获得批准或已获得授权但又被宣告无效，或因法律规定的各种原因而失去专利权、不再受专利法律保护的专利。失效专利因过期失效变成一种免费共享的社会公共资源，流入到公共领域。通过上述分析可以看出，我国 LED 产业的专利申请量和授权量的增长都十分迅猛。LED 专利数量的激增反映出 LED 产业创新非常活跃，但维护专利需要成本。专利权人有可能不愿意支付成本导致其专利失去了法律保护的效力，同时专利失去商业价值。根据国家知识产权局发布的《2008 中国有效专利年度报告》显示，截至 2008 年年底，国内发明专利中，维持时间达到 10 年的有 44.0%，达到 20 年的有 3.2%；而国外发明专利中，维持时间达到 10 年的有 82.2%，达到 20 年的有 22.8%。在高新技术领域，国外拥有的有效发明专利数量和专利布局领先于我国。例如，在半导体、光学、控制和发动机领域，国外拥有的有效发明专利数量依次为国内的 2.3 倍、3.2 倍、2.1 倍和 3.5 倍。从数量上看，我国现已成为了世界

① 许海云，方曙，付鑫金. 基于特征向量中心度加权的期刊影响因子研究[J]. 情报理论与实践，2011，34-(11)：108-112.

上举足轻重的专利大国，专利申请量、专利授权量均能与美国、日本、德国等发达国家一较高下；从质量上看，我国专利质量明显处于劣势，核心专利群少、专利寿命短。①

失效专利为何会出现？Kitch(1977)认为企业申请专利是为了划分市场，消除竞争对手潜在的威胁。由于技术、市场等因素，企业并不见得会使用专利，从而专利过了保护期就会失效。Gilbert，Newbery(1982)实证研究发现，企业通过申请或者购买一些专利来保护自己的技术以此来抑制竞争。一旦发生专利诉讼可以使竞争对手的专利失效。这些理论或多或少地解释了专利为何会失效。除此之外，一些问题专利、质量不高的专利本身请求保护的范围过宽或专利本身不符合专利法也是专利失效的原因之一。袁晓东(2010)认为即便这些专利是已经获得授权，但因为不完全符合法律规定可能被宣告无效且存在权利瑕疵，不能视为资产。在某个特定技术领域内，随着每年专利增长量不断提升，涌现出大量的专利权人后，很可能出现像上述分析的那样，专利除超过保护期限失效的正常因素外，其他非正常因素所导致的专利失效的概率也会加大。由于我国专利法对申请专利无效的主体并没有明确说明，任何人都可以申请专利无效。据统计，平均每年我国被申请无效的专利在2000件以内。这些正常或非正常因素导致的专利失效，可能是因为产业专利量和专利权人每年迅猛增长，专利量过于分散，这些专利权人可能并没有有效利用专利或者专利在保护期限内被提前宣判无效，那么，这些无效的专利又会引发一系列其他问题。因此，产业中相关专利的增长导致无效专利概率的增加。综上所述，无效专利形成原因和危害如图4-10所示。

依据我国专利法，发明专利的保护期限是20年，实用新型和外观设计专利的保护期限是10年。超过该年限，此专利将不受法律保护，自动地流入到公共领域。失效专利的危害有如下几条：导致知识大量流入公共领域出现“公地悲剧”，影响到申请人的专利申请积极性；降低了专利利用率，阻碍专利商业化，企业无法通过申请专利获得垄断利润，打击了企业技术创新的积极性；企业专利被宣告无效使得企业研发付诸东流，专利无法投入市场，还会使得企业支付侵权费用或者被侵权人无偿使用其发明增加了企业机会成本，使得企业蒙受经济损失。通过上文所提到的国家知识产权局所建设的重点产业专利信息服务平台检索统计出我国1993—2012年LED专利失效量，图4-11为我国LED专利失效量分布图。

① 浅析专利质量的提升．中国知识产权网，网址：http://www.cnipr.com/news/ywdd/201112/t20111222_140027.html．访问时间：2013年6月5日．

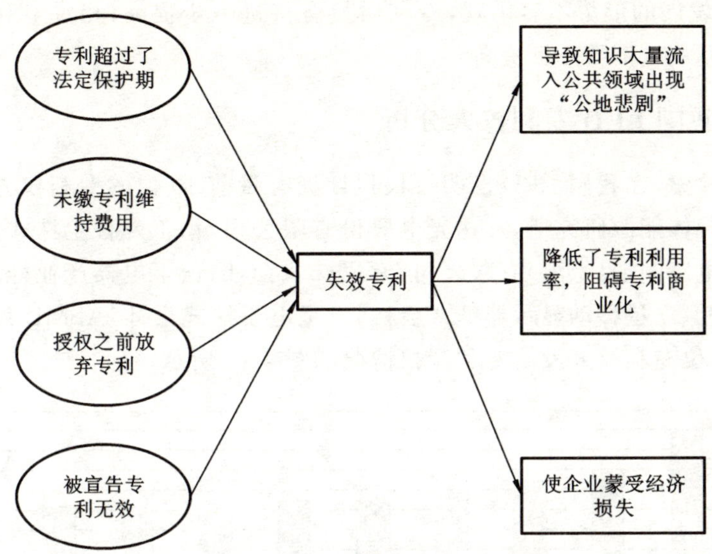

图 4-10　无效专利形成原因和危害

（资料来源：本研究整理）

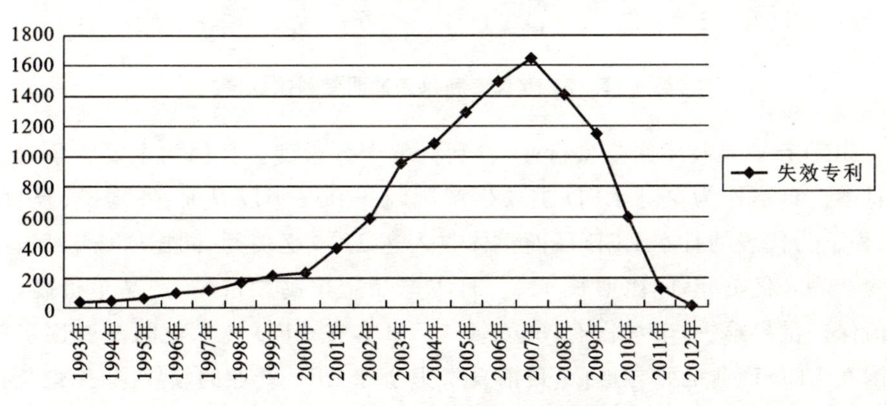

图 4-11　我国 LED 专利失效量分布

由图 4-11 可以看出，我国 LED 专利失效量从 1993—2013 年累计达到了 11 698件，其中 1993 年有 37 件专利过了专利法定规定的保护期限而失效。而从 2000 年开始，每年专利失效量节节攀升；到了 2007 年达到了最大值 1652 件；2007 年以后由于受到公告期和专利审查周期的影响，专利失效量开始下降，但是 2008—2009 年连续两年专利失效量都超过了 1000 件。有部分申请年度的专利维持的时间居然都没超过 10 年，这些非正常因素导致的 LED 专利失效对我国 LED 产业的发展产生了不小的影响。从失效专利情况来看，说明了我国

LED产业发展的形势不容乐观，专利质量有待进一步提高，相关专利转化成生产力的规章制度需要不断完善。

六、我国LED专利权人分析

经过检索，在我国LED发明授权累计拥有量前10位的专利权人分别是株式会社半导体能源研究所，友达光电股份有限公司，精工爱普生株式会社，中芯国际集成电路制造(上海)有限公司，索尼株式会社，松下电器产业株式会社，夏普株式会社，三星移动显示器株式会社，三星电子株式会社，ASML荷兰有限公司。前10位专利权人发明专利授权情况如图4-12所示。

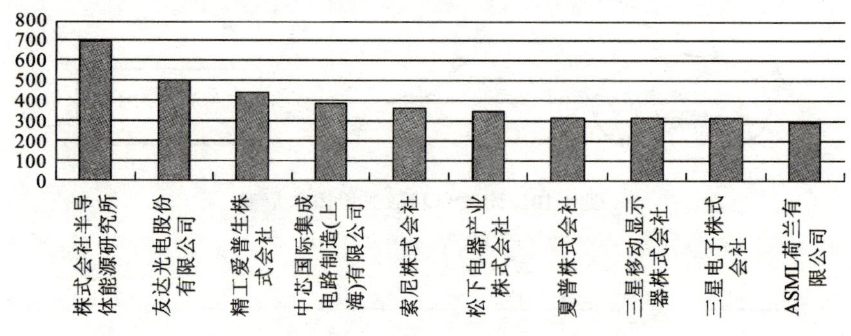

图4-12 前10位专利权人发明专利授权情况

LED行业是技术密集型行业，专利竞争十分激烈。我国的主要竞争对手来自日本。日本作为全球LED主要生产国，在2005年以日亚、罗姆微、夏普、东芝、松下为代表的日本LED厂商整体收入达27.5亿美元，同比增长12%；2006年为28.68亿美元，同比增长4%。日本产品定位高端市场，产品单价高，整体产值保持世界第一，市场占有率达50%。日本在LED技术上的发展逐步取代美国在LED产业的领导地位，目前日本为全球LED产业的领导国，无论是技术或产值均领先其他国家。日本的LED产业之所以能迅速发展，与日本对于外来能源依存度高有绝对的关系。由于日本为了降低能源的消耗及对外来能源的需求，对于节能产品开发积极，造就了日本LED产业全球霸主的地位。

上述数据正好验证了图4-12所展示的LED发明专利拥有情况，从图4-12中可以看出前10位的专利权人主要都来自日本，其中株式会社半导体能源研究所拥有专利量达到了696件。中国的LED专利量虽然累计起来超越了国外，但是发明专利还是处于劣势，平均每个专利权人拥有的专利很少，绝对专利量远远落后于发达国家，因此我国在未来的LED发展上要制定相应的战略规划。

为了进一步探究LED前10位专利权人专利竞争态势，有必要综合比较各个专利权人的基本情况，因此作出LED前10位专利权人综合比较表，如表4-9所示。

表4-9 前10位专利权人综合比较

申请人	专利所属地区	专利件数	专利所占百分比	申请人研发能力比较		
				活动年期	发明人数	平均专利年龄
株式会社半导体能源研究所	CN[696]	696	17.54%	17	288	10.09
友达光电股份有限公司	CN[503]	503	12.68%	12	486	7.17
精工爱普生株式会社	CN[439]	439	11.06%	16	295	9.48
中芯国际集成电路制造(上海)有限公司	CN[381]	381	9.60%	9	492	5.65
索尼株式会社	CN[360]	360	9.07%	13	512	6.66
松下电器产业株式会社	CN[345]	345	8.69%	18	536	8.55
夏普株式会社	CN[319]	319	8.04%	14	375	7.26
三星移动显示器株式会社	CN[316]	316	7.96%	9	334	7.02
三星电子株式会社	CN[315]	315	7.94%	17	613	8.75
ASML荷兰有限公司	CN[294]	294	7.41%	8	795	7.95

(资料来源:国家知识产权局网站中的重点产业专利信息服务平台检索而来,本研究整理。)

从表4-9中整体上可以看出，排名前10位的专利质量都很高，有些专利权人，例如株式会社半导体能源研究所，友达光电股份有限公司等，专利维持时间都保持在10年以上，而且投入的研发人员较多，形成了一个较成熟的研发团队。从专利质量上来看，排名前10位的专利质量很高，更深层次地反映出了它们在专利保护和专利转化成市场竞争力的意识比较强，且知识产权制度完善健全。

目前，随着LED市场的竞争日益激烈，越来越多的企业都被淘汰出了这个行业，其原因在于LED行业是一个高壁垒的行业。目前全球LED市场由行业前5大厂商掌控(日本的日亚化学(Nichia)、丰田合成(ToyodaGosei)、美国Cree公司、欧洲飞利浦(PhilipsLumileds)和欧司朗(Osram))，这5家厂商为了维持竞争优势、保持自身市场份额申请了多项专利，几乎覆盖了原材料、设备、封装、应用在内的整个产业链。LED厂商间通过专利授权和交叉授权来进行研发和生产，不仅阻碍了新进入者的产生，某种程度上也增加了企业的生产成本[①]。因此，为了顺利地进入到LED市场中来，避免不必要的法律诉讼，目前LED企业趋于专利合作。虽然也有小规模的专利诉讼发生，但是还未出现大量的专利诉讼事件，LED企业间仍然以合作为主。

第三节　验证我国LED产业专利分散

本节基于第二节LED专利数据分析的基础上，综合运用专利集中度、分散度指数、分形理论、首位度法则、基尼系数和分割指数来测量特定技术领域的专利分散程度。本报告以1993—2013年我国LED技术专利为样本，运用上述方法进行测量，研究表明我国LED技术领域专利呈现分散趋势。

1. 利用专利集中度公式验证H1

$$CR_n = \sum_{i=1}^{n} X_i / \sum_{I=1}^{N} X_I \tag{4-1}$$

在式(4-1)中，n表示前几位专利权人，N表示所有专利权人，X_i表示前几位专利权人中某一个专利权人的专利量，X_I表示所有专利权人中的某一个专利权人的专利量。该公式代表前几位专利权人的专利量的总和占所有专利权人的专利量总和的比例。瞿卫军，姬翔，刘洋，黄庆(2009)利用专利集中度公式分别对地区及产业专利聚集度的情况进行测量，通过该指标来反映出地区及产业的科技实力。结果表明，在半导体产业领域，上海以绝对优势占据首位；其次是北京和广东地区，在半导体领域也表现出相当的实力；而甘肃、贵州、海南、内蒙古、宁夏、青海、西藏和新疆这八个地区，在半导体领域没有专利优势。在药品和化妆品领域，明显具有优势的地区是北京和浙江。在通信领域，广东的优势极为明显，其专利聚集度达到59.3，这与广东拥有众多电子通信企业的情况非常吻合；其次北京在通信领域也有一定的优势，而其他地区的优势则不太明显。在生物技术领域，具有产业优势的地区是北京、上海和江苏。在农业食品领域，最具产业优势的地区是山东和浙江，而其余的几个农业大省并未表现出优势。在消费品及设备领域，广东、江苏、山东、浙江比较具有产业优势。

云南省在农业食品、药品和化妆品这两个产业相比较其他产业具有优势；上

① LED专利. 网址：http://baike.ofweek.com/309.html#a1. 访问时间：2013年6月7日.

海最具有优势的产业是信息技术和分析测量控制，除了农业设备、原子核工程和航天产业之外，上海在其他产业上的科技实力比较均衡；北京在通信和信息技术产业实力突出；湖北除在药品、化妆品和材料、冶金产业较具优势以外，其他产业的情况总体比较平均；湖南在土木工程领域具有明显的技术优势。

以 1993—2013 年每年前 10 位 LED 专利权人所拥有的发明授权专利量之和为式(4-1)的分子，以每年的累计 LED 发明授权专利总量为式(4-1)的分母，以年度为单位，计算出每年的专利集中度，如图 4-13 所示。

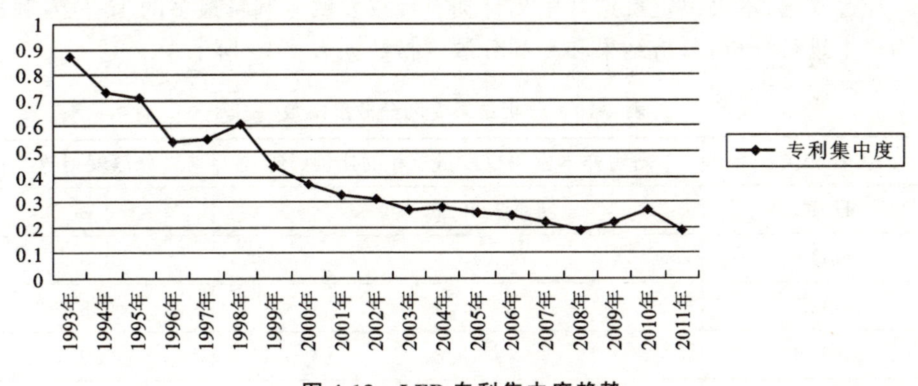

图 4-13　LED 专利集中度趋势

由于专利审查周期平均为 2～3 年，因此 2012 年数据不完整，专利集中度达到了 1，预计将来会下降，2013 年忽略不计。从图 4-13 中可以看出，虽然我国每年 LED 技术领域的专利授权量急剧增加，但专利数量位于前 10 位的专利权人拥有的专利量占全部专利数量的比例却呈现逐年下降趋势。这充分证明了处于优势地位的专利权人垄断力开始下降。由此可见，我国 LED 专利有分散的趋势。验证了**假设 H1：每年处于前列的专利权人授权的专利量占整个技术领域专利比例逐渐下降**。

2. 运用分散度指数和首位度法则验证 H2

专利集中度都是从局部相对于整体来考虑专利分布的情况，没有考虑具体的技术领域中的专利分布情况。本书运用专利分散度指数[9]来测量样本企业在 LED 技术领域内的专利分散程度。

$$D^j = \sum_{i=1}^{n} \left| \frac{x_i^j - \overline{x^j}}{\overline{x^j}} \right| \times \frac{P_i}{P} \tag{4-2}$$

式(4-2)中，P_i表示i 企业的 LED 技术发明专利授权量，P 为样本企业 LED 技术发明授权量总和。x_i^j 为i 企业在涉及 LED 的j 技术领域内的授权发明专利量。

$\overline{x^j}$为涉及 LED 的 j 技术领域内样本企业发明授权专利总和的平均值。分散度指数小表明专利授权在各企业之间的分布均匀，技术竞争激烈；分散度指数大表明专利授权主要集中于少数企业，技术领域存在明显领导者。

为了验证我国 LED 专利权人的分布和专利量的结构是否合理，本书考虑采用首位度法则来衡量。首位度法则可以测量具体专利权人拥有专利量之间的差距。其计算方法如式(4-3)所示。

$$S_2 = P_1/(P_2 + P_3 + P_4) \tag{4-3}$$

经过筛选，本书决定挑选其中累计拥有授权发明专利量最多的 10 位专利权人为样本进行分析，分析结果和专利分散度指数如表 4-10 所示。

表 4-10　分析结果专利分散度指数

IPC 分类	所占样本发明授权量总和的比例(%)	分散度指数
H01L	88.7	0.3
G03F	13.6	0.9
G02F	15.1	0.8
H05B	13.8	0.9
C09K	2.7	0.8
H01S	3.6	0.7
G02B	3	0.5
H04N	5.4	1.0
F21V	0.9	1.0
G09G	6.5	0.8

计算结果显示在 LED 行业中，一些授权量大的技术领域，分散度指数范围在 0.3～0.9 之间。例如，H01L，G03F，G02F 分散度指数分别为 0.3，0.9，0.8。该区间分散度指数未超过 1，表明这个领域中各公司竞争激烈。H01L 的分散度指数最小，表示在该领域样本公司竞争最激烈。在一些授权量小的领域内，分散度指数超过了 1。例如，H04N，F21V 领域内。分散度指数超过了 1，表明专利分布集中在少数专利权人中，属于技术创新者。样本企业中的日资企业在这些技术领域内属于技术创新者，且相较于其他企业占据着一定优势。总体而言，样本企业的分散度指数较小，这表明拥有绝对数量专利的国外企业之间竞争十分激烈。专利在这些专利权人中分布得十分均衡，技术差距不大。进一步来讲，在我国 LED 行业中，日本企业的在华专利处于优势，相较于专利量前列的其他外

企在某些技术领域内处于领先地位，前10位专利权人中，竟无1个中国内地企业，而日本专利权人却占据了绝大多数，这表明我国LED企业主要的竞争对手就是日本。在未来日本很可能通过其自身的技术优势以及以对我国企业发起专利诉讼等方式，来威胁我国LED产业的发展，因此我国企业要提高警惕。

以1993—2013年授权的LED发明专利数据为样本，选取当年授权专利量位居前4位的专利权人，计算20年间每年的首位度，如图4-14所示。

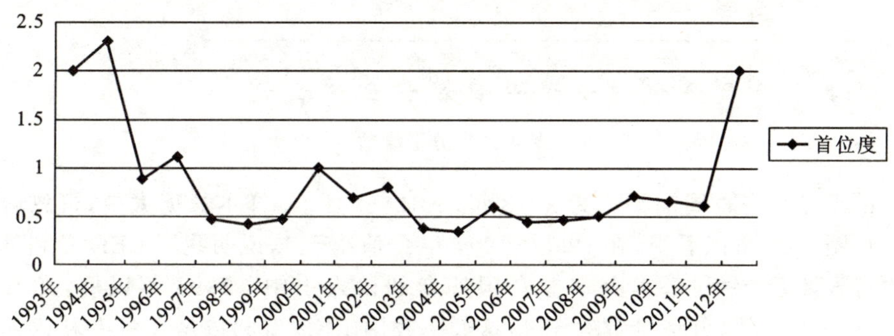

图4-14　我国LED专利首位度分布图

首位度越大，表示拥有绝对专利数量专利权人的专利量与其他专利权人相比优势越明显，影响力越大，垄断力度越强。反之，则专利在各个专利权人之间的分布越均匀，差距越小，专利量布局结构越合理，专利量处于前位的专利权人垄断力越弱。首位度计算结果表明：1993—1994年我国LED专利每年授权最多的是外国企业，尤其是日本企业，从图4-14可以看出这两年间的首位度均超过了2，在专利呈分散趋势的情况下，每年在我国获得专利授权量居首位的多为外国企业。这充分证明了外国企业LED专利量在拥有量上处于优势，除了1993—1994年这两年处在首位的专利权人的专利量有绝对优势以外，其他年份位于前列的外企专利权人之间专利量差距不是很大，专利分配比较均匀，充分说明国外LED专利权人专利相对集中，竞争激烈，没有出现垄断力特别强的专利权人。验证了**假设H2：国外LED专利优势企业技术差距不大，且外国企业在我国具有专利数量相对集中优势。**

3. 利用分形理论验证了H3

我国LED专利权人数量随着专利数量的逐渐增加而逐级递减，每年拥有大量授权专利的专利权人较少，而拥有少量授权专利的专利权人却较多。由此形成专利等级规模金字塔。这与分形理论中的金字塔分布极为类似。对我国LED技术专利布局进行分析。其表达式如式(4-4)。

$$N=AP^{-D} \tag{4-4}$$

其分形维数如图4-15所示。

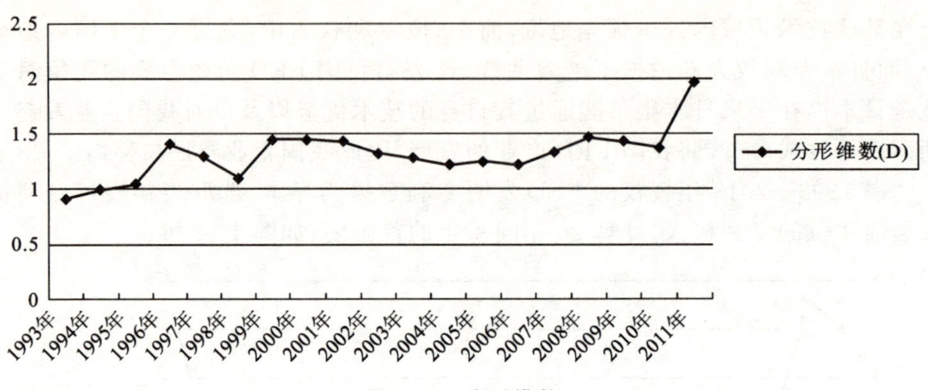

图 4-15　分形维数

由于专利审查周期平均为 2～3 年，2012—2013 年样本数据太少，可忽略不计。从图 4-15 可以看出，在 1993—1994 年 D 值小于 1，说明我国 LED 专利早期很少有人涉及，专利基本上掌握在国外专利权人手中。1995 年以后，尤其是 2003—2008 年间，分形维数大于 1，这表明我国 LED 专利数量在各专利权人间整体分布趋于均匀。具有专利优势的专利权人与专利量较少的专利权人之间的差距日趋明显。处于垄断地位的专利权人虽然专利量上处于领先地位，但是每年拥有较少专利量的专利权人数量却在逐渐增多，专利呈现分散趋势。我国 LED 技术专利申请活跃，但专利权却由不同的专利权人所有。从图 4-15 还可以看出每年只拥有专利量为 1 的专利权人数量是最多的，其次是专利量为 2 的专利权人数，专利权人数随着专利量的递增而减少。

为了具体说明我国 LED 专利权人和专利量增长的情况，借助 Minitab 软件绘制出 1993—2012 年我国 LED 专利累计增长趋势图，如图 4-16～图 4-35 所示。

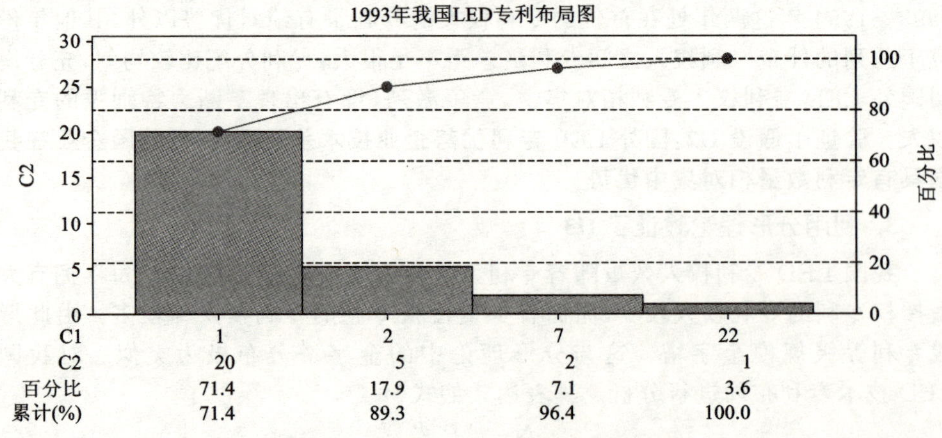

图 4-16　1993 年我国 LED 专利布局图

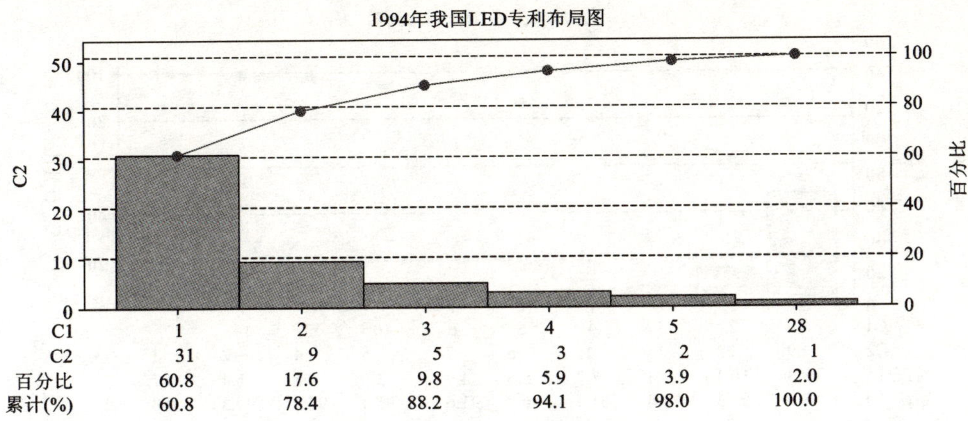

图 4-17 1994 年我国 LED 专利布局图

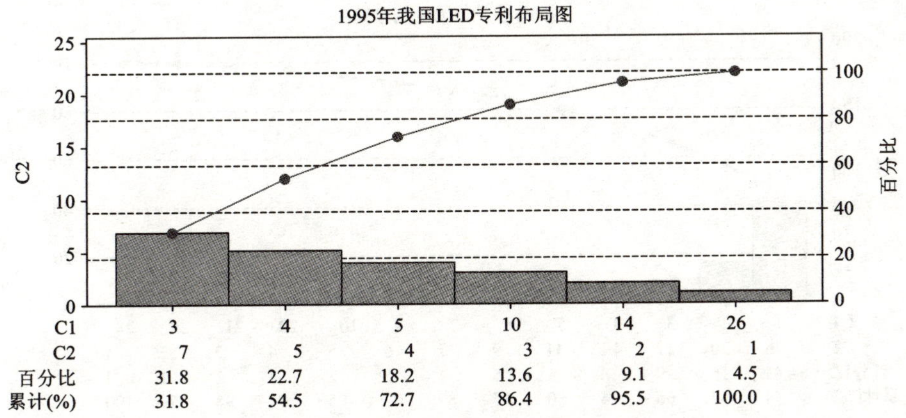

图 4-18 1995 年我国 LED 专利布局图

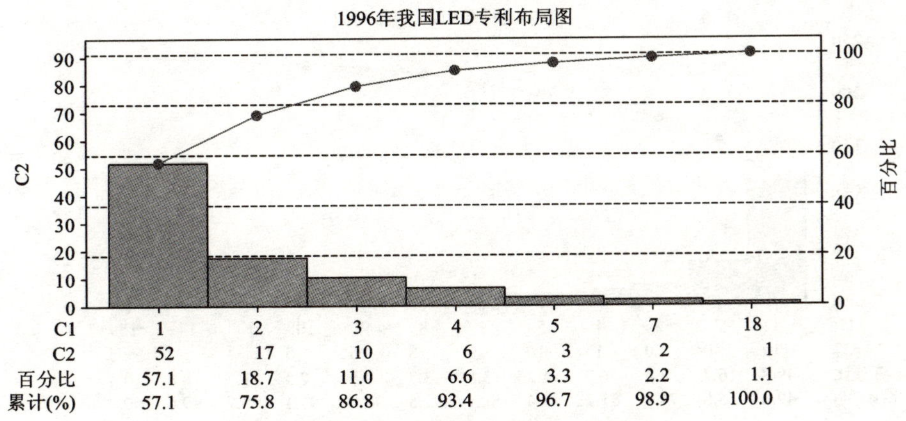

图 4-19 1996 年我国 LED 专利布局图

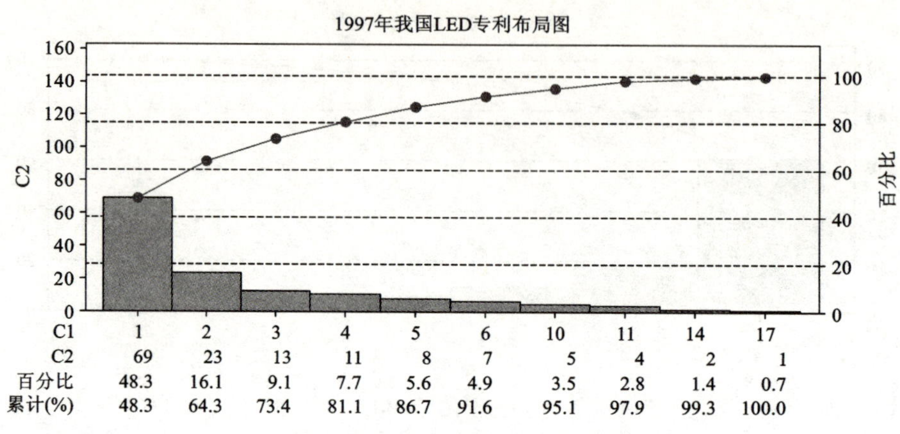

图 4-20　1997 年我国 LED 专利布局图

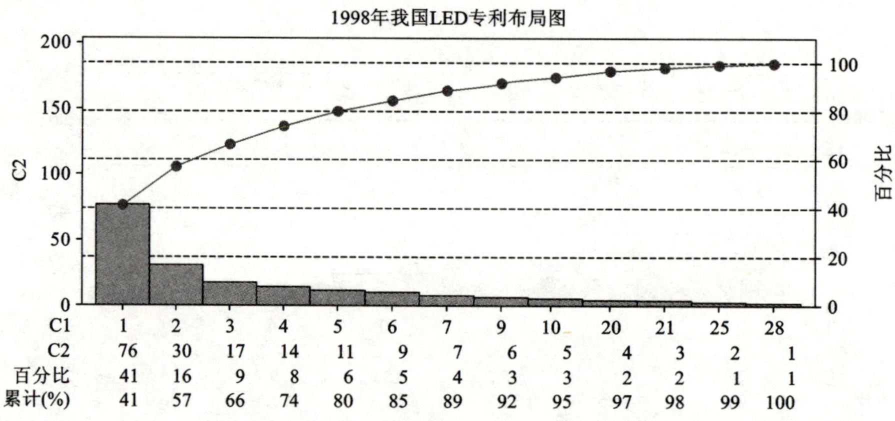

图 4-21　1998 年我国 LED 专利布局图

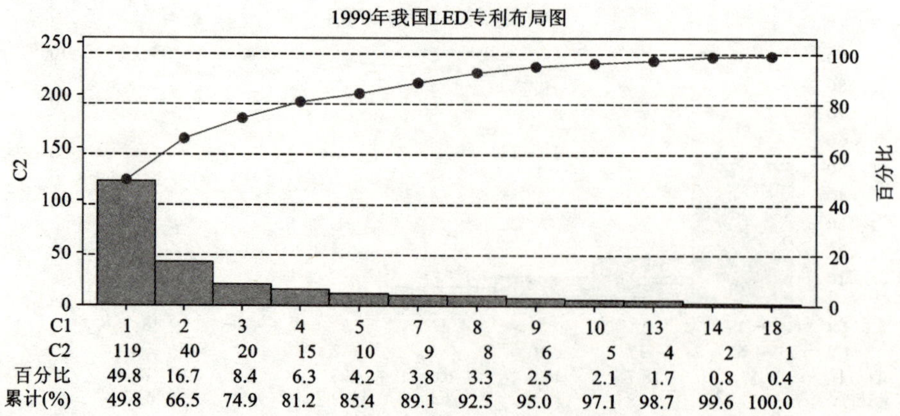

图 4-22　1999 年我国 LED 专利布局图

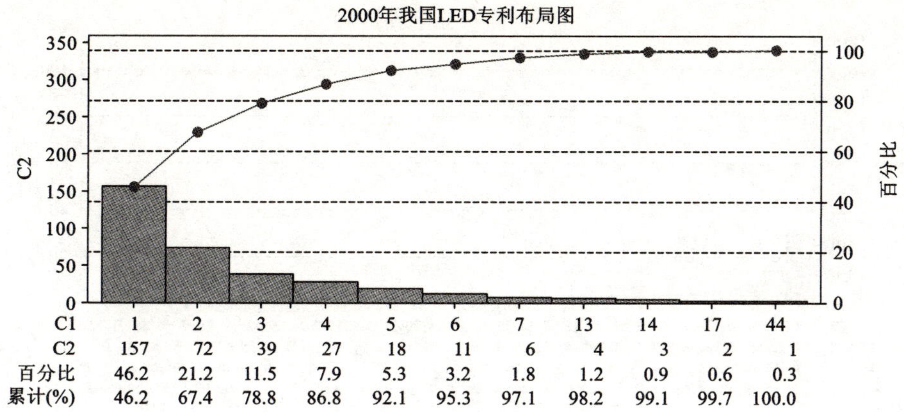

图 4-23 2000 年我国 LED 专利布局图

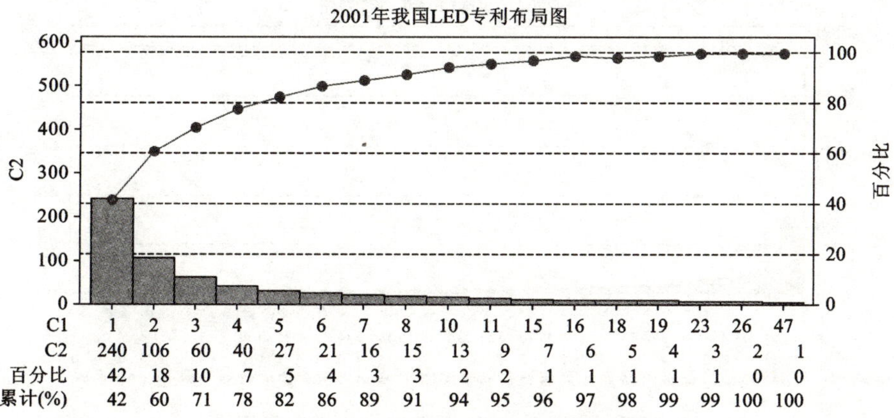

图 4-24 2001 年我国 LED 专利布局图

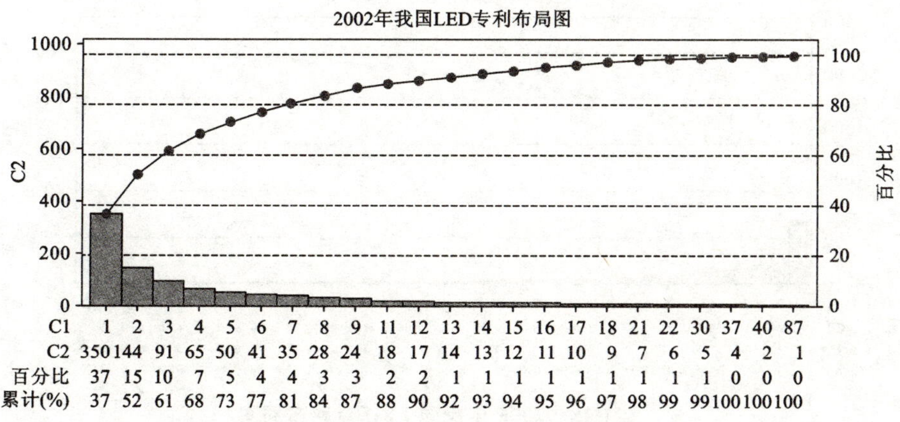

图 4-25 2002 年我国 LED 专利布局图

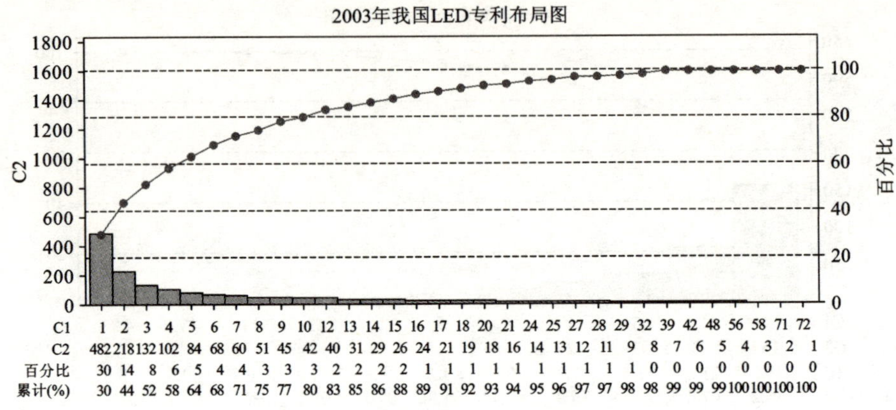

图 4-26　2003 年我国 LED 专利布局图

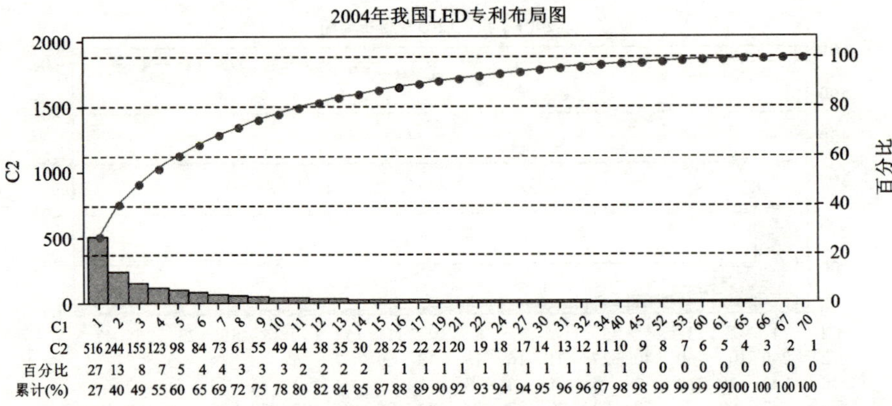

图 4-27　2004 年我国 LED 专利布局图

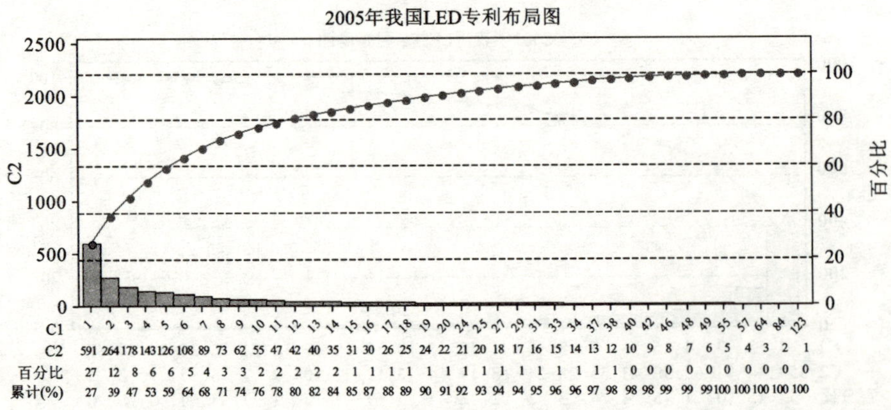

图 4-28　2005 年我国 LED 专利布局图

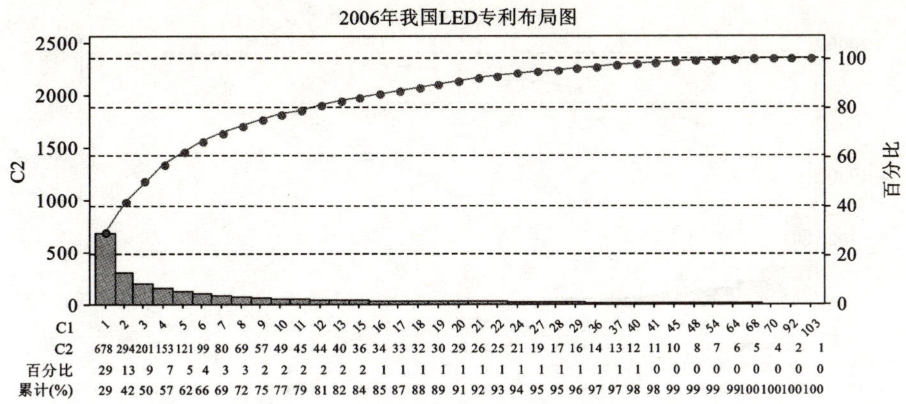

图 4-29　2006 年我国 LED 专利布局图

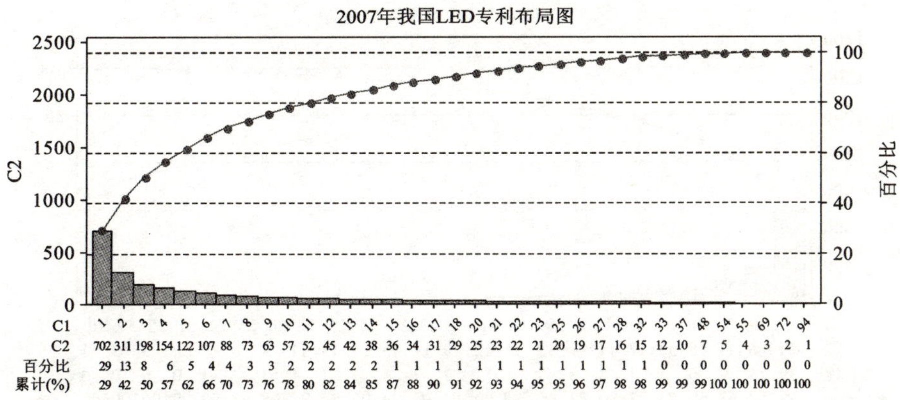

图 4-30　2007 年我国 LED 专利布局图

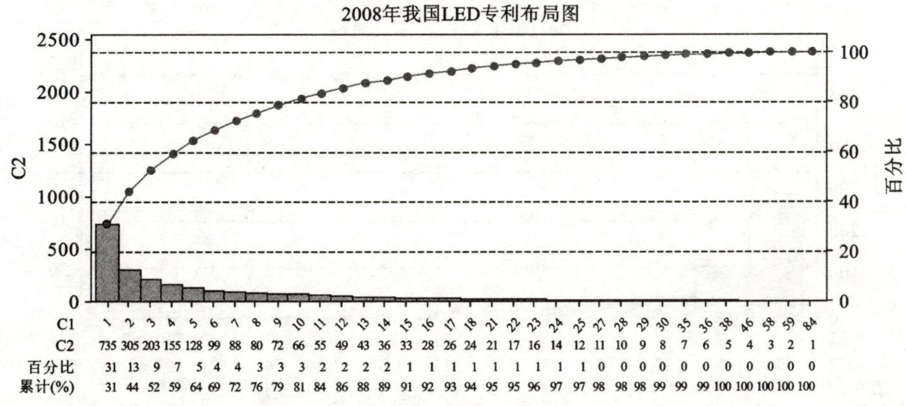

图 4-31　2008 年我国 LED 专利布局图

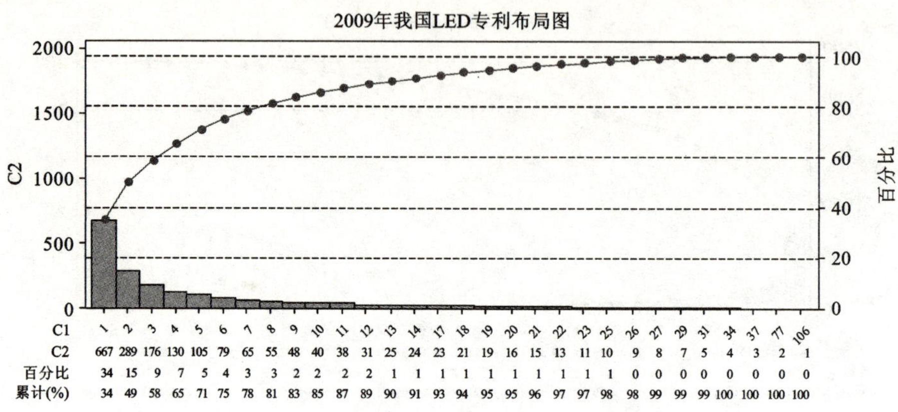

C1	1	2	3	4	5	6	7	8	9	10	11	12	13	14	17	18	19	20	21	22	23	25	26	27	29	31	34	37	77	106
C2	667	289	176	130	105	79	65	55	48	40	38	31	25	24	23	21	19	16	15	13	11	10	9	8	7	5	4	3	2	1
百分比	34	15	9	7	5	4	3	3	2	2	2	2	1	1	1	1	1	1	1	1	1	1	0	0	0	0	0	0	0	0
累计(%)	34	49	58	65	71	75	78	81	83	85	87	89	90	91	93	94	95	95	96	97	97	98	98	99	99	99	100	100	100	100

图 4-32　2009 年我国 LED 专利布局图

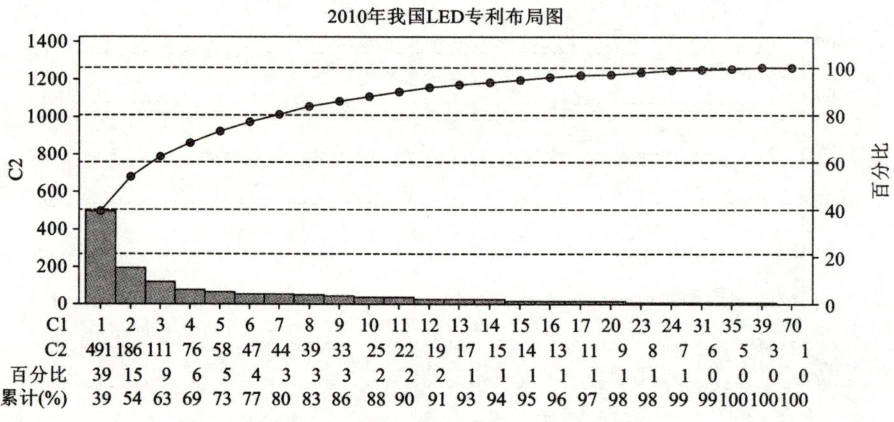

C1	1	2	3	4	5	6	7	8	9	10	11	12	13	14	15	16	17	20	23	24	31	35	39	70
C2	491	186	111	76	58	47	44	39	33	25	22	19	17	15	14	13	11	9	8	7	6	5	3	1
百分比	39	15	9	6	5	4	3	3	3	2	2	2	1	1	1	1	1	1	1	1	0	0	0	0
累计(%)	39	54	63	69	73	77	80	83	86	88	90	91	93	94	95	96	97	98	98	99	99	100	100	100

图 4-33　2010 年我国 LED 专利布局图

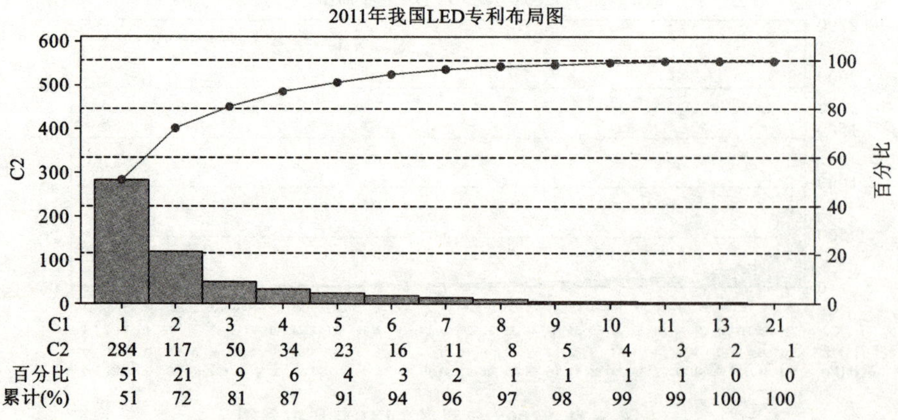

C1	1	2	3	4	5	6	7	8	9	10	11	13	21
C2	284	117	50	34	23	16	11	8	5	4	3	2	1
百分比	51	21	9	6	4	3	2	1	1	1	1	0	0
累计(%)	51	72	81	87	91	94	96	97	98	99	99	100	100

图 4-34　2011 年我国 LED 专利布局图

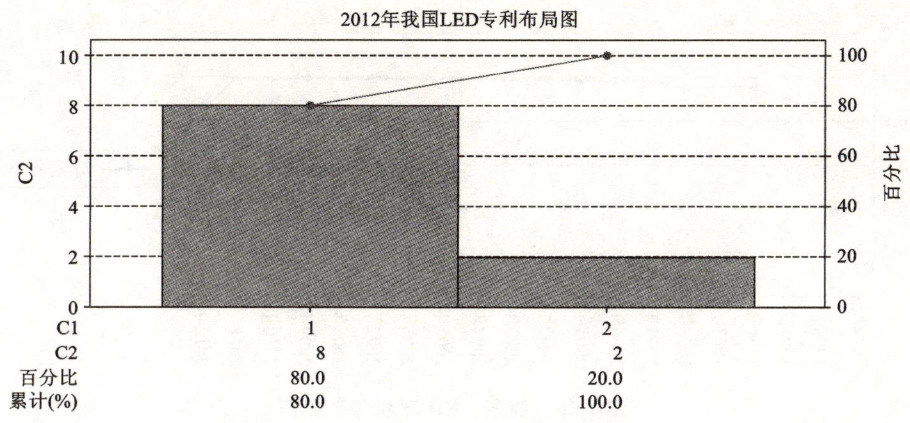

图 4-35　2012 年我国 LED 专利布局图

其中图 4-16 中 C_1 表示专利数量，C_2 表示相应专利数量的专利权人数量。从图 4-16～图 4-35 可以看出每年拥有专利数量为 1 的专利权人数量是最多的，其次是专利数量为 2 的专利权人数量，专利权人数量随着专利数量的递增而减少。图中的百分比是相应专利数量的专利权人总数占所有专利权人数量的百分比，由此可以看出拥有绝对专利数量的专利权人总数还不到 10 个，反而专利数量较少的专利权人数量占有绝对性优势。这表明，我国 LED 专利布局呈分散趋势，专利权人数量众多，但是拥有专利数量较多的专利权人却很少，绝大部分专利权人拥有的专利数量很少，这些拥有较少专利数量的专利权人人数如果在未来持续增加，这些分散的专利权人所拥有的专利很可能形成“专利丛林”，从而阻碍技术创新，这对我国 LED 产业发展极为不利。

验证了**假设 H3：我国 LED 专利申请活跃，但专利权却由不同的专利权人所有，每年拥有大量专利的专利权人较少，而拥有少量专利的专利权人较多。**

4. 利用分割指数验证 H4

本书利用赫尔分指数（HHI）构造分割指数来测量专利分散，如式（4-5）所示。

$$\text{Frag} = 1-\left(\text{H. H. I} = \sum_{i=1}^{n}\left(\frac{X_i}{X}\right)^2 = \sum_{i=1}^{n} S_i^2\right) \tag{4-5}$$

以 1993—2012 年 20 年间我国 LED 发明授权专利数据为样本，计算分割指数的值，计算结果如图 4-36 所示。

从图 4-36 中可以看出，除了 1993 年与 1994 年这两年以外，分割指数值基本上接近于 1。1993—2000 年，分割指数逐年递增，2000 年以后趋于平稳，该值

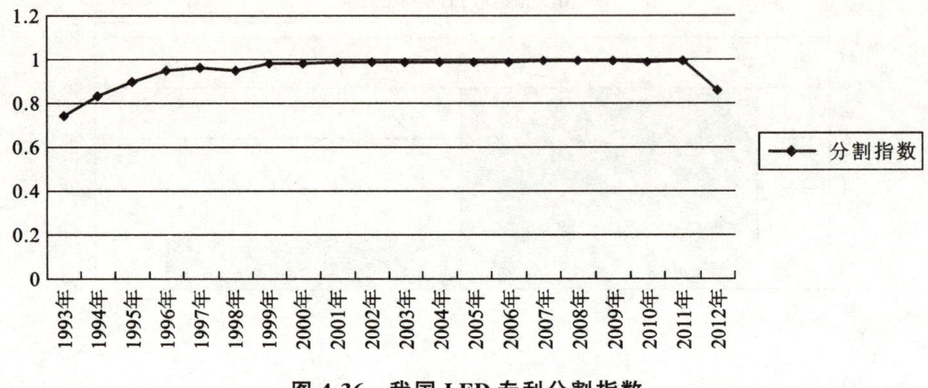

图 4-36　我国 LED 专利分割指数

变化范围为[0.9,1],由于专利审查周期平均为 2～3 年,因此 2012 年分割指数值骤降,2013 年忽略不计。通过分割指数可以看出我国 LED 专利分散趋势非常明显。验证了**假设 H4:国外 LED 企业在我国的 LED 专利中的垄断程度日益下降,相对的专利集中优势减小,我国 LED 专利整体上趋于分散。**

第五章　影响我国LED专利分散因素和专利分散产生的影响

本章在我国LED产业存在专利分散的前提下，探究影响专利分散的因素。为了验证这些因素是否对我国LED专利分散有显著影响，如果采取传统的最小二乘法进行回归检验，各个自变量存在多重共线性问题。本章拟采取偏最小二乘法来解决自变量存在的多重共线性问题，更有效地验证这些因素和LED专利分散的关系。接下来，利用主成分分析法对于我国LED产业专利分散产生的不利影响进行实证研究。

第一节　影响我国LED产业专利分散因素

一、研究思路

在测量专利分散的基础上，国外学者对影响专利分散的相关因素进行了实证研究。Overvalle(2007)认为技术标准化会影响通信、生物领域内专利分散的程度。Gattani(2005)对1970—1995年的光纤企业研究后得出结论，企业预先适应能力、企业之间的差异化和企业技术成熟度对于专利权人之间的竞争有较大的影响。Noel，Schankerman(2006)利用1980—1999年的软件技术专利数据进行测量，结果显示软件企业的发明者人数、研发成本、市场价值、专利组合类型、专利议价能力和专利量都对企业专利分散有影响，进而加大了交易成本。现将可能影响LED产业专利分散因素总结如下。

(1) 专利权人数量和技术复杂度对LED产业专利分散的影响。

专利权人的多少成为了衡量影响专利分散重要的因素指标。除此之外，Roycroft&Kash(1999)认为技术复杂度也有可能导致专利分散的出现，所谓技术复杂度是指“不能被某一个人所完全、彻底理解，以某种方式将情况反映在其他人的产品上”。也就是说，技术复杂度是某些知识的集合，几项专利是无法覆盖这些技术的。在技术日趋复杂的今天，在新技术领域中出现不同的专利，当这些专利延伸到各个领域就出现了专利分散问题。

(2) 开放式创新对LED专利分散的影响。

在知识经济时代①，企业仅仅依靠内部的资源进行高成本的创新活动，已经难以适应快速发展的市场需求以及日益激烈的企业竞争。在这种背景下，开放式创新逐渐成为企业创新的主导模式。所谓的开放式创新是指企业可以同时利用内部和外部有价值的知识来加快内部创新，并且利用外部的创新来扩展市场②。该观念指出，企业应重视外部创意和外部市场化渠道的作用，结合封闭式创新模式下的内部创意以及内部市场化渠道，均衡协调内部和外部的资源进行创新。企业不仅仅把创新的目标寄托在传统的产品经营上，还应积极寻找外部的合资、技术特许、共同研究、技术合伙、战略联盟或者风险投资等合适的商业模式来把创新思想变为现实产品与利润。

---

① 开放式创新.[EB/OL] http://baike.baidu.com/view/2127320.htm，访问时间：2013年6月17日.

② 亨利.切萨布鲁夫，维姆.范哈佛贝克，乔.韦斯特著.开放创新的新范式[M].陈劲，李王芳，谢芳，李青，译.科学出版社，2010，6：1.

事实证明，原来的封闭式创新所导致的专利一体化已经不适合如今激烈的市场竞争。企业为了节约成本、缩短研发周期，迅速将产品推向市场来获得垄断利润，纷纷采用开放式创新。企业可以从外部创新中获利，与跟其合作的企业建立商业模式来获取价值，这种方式与封闭式创新比起来，可以更好地利用外部资源，企业自身不必拥有自己的完整解决方案而是通过出售专利来获取一定利益。Teece(1986)指出企业是否会采用开放式创新取决于其拥有的知识产权。如果企业对一项技术没有专利权，模仿者可以对创新成果进行商业化，这将极大打击企业创新的积极性。但是，Joel West et al.(2008)认为过多地授予专利对于开放式创新也是不利的。依据开放式创新的定义可以看出，在这个产业链上必须要有两个或两个以上的研发企业来完成一项创新(从开发到最后的申请专利)，这就出现了创新的收入分配问题。例如，两个或两个以上的企业合作申请的专利，依据《专利法》，合作发明是指由两人或两人以上共同完成的一项发明创造，共同申请专利的专利权人每一方都不能完全拥有专利权，同时不能独占这项专利所带来的价值，这就意味着合作者中的某一个专利权人不能全部拥有这项专利所附的专利权以及专利所衍生出来的其他权利，每一个专利权人在行使专利权(例如许可、转移、商业化)之前都必须要得到其他专利权人的同意。这就说明了企业采用开放式创新模式所要获得的外部资源和合作的对象也越多，那么专利权的"片段化"也就越严重。

为了进一步说明 LED 专利申请人的合作具体情况，本书利用 UCINET 软件作出前 50 位 LED 专利申请人的合作网络图，通过合作网络图可以直观地看出我国 LED 专利申请合作的具体情况。首先，将 LED 专利权人合作数据形成矩阵形式，然后以 Excel 形式导入到 UCINET 软件中，利用其中的 transform 选项中的 Dichotomize 对于该合作矩阵进行二值化处理，由于篇幅有限，只列出部分矩阵，其中横竖轴交叉处代表着合作的专利数量(见表 5-1)。

表 5-1　LED 合作矩阵(部分)

申请人	奇美电子股份有限公司	中华映管股份有限公司	友达光电股份有限公司	台湾薄膜电晶体液晶显示器产业协会	瀚宇彩晶股份有限公司	财团法人工业技术研究院	奇晶光电股份有限公司	群康科技(深圳)有限公司	广辉电子股份有限公司	统宝光电股份有限公司
奇美电子股份有限公司	0	7	7	7	7	7	6	6	5	5

续表

申请人	奇美电子股份有限公司	中华映管股份有限公司	友达光电股份有限公司	台湾薄膜电晶体液晶显示器产业协会	瀚宇彩晶股份有限公司	财团法人工业技术研究院	奇晶光电股份有限公司	群康科技(深圳)有限公司	广辉电子股份有限公司	统宝光电股份有限公司
中华映管股份有限公司	7	0	7	7	7	7	0	0	5	5
友达光电股份有限公司	7	7	0	7	7	7	0	0	3	5
台湾薄膜电晶体液晶显示器产业协会	7	7	7	0	7	7	0	0	5	5
瀚宇彩晶股份有限公司	7	7	7	7	0	7	0	0	5	5
财团法人工业技术研究院	7	7	7	7	7	0	0	0	5	5
奇晶光电股份有限公司	6	0	0	0	0	0	0	0	5	5
群康科技(深圳)有限公司	6	0	0	0	0	0	0	0	0	0
广辉电子股份有限公司	5	5	3	5	5	5	5	0	0	5
统宝光电股份有限公司	5	5	5	5	5	5	5	0	5	0

(资料来源:国家知识产权局网站中的重点产业专利信息服务平台检索而来,本研究整理。)

根据 LED 合作矩阵作出 LED 专利申请人合作网络图，如图 5-1 所示。

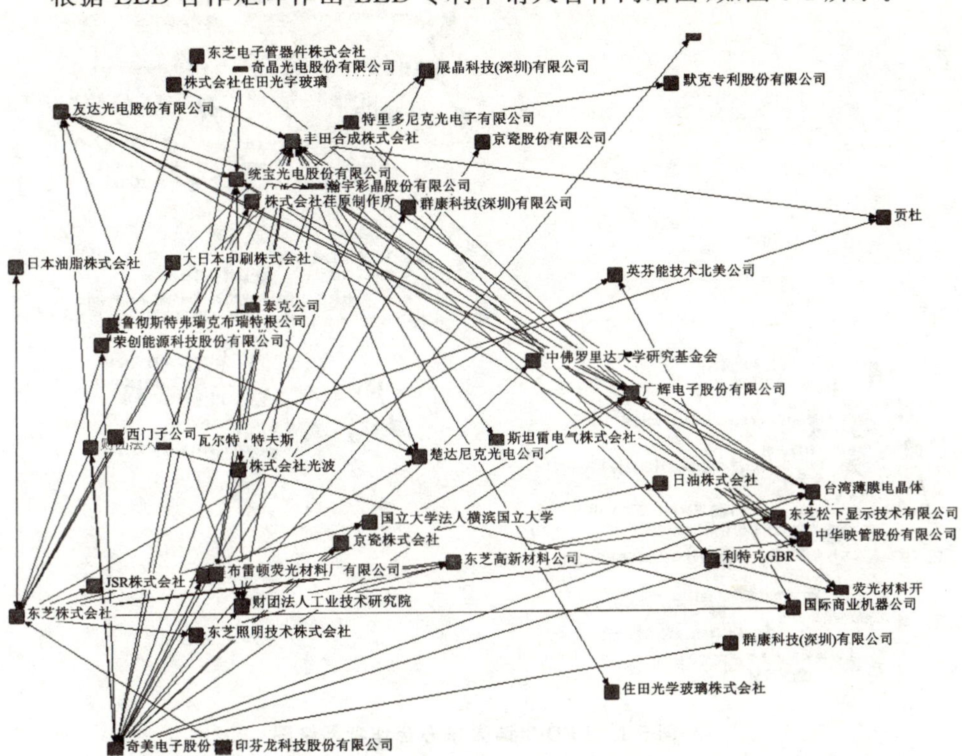

图 5-1　LED 专利申请人合作网络图

图 5-1 中节点代表有合作关系的 50 名申请人，两个节点之间的连线代表这两个申请人有合作关系，连线越粗代表合作次数越多。连线的粗细程度在一定程度上说明了申请人合作的强度。该图中一共有 50 个节点，167 条连线，如果某一个节点上面的连线较多，证明该申请人很可能和其他申请人形成了 LED 产业联盟，为了弄清究竟哪几个申请人合作频率较多，进一步利用可视化工具 NETDRAW 中的“Graph-Theoretic layout→Spring embedding”功能甄选出合作较多的申请人，结果发现中国台湾地区的奇美电子股份有限公司、日本的丰田合成株式会社、株式会社东芝这三家企业分别与其他企业的合作强度较大，且上述两家日本企业之间也有合作。如图 5-2 所示，三家企业与其他企业的联盟效应十分显著，以上述三家企业为核心形成了不同的合作联盟，而分别以这三家为主合作的其他合作者之间基本上没有合作关系，可见 LED 行业在我国已经形成了一定的技术垄断壁垒，单个厂商无法轻易单独进入到 LED 技术领域里面。

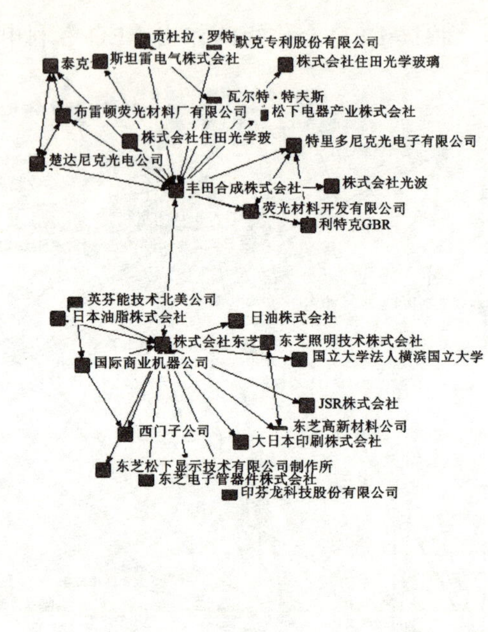

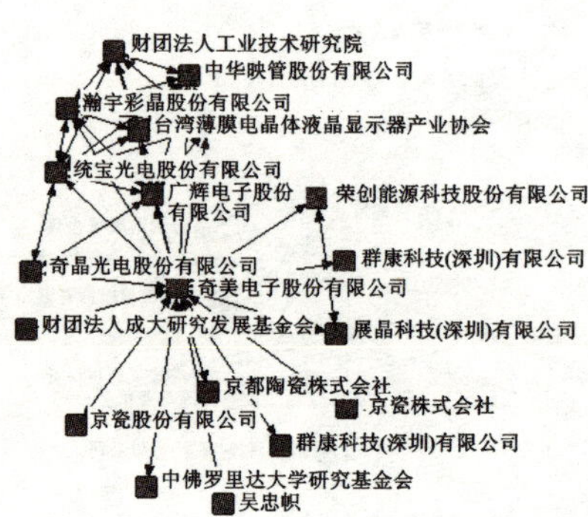

图 5-2　LED 申请人核心合作者网络图

为了进一步比较上述三家企业合作中心度，以此来比较三家企业合作的强弱，利用 NETDRAW 的中心度计算功能计算出 LED 申请人合作网络的中心度，并且画出中心度网络图，如图 5-3 所示。

从图 5-3 中可以看出，奇美电子股份有限公司的中心度略强于另外两家日本企业，说明了中国台湾企业为了与日本等企业竞争形成了一定的产业联盟，来扩大自身的影响效应，积极与其他 LED 企业合作。然而，从图 5-3 中可以看出，居然没有一家中国内地 LED 专利申请人形成有效的合作网络，反映出了中国内地 LED 企业还没有形成产业联盟来应对 LED 产业发展的新形势，我国 LED 产业发展还很不成熟。

专利申请人和专利发明人之间的合作在微观层面上反映出产业技术人才资源情况以及各国之间人才竞争情况，并反映出了产业链是否完善，分工是否明确。为了比较 LED 发明人之间的合作情况，同样利用 UCINET 软件绘制出 LED 合作发明人的合作网络图及合作人中心度网络图，如图 5-4 和图 5-5 所示。

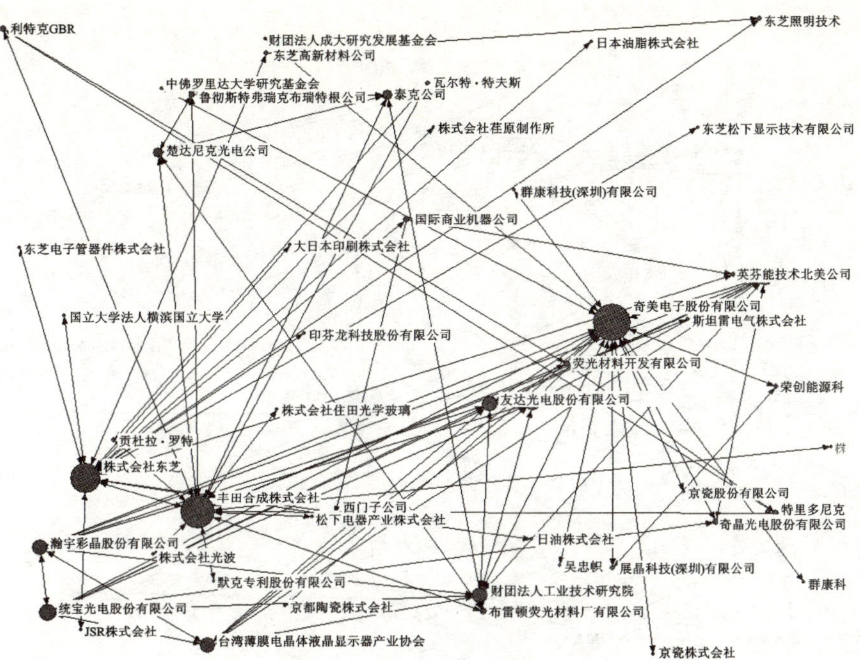

图 5-3　LED 申请人中心度网络图

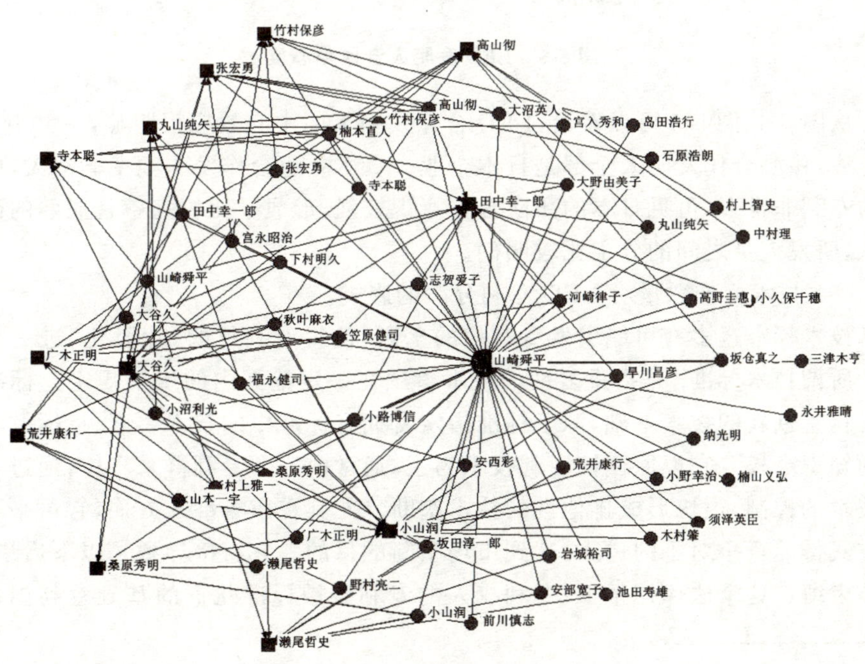

图 5-4　LED 发明人合作网络图

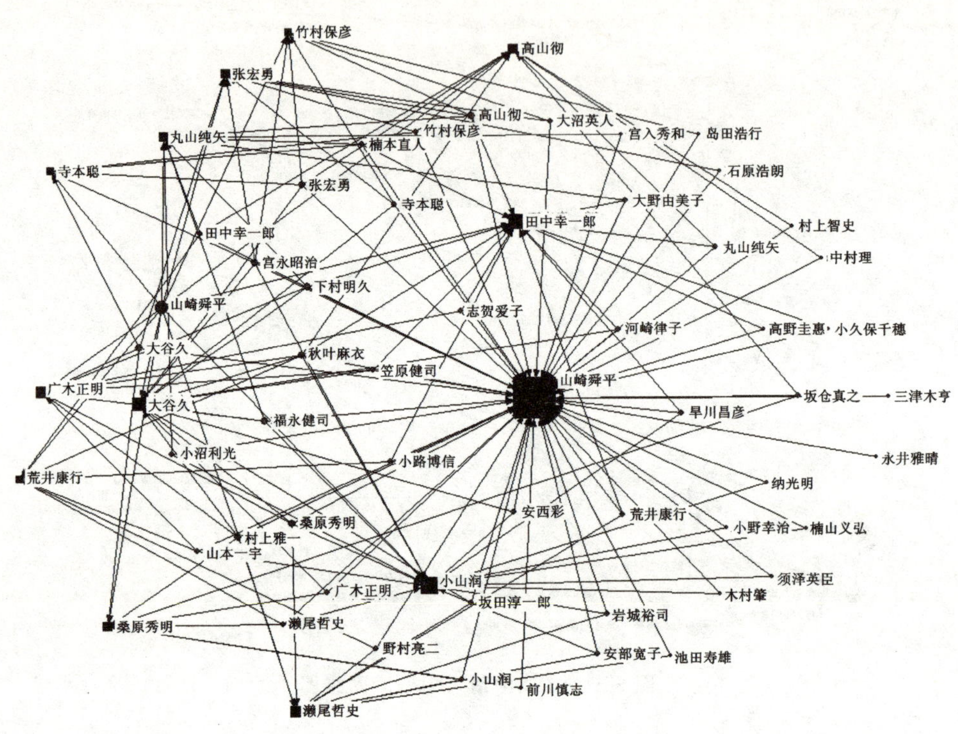

图 5-5 LED 发明人合作中心度

从图 5-4、图 5-5 可以看出，LED 合作发明人的中心效应很明显，一共有 169 条连线，核心合作发明人全部是日本企业。日本企业合作发明频率非常大，所发明的专利非常多，可见日本的团队合作意识较强，形成了比较完备且成熟的研发团队，研发人员之间的分工比较明确。

(3) 技术标准数量对 LED 专利分散的影响。

技术标准过多有可能引发专利权的垄断，使得专利权的“片段化”进一步严重。所谓技术标准[①]是指重复性的技术事项在一定范围内的统一规定。标准能成为自主创新的技术基础，源于标准指定者拥有标准中的技术要素、指标及其衍生的知识产权。它以原创性专利技术为主，通常由一个专利群来支撑，通过对核心技术的控制，很快形成排他性的技术垄断。尤其在市场准入方面，它可采取许可方式排斥竞争对手的进入，达到市场垄断的目的。它直接导致了以下后果：企业被束缚在这个法律体系下；专利权人的专利会被标准化下的基础专利挡在了

① 技术标准. 网址：http://baike.baidu.com/view/9164.htm. 访问时间：2013 年 6 月 18 日.

标准之外；小企业采用技术标准会产生高额的许可费或者会阻碍这些小企业进入这个技术产业中；如果一个标准的专利过多，必将导致标准内的专利权人垄断利润的降低，新进入的企业要适应新技术的标准需要一定时间；更为严重的是参与制定标准化的企业能够被允许扩大自身影响力使自己的互补性产品服务利益最大化，这就导致了"专利丛林"现象的出现，例如 DVD 的国际标准 MPEG-4/H.264 就有上百项的"专利丛林"。

综上所述，可以得出影响专利分散的因素有如下几条：在一定技术领域内专利权人过多会导致专利分散；技术的复杂度使得少数专利无法覆盖全部技术领域；在不同的技术中涌现出了同一行业中的不同专利；在开放式创新的合作情况下，合作者中的每一个合作人都不可能完全地拥有专利权，进一步导致了专利权的"片段化"；技术标准是影响专利分散的重要原因，标准越多使得聚集在每一个标准下的专利也就越多，从而形成了密集的知识网络，导致专利"敲竹杠"，影响了企业的技术进步；企业的研发规模也是造成专利分散的内在原因。

以 LED 技术为代表的光电子技术，被认为是 21 世纪最具发展前景的产业技术。《国家中长期科学和技术发展规划纲要(2006—2020 年)》已将 LED 照明产品明确列为重点领域和优先主题，提出"重点研究高效节能、长寿命的 LED 照明产品"。根据"十二五"规划，LED 照明工程拟到 2015 年芯片国产化率将达 70%，产业规模达到 5000 亿元。LED 产业虽然具有较高的专利壁垒，但也具有广阔市场前景，受到国家产业政策的支持。在新兴产业技术领域如果凝聚了大量专利，那么就有可能出现专利分散现象。基于这些原因，本书拟以 LED 技术专利为例，探索影响我国专利分散的因素。

二、研究假设

我国在封装机构、工艺、设备等领域产生了一些新技术，并积极申请专利。随着 LED 领域专利申请量和授权量的不断增加，一个 LED 产品可能涉及封装结构、封转工艺、材料以及设备等技术领域多项专利。而这些专利可能由不同的专利权人所有，即 LED 技术领域的专利由众多专利权人享有。

自从 LED 蓝光成功研制之后，LED 芯片及材料制作技术的研发上升到了一个新的阶段，相较于之前的白光发光等极大地节约了 LED 生产的成本，从而进一步带动了 LED 其他产业链的发展(例如我国的封装、应用产业)。随着 LED 技术的不断发展，LED 产品呈现出多样化，不单单是照明产品，在医疗、工业发光、汽车产品上都嵌入了 LED。我国企业 LED 技术发展起步较晚，但近几年来发展迅猛，创新能力得到了极大的提升，专利数量增长较快。国外企业在 LED 技术领域专利覆盖较为完整，几乎涉及了 LED 不同的产业链，创新能力较强。

Ivanitskaya L,Clark D,Montgomery G,et al.(2002),Hargadon A,(2003)认为在新产品技术复杂度日益严重的情况下,完成一项新产品的研发不可能只依靠一种学科背景的人才,它需要由不同学科背景的人才相互合作才能完成创新。Malerba(2002)认为多个合作产生的创新质量更高,想法更好、更具突破性。宝胜(2006)认为创新是一种高智力、高投入和高风险的复杂性社会劳动,需要集体的智慧和力量。向希尧,蔡摇虹,裴云龙(2010)认为从合作发明的专利中可以看出合作者的信息以及他们的合作轨迹,分析出他们的合作创新模式。翟杰全(2002)认为随着技术的复杂度增加,专业化分工也愈发细致,合作是知识扩散和传播的一种途径。

在一些高科技产业中,某一家企业如果想独立完成一项专利或者把其转化成产品可能十分困难,某项专利或者产品的完成或许需要多个发明人共同合作,或者由多个企业进行研发投入,共同申请专利,申请企业之间可以进行企业之间的资源互补,使LED技术更加完善;企业间相互合作形成专利壁垒把其他企业排除到LED市场以外,以此来获得垄断利润。合作申请不仅可以缩短研发周期,使得好的技术快速投入到市场来获得超额垄断利润,还可以节约专利申请费用和维持费用,有利于提高专利质量。合作有助于推动解决专利转换难,避免企业出现“沉睡型”专利现象。

然而合作申请专利也存在一些问题。郑佳(2012)以美国专利数据库收录的2004—2008年发明人国别(包含中国的已授权专利)作为研究合作专利对象。研究发现,中国国际合作专利在专利总量中所占的比重明显高于世界其他国家。合作专利数量的不断增长不仅导致了专利总量的增长,也带来专利质量的问题。范洁凭,焦秀焕,许治(2012)通过实证研究得出伴随着现代经济和技术的发展,从“产学研”合作到以企业为主的“产学研”合作技术创新阶段,导致了新的专利诞生,不管是一般专利还是“产学研”专利,其数量急剧膨胀。不仅如此,合作专利不仅直接导致专利量的膨胀,相较于单个发明人申请专利还会进一步弱化专利权人的专利权。因为依据《专利法》第八条规定:两个以上单位或者个人合作完成的发明创造,除另有协议的以外,申请专利的权利属于完成或者共同完成的单位或者个人;申请被批准后,申请的单位或者个人为专利权人。根据该规定,如各方订有合同,按约定确定专利权属;如果各方没有约定的,由共同完成的单位或者个人共有。这表明如果一项合作专利参与申请的发明人越多,那么每个人所享有的专利的专有权就越弱,当单个主体行使专利权的时候所受到的阻碍也就越大。例如合作专利对外许可时,必须得到所有专利权人的一致同意,即使获得利益也要所有专利权人一起分配,专利权人越多,每个人所得利益也就越低。因此无论是单个合作专利还是合作专利总量的增加不仅会导致专利总量的增长，还会导致单个发明人或者所有专利权人数量的增加，每个人享有的专利权进一步弱化尤其是合作的专利权人。合作发明还会导致其他问题。例如，无合作意图共同完成的发明专利权利归属问题，合作发明的利益分配问题以及其合作专利权利归属问题等。

此外，合作的发明专利反映出了技术创新中知识的流动性和知识的多样性，体现出了专利技术的"综合程度"以及不同技术种类的多样性以及合作专利中所涉及的知识技术在各个专利权人之间的分布情况，客观地反映出技术的"片段化"程度。通过合作发明，可以看出一项专利所涉及的专利权人的信息和数量，合作发明的专利数量和合作发明人数量。所涉及技术的关联数量越多，合作程度越紧密，客观反映出了产业中实施产品技术的细化程度和衡量专利权人的专利分散情况。

专利与技术标准存在着密切的联系，当今的技术标准不可避免地蕴含着专利。Rysman M，Simcoe T(2008)认为，因为技术复杂度日益加大，市场竞争激烈，技术标准与技术专利逐渐融合，技术标准的制定越来越离不开专利。Blind (2002)指出，正式的行业标准能促进专利的传播。Allen et al.(2000)等认为，技术标准不仅可以直接促进专利创新，还可以通过增加国际竞争力，间接促进专利创新。技术标准和专利如何相互作用和影响？国内学者张米尔，国伟，纪勇(2013)以通信行业为样本，通过协整和误差修正模型分析长周期时间序列数据。研究结果表明：技术专利与技术标准存在长期稳定的动态均衡关系，在此基础上，运用格兰杰因果检验的分析得出技术专利与技术标准存在显著的因果关系，技术专利存量关于技术标准存量的长期弹性为0.399，技术标准的数量每增加1%，技术专利的数量将相应增加0.399%。高新技术产业标准的增多很可能伴随着专利的增加，由于技术的发展，产品技术涉及面较广，专利逐渐渗透到相关的每个IPC(国际技术分类号)。产业技术的发展IPC和专利数量增加，一旦形成标准，涉及专利会相当多。如果这些专利被不同专利权人所掌握，对于下游厂商会产生巨额的成本。姚远(2010)通过研究表明，DVD标准的必要专利覆盖了4个IPC部(即物理、电学、人类生活需要以及作业、运输)。从拥有DVD标准必要专利的公司分布情况来看，很多公司在同一技术领域拥有必要专利。在MPEG-2标准中，14个拥有标准必要专利的公司的专利属于IPC小类H04N，有2个以上拥有必要专利的公司属于5个IPC的小类。这些分类显示出DVD标准和MPEG-2覆盖不同技术领域的大量专利，反映了DVD技术和MPEG-2技术的复杂度。由此可见，标准越多，需要的专利也就越多。国际照明委员会(CIE)、国际电子电机委员会、欧洲光引擎委员会、美国能源之星、ISA等机构都在制订LED照明的标准，争夺行业话语权。截至2011年6月，国际电工委员会（IEC）关于照明LED的IEC和CIE国际标准主要有20项，涉及LED模块用连接器的特殊要求、普通照明用LED和LED模块术语和定义等方面。而美国国家标准组织（ANSI）、北美照明学会（IESNA）以CIE技术文件作为参考依据，在美国能源部（DOE）的组织下发布了固态照明LED的性能和测量标准。针对LED产品，我国目前已有146项标准，截至2010年底，中国国家标准化管理委员会发布的与LED照明有关的国家标准共23项，其中通用标准1项，安全标准10项，性能标准12项。此外，国内部分地区根据LED产业地方发展需要，各自也开展了大量标准制定与研究工作。根据第四章对LED的IPC分析可以看出，LED所涉及的IPC数量和IPC所关联的专利量逐年增加，尤其是H01L（半导体）、F21（照明）集中了大量专利且掌握较多专利的专利权人数量较少，处在下游专利量的专利权人数量远远超过专利量处于优势的专利权人数量，专利处于分散状态。

据有关数据显示，LED产业是一个专业跨度大、技术和应用更新快的产业，人才需求量巨大。“十二五”期间，我国LED产业人力资源需求总量超过200万人。其中，复合型高端产业领军人才的需求约5000人，高级技术和管理人才约5万人，专业技术和研发人才约20万人。2015年，我国LED产业的从业人员已超过400万人，这些人才分散到不同的LED机构中（如企业、高校、科研院所），势必有利于推动技术创新的步伐，为LED产业发展注入活力。

影响LED专利分散因素假设如图5-6所示。

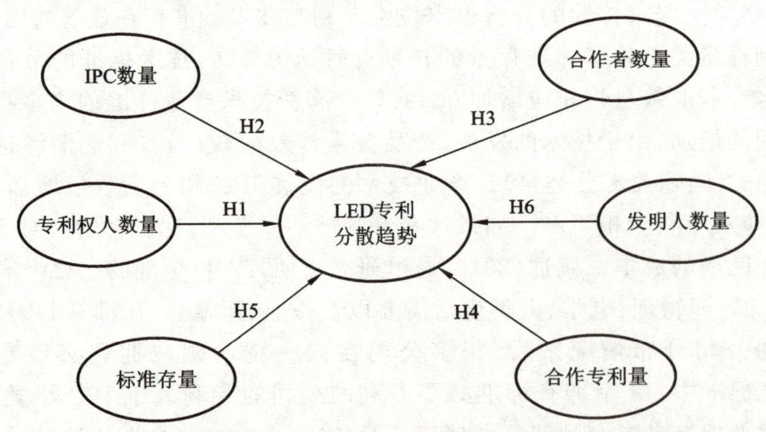

图5-6 影响LED专利分散因素假设

影响LED专利分散因素路径假设如下。

H1：我国LED技术专利申请活跃，专利权人越多专利越分散。

H2：涉及的技术领域越多，专利越分散。

H3：在开放式创新的模式下，专利合作者越多，专利“片段化”越严重。

H4：合作专利数量的提高，会分散各个共同拥有专利的合作者的专利权。

H5：技术标准的增加会导致专利分散。

H6：LED 发明人的增多会对专利分散有显著影响。

三、研究方法

1. 数据来源

根据我国专利法的规定，发明专利保护期为 20 年，因此为了保证数据的有效性，实证研究数据选取的范围以 1993—2013 年授权的 LED 发明专利为主，数据来源已在第 4 章做过交代和分析，这里不再赘述。借用国家知识产权局所建设的重点产业专利信息服务平台中的专利分析系统对 LED 专利涉及的合作专利进行分析统计，得出 LED 专利合作情况如图 5-7 所示。

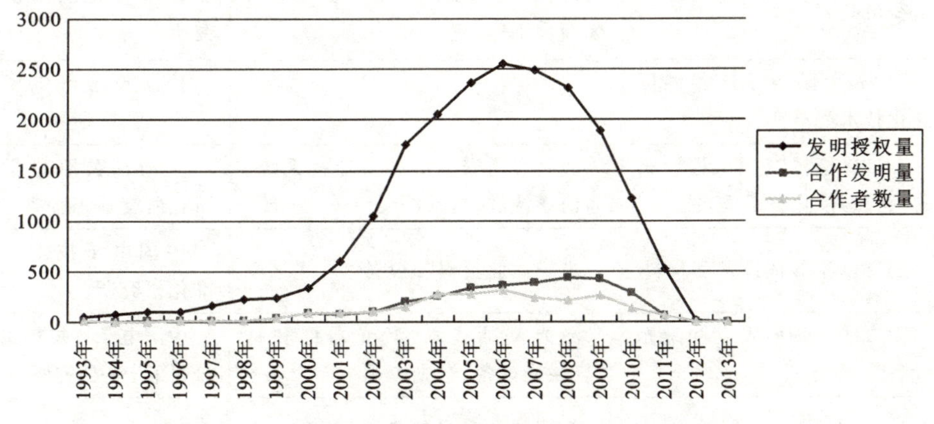

图 5-7　LED 专利合作情况

从图 5-7 可以看出，2003 年到 2009 年，我国 LED 合作发明量及合作者数量大幅度增长，合作申请专利的数量累计达到了 3124 件，由于专利审查周期平均为 2～3 年，所以 2010 年以来，合作专利数量开始下降，预计将来会出现更多合作申请的专利权人，合作专利数量也会进一步增加。这表明了 LED 专利合作现象已经日趋明显。

2. 变量设计和解释

综上可以得出衡量影响我国 LED 专利分散的解释变量，专利权人数量以 1993—2013 年我国 LED 发明授权专利权人数量为准；技术指标以涉及 LED 专利的 IPC 数量来衡量；开放式创新程度以 LED 合作专利权人数量以及合作发明专利数量来衡量;研发规模以 LED 专利发明人数量来考察。由于我国 LED 技术标准具体涉及的专利数据在现有的条件下无法检索得出,但是随着 LED 技术的不断发展,技术质量的提高,LED 技术标准制定以及专利权人数量和专利数量的增多,可以推出产业专利的增长。专利中不可避免地要涉及标准。标准中所需的必要专利的概率必然增加。目前,我国 LED 技术标准所需的必要专利并未公开。为了实证研究,本书主要以标准存量来衡量,数据以国家标准为主,以累计的标准存量来计算,主要负责颁布 LED 标准的机构如表 5-2 所示。

表 5-2 LED 照明标准和机构

TC/SC 名称	标准领域	秘书处
TC224 全国照明电器标准化技术委员会	全国电光源及其附件和灯具方面	北京电光源研究所
TC229 全国稀土标准化技术委员会	全国稀土矿、稀土冶炼产品、加工产品和应用产品等专业领域的标准化工作	中国有色金属工业标准计量质量研究所
TC78 全国半导体器件标准化技术委员会	半导体器件	信息产业部电子第十三研究所
TC223 全国交通工程设施(公路)标准化技术委员会	公路交通安全设施及监控系统、通信系统、收费系统	交通部公路科学研究所交通工程室
TC203 半导体设备和材料	半导体此材料和设备	中国电子技术标准化研究所
TC284 光辐射安全和激光设备	激光基础技术、激光器件和材料、激光设备、激光应用	中国电子科技集团公司第十一研究所
TC114/SC21 汽车技术委员会中的灯具及灯光分技术委员会	全国装在车身外部照明装置、内部照明装置及光信号装置的术语、图形符号、尺寸及产品性能标准等专业领域标准化工作	上海汽车工程研究院汽车灯具研究所
TC242 音频、视频及多媒体系统与设备	负责全国音视频及多媒体技术专业领域标准化工作	中国电子技术标准化研究所

(资料来源:根据《广东省 LED 照明产业标准体系规划研究报告》整理得来。)

被解释变量专利分散的衡量指标采用第四章的分割指数,它的构造是基于赫分达尔指数,与分形维数相比较为平稳,分形维数描述的是专利权人和专利量之间动态的变化,反映出一种变化的趋势,由于我国专利制度的原因,专利授权量和授权的专利权人数量统计起来有很大的滞后性，越往近几年数据越不完整，而HHI是描述集中度的综合指数，是比较专利量优势专利权人与整体专利权人之间的差距和变化趋势的，是静态的比较，在一定程度上不会受到外来因素的影响，是相对集中度，能更好地描述专利在专利权人间的分布情况，反映了各个专利权人之间相对集中分散的情况，HHI越大表示专利的集中度越大，反之专利越分散。综合上述几个因素，可以总结出影响专利分散的变量如表5-3所示，专利分散作为因变量(y)由构造的分割指数来计算。

表5-3　影响专利分散的因素

类　别	因　素	描　述
分割指数	y	衡量专利分散的指标
专利	var1	专利权人数量
技术复杂度	var2	IPC数量
开放式创新程度	var3	合作者
	var4	合作专利数量
技术标准	var5	标准存量
研发规模	var6	发明人数

3. 验证方法

为了验证上述因素对于专利分散的影响程度，本书采用偏最小二乘法来检验。

偏最小二乘法是一种新型的多元统计数据分析方法，由伍德(S. Wold)和阿巴诺(C. Albano)等人于1983年首次提出。近几十年来，它在理论、方法和应用方面都得到了迅速的发展。长期以来，模型式的方法和认识性的方法之间的界限分得十分清楚。而偏最小二乘法则把它们有机地结合起来。在一个算法下，可以同时实现回归建模(多元线性回归)、数据结构简化(主成分分析)以及两组变量之间的相关性分析(典型相关分析)。这是多元统计数据分析中的一个飞跃。

偏最小二乘法在统计应用中的重要性体现在以下两个方面。①偏最小二乘法是一种多因变量对多自变量的回归建模方法。②偏最小二乘法可以解决许多用普通多元回归无法解决的问题。

偏最小二乘法之所以被称为第二代回归方法，是因为它可以实现多种数据分析方法的综合应用。主成分回归的主要目的是要提取隐藏在矩阵X中的相关信息，然后用于预测变量Y的值。这种做法可以保证让我们只使用那些独立变量，噪声将被消除，从而达到改善预测模型质量的目的。但是，主成分回归仍然有一定的缺陷，当一些有用变量的相关性很小时，我们在选取主成分时就很容易把它们漏掉，使得最终的预测模型可靠性下降，如果我们对每一个成分进行挑选，那样又太困难了。偏最小二乘回归可以解决这个问题。它采用对变量X和Y都进行分解的方法，从变量X和Y中同时提取成分（通常称为因子），再将因子按照它们之间的相关性从大到小排列。现在，建立一个模型，我们只要决定选择几个因子参与建模就可以了。它能很好地解决模型的多重共线性问题，以及因子可以尽可能多地包含自变量和因变量的信息。本书用SIMCA-P软件进行偏最小二乘法分析。

四、样本描述和假设检验

1. 样本描述

标准存量的数据来源于国家标准化管理委员会的网站，表5-2为LED标准机构颁布的标准数量，检索出来后，手工统计出与LED相关的技术标准。考虑到专利授权的滞后性，为了保证数据的有效性，时间区间设置为1993—2010年。数据描述如表5-4所示。

表5-4　数据描述

因　　素	样本	最小值	最大值	均值	标准差
y	18	0.74	0.99	0.954 9	0.067 90
var1	18	20.00	735.00	334.166 7	271.332 71
var2	18	15.00	132.00	78.388 9	41.029 60
var3	18	4.00	312.00	123.000 0	112.411 53
var4	18	4.00	438.00	170.000 0	164.648 29
var5	18	46.00	829.00	389.500 0	211.908 76
var6	18	70.00	6 143.00	2 622.500 0	2 360.887 05
Valid N (listwise)	18				

2. 假设检验

为了检验变量是否存在多重共线性，利用spss17.0来检验自变量之间是否存在多重共线性，检验结果如表5-5所示。

表 5-5　方差膨胀因子计算结果

变　量	方差膨胀因子	变　量	方差膨胀因子
var1	473.126	var4	159.334
var2	33.299	var5	9.344
var3	28.447	var6	151.896

从表 5-5 中可以看出，除了 var5 以外其余的变量方差膨胀因子均大于 10，这就表明了自变量之间存在着多重共线性问题，不能用普通的最小二乘法进行回归检验。为了解决这个问题，采用偏最小二乘法来进行计算。

根据偏最小二乘法原理，利用 SIMCA-P 软件，根据交叉有效系数 Q^2 来确定主成分，结果见表 5-6。

表 5-6　偏最小二乘法主成分数及交叉系数检验

参　　数	主成分(1)	参 数 意 义
R2X	0.903	主成分(i)对自变量的解释能力
R2X(cum)	0.903	主成分(i)对自变量的累计解释能力
R2Y	0.428	主成分(i)对因变量的解释能力
R2Y(cum)	0.428	主成分(i)对因变量的累计解释能力
Q^2	0.342	交叉有效性系数，一般令其临界值为 0.0975
临界值	0.0975	—

依据表 5-6 的计算结果，$Q^2>0.0975$，只有一个主成分解释了自变量 90％的信息，因此模型最终选择一个主成分。

根据偏最小二乘法原理得到标准化的自变量的回归系数见图 5-8。

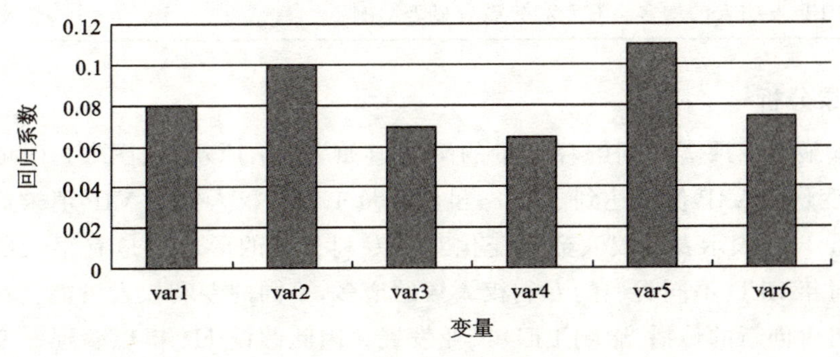

图 5-8　回归系数

偏最小二乘法根据变量投影重要性指标 VIP（variable importance in projection）来检验自变量对因变量是否有显著影响。当 VIP>1 时，可认为第 i 个自变量对因变量有显著影响。根据 SIMCA-P 的计算结果，可得出 LED 专利分散各影响因素的 VIP 值，如图 5-9 所示。

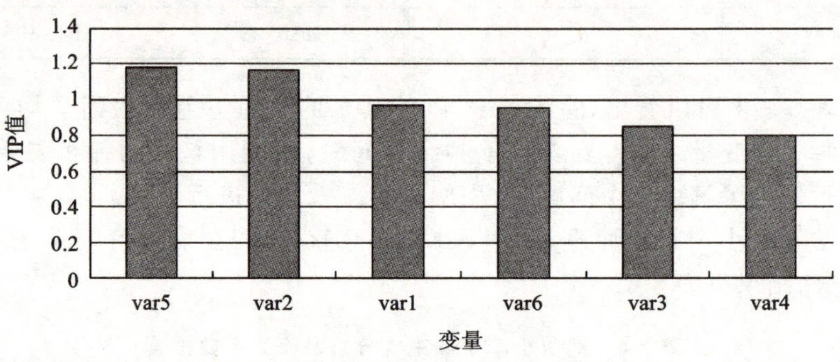

图 5-9　自变量 VIP 值

图 5-8 和图 5-9 的结果可以检验上述提出的研究假设，表 5-7 是各假设的检验情况汇总。

表 5-7　假设的检验情况汇总

序号	假　　设	检验情况
H1	我国 LED 技术专利申请活跃，专利权人越多专利越分散	一般支持
H2	涉及的技术领域越多，专利越分散	显著支持
H3	在开放式创新的模式下，专利合作者越多，专利“片段化”越严重	一般支持
H4	合作专利数量的提高，会分散各个共同拥有专利的合作者的专利权	一般支持
H5	技术标准的增加会导致专利分散	显著支持
H6	LED 发明人的增多会对专利分散有显著影响	一般支持

3. 结果分析

使用偏最小二乘法得到解释变量的影响值如表 5-7 所示，从图 5-9 中可以看出，6 个变量的 VIP 值都达到了 0.8，虽然变量 1 专利权人数的 VIP 值未达到 1，但是接近 1，这表示专利权人数的变化对于专利分散的形成还是有很大的关联。随着每年 LED 不同类型的专利权人数的增多，不同的专利权人可能会在一定程度上阻碍创新的传播，影响 LED 产业发展。因此假设 H1 得以验证。变量 2IPC 数量 VIP 值为 1.1668，且标准系数是正数，这说明了 IPC 数量与 LED 专利分散呈正增长,IPC 数量越多表示技术越复杂,不同的技术领域涌现出大量的LED 专利。该因素对于专利分散有显著相关性,说明了它是影响 LED 专利分散最主要的影响因素,验证了 H2,变量 3 和变量 4 即专利合作,虽然对于专利分散影响的显著性不如其他变量,但是还是有一定的影响力。例如,合作专利的增长会促进 LED 专利有一定的涨幅,同时也带来了一些问题,如合作专利权人数的增加,专利权人享有的专利权进一步弱化,产学研过程中专利归属问题以及利益分配的问题,因此假设 H3 和假设 4 得以验证。变量 5 即技术标准值,VIP 值达到了 1.1808,在 6 个变量中 VIP 值最大,且回归系数为正,这说明了技术标准对于专利分散的程度显著正相关,是影响专利分散最主要的因素,假设 H5 得到验证。目前,我国 LED 产业的发展技术呈现出多样性和复杂性,而且有专利分散的趋势,专利量上游全被国外 LED 专利权人所掌控。LED 照明已不仅仅是单纯的照明,它包含荧光粉的涂覆技术和提高发光率、散热度等一系列新技术发展的应用,并且广泛应用于手机、汽车、显示器等产品中,LED 所关联的 IPC 数量也越来越多,这些专利又被不同的专利权人所掌握或者集中在少数国外 LED 专利权人手中。LED 标准的制定不可避免地落入这些专利的保护范围之中,一旦这些专利形成了技术标准,我国 LED 产业很可能会重蹈 DVD 产业的覆辙。从图 5-9 中可以看出变量 6 发明人数也对专利分散有一定推动作用,假设 6 成立。

第二节　我国 LED 产业专利分散导致的影响

一、研究假设

杜晓君,马大明(2012)指出在生物遗传工程领域,美国最高法院 1980 年判决通用电气公司对一种吞噬海洋泄露石油的微生物拥有专利,这意味着"太阳底下的任何人为事物均可成为专利法的保护对象"。近来许多不符合"新颖"和"非显而易见"标准的商业手段也获得了专利权,尤其在电子商务方面,如 Priceline.com 的"顾客驱动条件购买提议"、Amazon 的"单击网上商店系统"、Sightsound.com 的"以网络下载的方法贩卖音像制品"等[①]。由此可见,虽然保护专利的愿望是好

① 杜晓君,马大明.有效率的专利联盟:竞争效应和创新效应研究[M].中国人民大学出版社,2012,9,20.

的，但是过多的专利授予必将导致专利权的泛滥，随着专利量的不断增加，每年累计的权利要求数也在增加。所谓权利要求数是指一项专利的保护范围，由于知识产权是私权，专利保护的客体是专利权人，专利范围越广，就意味着这项专利侵占公共利益也就越多，其他竞争者就会考虑如何进行技术上的规避设计才能不侵犯他人的专利权。但是，随着产业专利权越来越分散，专利量的增加，累计的权利要求数就会扩大，专利的保护范围越来越大，那么竞争者很难规避掉对手的专利，即使规避了一个，很可能会落入到另外一个竞争对手的专利保护范围内。罗伯特·考特，托马斯·尤伦(2010)认为窄范围和短期限的知识产权经常减少垄断利润并增加传播，范围加大期限加长的知识产权可以从传播中通过增加使用者的收费来激励创造和传播，使之至少达到一定程度。然而，超过这个程度，再对创作者的产权加大范围和加长期限就会增加垄断权力，这种垄断权力能够回报创新但也会减少传播。随着专利的分散趋势日益严重，产业专利越来越密集，专利权利要求范围进一步扩大，这种扩大效应一方面来自于产业中专利量的增加所带来累计的专利权利要求数的增加，这意味着专利保护范围的进一步扩充；另一方面来自于在基础性研究所产生的原创性发明的基础之上的互补型研究，这种互补型研究产生了一些在原创发明专利的基础上改进性的专利，随着产业和相关技术的不断发展完善，这些改进性的专利越来越多，衍生出大量在原创发明基础上的改进性的发明专利，那么产品的所需专利的权利范围会增大，单个专利的权利"片段化"会更严重。因此，本书提出**推论 1：专利分散必将导致专利权利要求保护范围的扩大对于 LED 产业发展产生不利影响。**

袁晓东，孟奇勋(2009)调研发现，在专利分散情况下，很容易发生专利被一些专利经营公司收购。例如高智公司，这些所谓的"专利流氓"公司，以低廉的价格大量收购那些濒临破产企业拥有的专利。这些"专利流氓"公司利用收购的专利向可能侵权的公司提起诉讼。高智公司邀请一些著名的技术公司为"专利保护基金"投资，用以收购在市场上闲置并可能构成威胁的专利。作为投资回报，投资者则可以获得整个专利组合的特许使用权。由于高智公司与每一个投资者签订了保密协议，所以拒绝公开已确认的投资者名单。据报道，微软、英特尔、索尼、苹果、诺基亚、谷歌以及 eBay 等著名企业已经对专利保护基金进行了投资。尽管高智公司号称是"专利流氓克星"，但有人却认为高智公司自己可能就是一个"专利流氓"，或者"专利掠夺者"。这就说明我国存在大量的专利被专利经营公司收购，而这些专利的收购，意味着专利权人的权力转移，这些专利经营公司在获得专利之后自己进行生产或许可，获取利润。因此得出**推论 2：专利分散可能会导致更多的专利被收购，发生权力转移或许可。**

专利分散还会导致更多的非正常失效专利的出现，1993—2013 年我国 LED 专利失效量累计达到了 11 698 件。其中 1993 年有 37 件专利过了专利法定规定的保护期而失效；而从 2000 年起每年失效专利量节节攀升，到了 2007 年达到了最大值 1652 件；2007 年以后由于受到公告期和专利审查周期的影响，失效专利量开始下降，但是 2008—2009 年失效专利量每年都超过了 1000 件。有部分申请年度的专利维持的时间居然都没超过 10 年，这些非正常因素导致的 LED 专利失效对我国 LED 产业的发展产生了不小的影响。从失效专利情况来看，说明了我国 LED 产业发展的形势不容乐观。因此，得出**推论 3：专利越分散，失效的专利也就越多**。

不仅如此，专利越分散进一步导致“专利丛林”的出现，厂商要生产某项产品势必要经过专利权人的许可，而高额的许可费又会增加企业的成本；如果未经许可，势必又会导致专利侵权。据统计，1997—2007 年间，美国专利侵权案件增长了约 60%。因此，得出**推论 4：专利越分散，发生侵权的概率越大**。

为了验证专利分散的危害程度，本书以 LED 产业为例，运用主成分分析(principal component analysis)方法来检验。主成分分析的原理是设法将原来变量重新组合成一组新的互相无关的几个综合变量，同时根据实际需要从中取出几个较少的综合变量，尽可能多地反映原来变量的信息，它也是数学上用来降维的一种方法[①]。在用统计分析方法研究多变量的课题时，变量个数太多就会增加课题的复杂性。人们自然希望变量个数较少而得到的信息较多。在很多情形中，变量之间是有一定的相关关系的，当两个变量之间有一定关系时，可以解释为这两个变量反映此课题的信息有一定的重叠。主成分分析是对于原先提出的所有变量，建立尽可能少的新变量，使得这些新变量两两不相关，而且这些新变量在反映课题的信息方面尽可能保持原有的信息。

二、数据来源

衡量上述解释变量的 LED 相关数据(如专利转移，许可数，失效专利等[②])，从专利保护范围以专利权利要求数为衡量指标，在统计出来的 1993—2013 年 LED 发明授权专利中，为了保证数据的有效性，排除失效专利后，在剩下的 20 053件专利中一条条人工统计出专利权利要求数，然后查看每个专利是否存在权利的转移，是否是许可专利。累计统计结果如表 5-8 所示。

① 主成分分析. 网址：http://baike.baidu.com/view/45376.htm. 访问时间：2013 年 6 月 20 日。

② 数据来源于国家知识产权局所建设的重点产业专利信息服务平台所检索。

表 5-8　1993—2013 年我国 LED 专利转移及许可情况

时　　间	专利权转移数	专利许可数
1993	5	—
1994	4	—
1995	16	—
1996	22	1
1997	41	—
1998	45	2
1999	54	—
2000	77	1
2001	100	4
2002	167	13
2003	147	9
2004	421	18
2005	443	19
2006	443	19
2007	399	28
2008	284	41
2009	162	24
2010	58	7
2011	9	2
累计	2897	188

注：表格“—”处表示当年没有相关数据。

（资料来源：数据由国家知识产权局网站中的重点产业专利信息服务平台检索而来，从检索出来的专利数据中人工统计处相关数据。）

从表 5-8 中可以看出虽然历年专利的转移数和许可数相对于 LED 专利量的增幅趋势不是很明显，但是从数据中可以看出趋势仍在延续，这就意味着随着专利分散，LED 制造商所需专利的量也越来越大，被专利流氓要挟的概率也在增加。

我国国内涉及 LED 专利侵权的案件来自于最高人民法院网站上公布的

LED专利侵权案件，由于我国LED产业起步较晚，因此涉及LED发明专利侵权案件数量较少，很多专利侵权案件的判决书未公开。为了能够有效地衡量专利分散现象是否对专利案件的增长趋势有影响，故将每年是否有LED专利侵权设置为虚拟变量，“有”设置为“1”，“没有”设置为“0”。为了实际分析专利分散对于非正常失效专利的影响，本实证研究依据我国专利法规定的发明专利法定保护期限20年的规定，将时间区间设置为1993—2013年，利用SIMCA-P软件进行主成分分析。专利分散产生的影响如表5-9所示。

表5-9 专利分散导致的影响

类别	因素	描述
权利要求数	var1	衡量专利保护范围
专利转移	var2	专利权的变动
专利许可	var3	有可能会被专利流氓利用
非正常失效专利	var4	专利质量的衡量指标
专利侵权	var5	影响企业发展的重要因素

三、验证分析

首先计算出5个变量的相关系数原始矩阵，如表5-10所示。

表5-10 专利分散危害var1-var5系数的原始相关矩阵

	var1	var2	var3	var4	var5(0)	var5(1)
var1	1.000	0.984	0.866	0.975	−0.633	0.633
var2		1.000	0.824	0.948	−0.593	0.593
var3			1.000	0.937	−0.749	0.749
var4				1.000	−0.708	0.708
var5(0)					1.000	−1.000
var5(1)						1.000

从表5-10可以看出，各因素存在很严重的多重共线性，相关系数越大表示重合的信息也就越大。采取主成分分析可以避免多重共线性，有效分析出各因素所代表的信息。根据偏最小二乘回归分析提取成分的原则与做法，用 Q^2 的值来确定主成分，计算结果如表5-11所示。

表 5-11　成分表

参　数	主成分①	主成分②	主成分③	参 数 意 义
R2X	0.83	0.139	0.0265	主成分(i)对自变量的解释能力
R2X(cum)	0.83	0.969	0.996	主成分(i)对自变量的累计解释能力
特征值	4.98	0.836	0.159	特征值以 1 为界限
Q^2	0.662	0.65	0.0955	交叉有效性系数，一般令其临界值为 0.0975
Q^2(cum)	0.662	0.882	0.893	累计交叉有效性系数
临界值	0.0975	—	—	—

从表 5-11 可以看出，第 3 个主成分的 $Q^2<0.0975$，这说明了应该提取前两个主成分，并且主成分①、主成分②对变量的解释力度分别为 0.83、0.139。前两个主成分对变量累计解释能力达到了 96.9%，这表示主要以第一个主成分解释变量，选取前两个主成分可以解释原变量信息的 96.9%。

根据 SIMCA-P 软件的计算结果，可得主成分 1,2 的散点图如图 5-10 所示。

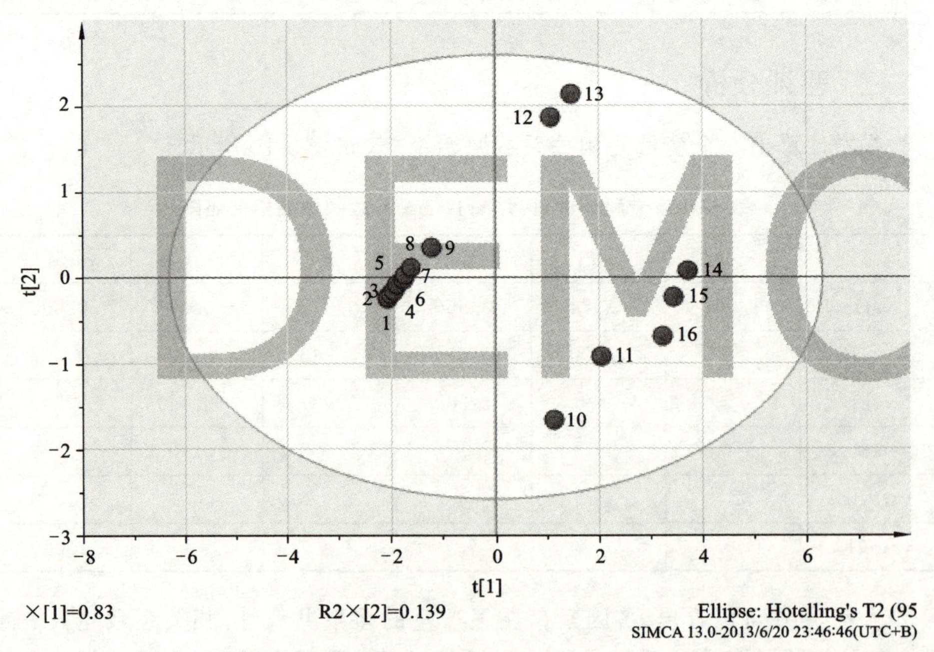

图 5-10　主成分 1,2 的散点图

由图 5-10 可见，样本点均在椭圆内，即不存在特异点，选取的数据不需要进行调整，直接进行主成分分析，图 5-11 为主成分载荷矩阵图。

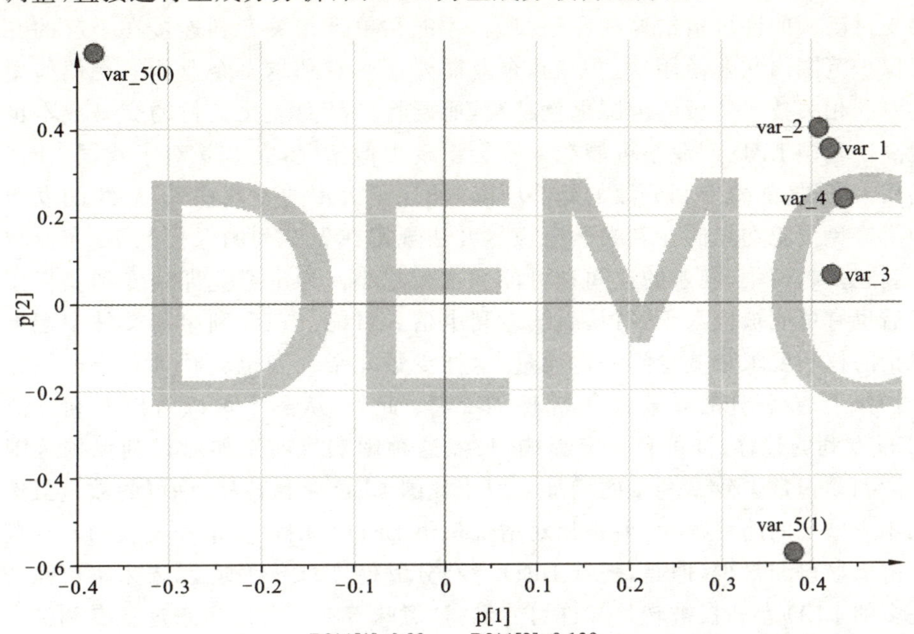

图 5-11　主成分载荷矩阵图

从图 5-11 可以看出，5 个原始因素对主成分 1 的影响都很接近，其中最大的是变量 4，这表明 LED 专利分散对非正常失效专利的增加影响程度最大，这预示着每年 LED 专利越来越分散，在发明专利正常保护期限范围内，专利提前失效的概率也增多。随着 LED 专利量大幅增长，专利分散不可避免，这样有可能导致低质量专利、问题专利的量增多。这些专利失效的概率很大。另一方面，专利分散产生了大量的专利和专利权人，使得专利权人维持这些专利的成本进一步加大。由于我国 LED 缺乏核心专利，专利较为分散且质量不高，单个专利权人很难单独把自己的专利转化实施却每年要交专利的维持费用，而我国企业所掌握的 LED 专利无论是质量还是绝对数量均低于国外大厂商掌握的 LED 专利。一旦发生专利纠纷，我国 LED 专利不但起不到保护自己的作用，反而还会被国外竞争者无效掉。因此我国必须提高发明专利审查的标准，促进专利成果转换，尽量避免出现非正常无效专利。变量 1 即权利要求数，专利分散对其影响仅次于对非正常失效专利的影响。现今，新兴产业（如软件、纳米、生物）专利分散现象严重，专利掌握在各个不同的专利权人手中，专利保护范围进一步扩大，产业的商业化需要原始的专利以外，还需要大量围绕原始专利形成的互补型专利，而这些专利又掌握在不同的专利权人手中，这对于下游制造厂商来讲意味着要支付巨额的许可费给这些专利权人，才能在单个相关专利连接在一起的专利权保护范围内联合使用这些专利，企业需要这些专利越多企业能够无偿使用这些专利相关技术领域的范围也就越窄，所要将产品商业化支付的交易成本也就越高。我国 LED 产业很可能在未来会出现类似情况，尤其是对于我国 LED 专利权人来讲，随着专利分散的趋势明显，涌现了大量的专利权人，后续的发明人为了避免侵犯在先的专利必然会想尽办法规避在先专利的保护范围，产业中的专利越多越密集，规避的空间和可能性也就越小。为了避免即使专利获得授权以后也有可能被他人无效掉，后续专利申请人可能会在专利申请文件中把申请保护的权利要求数减少到一定数量，这样少数几个专利也就越难对于产品起到保护作用，专利分散导致权利渐渐“零碎”。此外，从图中可以看出专利分散对 LED 专利的转移、许可有一定影响，虽然这种影响目前不如对权利保护范围的扩大和非正常失效专利量的增加。由于我国 LED 专利转移，许可的数量虽然近几年来增长的趋势很大，但是相对增长量跟 LED 发明授权量和授权的专利权人来讲仍显得非常少，但是，随着 LED 专利分散趋势的不可避免，未来很可能会有更多的 LED 专利权被转移和许可专利，这意味着在不久的将来这些专利被专利流氓和 NPE 等利用的可能性会频频出现，我国要预防这些 NPE 或者专利流氓利用 LED 专利来威胁我国的 LED 产业。其次，从图 5-11 中可以观察出，虽然专利分散对专利侵权发生概率的影响较其他 5 个影响因素是最低的，我国目前为止还没有爆发大规模的 LED 专利诉讼，但是随着 LED 专利分散的加大，每年 LED 专利诉讼案件发生的概率也在加大，LED 厂商侵犯 LED 专利权人的风险非常高，权利保护范围也不断扩大，可能会导致 LED 领域“反公地悲剧”的出现。我国 LED 市场的不断发展扩大，国外 LED 厂商为了抢占 LED 市场把我国企业排挤出去，从第四章的专利数据分析中可以看出，国外 LED 企业在我国大量布置专利，在未来很可能会对我国 LED 产业下游的应用制造商发动大规模的专利诉讼，我国应提高警惕，及时制定相关产业政策避免上述情况出现。

第六章　我国LED专利分散应对措施

第四、五章利用专利分析的方法对我国 LED 产业专利整体的布局情况进行了具体的分析，结果发现，我国 LED 专利发明虽然数量众多，但是绝大部分掌握在国外专利权人手中，尤其是日本，无论是未来还是现在日本已经成为我国 LED 产业发展的最大竞争者，这应该引起我国政府的高度重视。接下来进一步分析了 LED 的 IPC 构成、LED 合作情况、专利权人情况，结果发现，LED 专利绝大部分涉及半导体技术，可见半导体技术才是 LED 技术发展的基础，而且在这个领域竞争激烈。相反，LED 的其他技术领域（如 F24J 等），所涉及的专利数量并不多，这说明目前该技术领域还是 LED 发展的真空区，还没有引起企业的足够重视，LED 技术在该领域发展空间很大，具有很大的潜力，有可能成为下一个阶段 LED 技术发展的“新大陆”，企业应该给予关注。LED 合作情况表明，在我国专利权人中合作研发较多的专利权人是日本专利权人，可见日本组成一个稠密的研发合作网络来排挤我国 LED 企业并且通过专利检索发现，拥有发明授权前 10 位的专利权人居然绝大部分是外企（尤其以日本企业为主），可见我国 LED 发展压力巨大。

在弄清我国 LED 专利分布的情况基础上，利用了首位度、分散度指数、分形模型等方法综合测量我国 LED 专利分散情况，结果表明，我国 LED 专利呈现出分散的趋势，技术优势较强企业的技术垄断虽具一定优势，但是随着每年涌现大量专利权人，相对优势开始下降，国外厂商掌握着一定数量的专利，处于专利量的上游，我国专利权人处于下游，虽然专利权人众多但是每个专利权人掌握的专利较少，无论是专利权人还是专利数量都处于分散的状态。除此之外，为了探究出 LED 专利分散的形成因素和危害，并解决 LED 专利分散问题，前面章节利用了偏最小二乘法和主成分分析法进行相关验证，结论表明标准化、专利权人数、专利法改革等因素对我国 LED 专利分散的形成有一定推动作用，尤其是标准化数量的过多导致了 LED 专利的泛滥。LED 专利分散将会导致权利要求数、专利诉讼量等增加，从而阻碍我国 LED 产业的良性发展。

基于第四、五章的分析，本章提出解决我国 LED 专利分散的措施与建议。首先对影响我国 LED 专利分散因素应对措施进行分析，然后提出防范 LED 专利分散导致的不利影响建议；最后提出专利集中战略，利用博弈模型比较专利许可、专利池、专利集中战略三种战略的绩效。

第一节　针对影响 LED 专利分散因素的应对措施

伴随着半导体技术的日趋成熟，大功率 LED 将成为第四代电光源，具有“绿色照明光源”之称。它拥有体积小、安全低电压、寿命长、电光转换效率高、响应速度快、节能、环保等优良特性。在未来大功率 LED 取代传统的白炽灯、卤钨灯和荧光灯成为 21 世纪的新一代光源是大势所趋。虽然大功率 LED 的发展在光通量、转换效率和成本等方面受到限制，但现阶段大功率 LED 主要在一些特定领域内使用，将来会在更多的地方用于照明。

新能源产业已作为我国战略性新兴产业之一被纳入国家中长期发展计划，随着政府对绿色节能产业的大力支持，近几年 LED 得到了飞速发展。目前，全球的 LED 产业链主要分为三大类：上中游包括 LED 晶片、晶粒的制作与研发，下游包括封装方式，如图 6-1 所示。

随着 LED 市场竞争日趋激烈，LED 的价格日趋下降。根据飞利浦(Philips)公司的预测，2020 年 LED 照明将占全体照明市场的 90%。全球第五大 LED 生产商 Cree 公司的副总裁 ChrisJames 在接受媒体采访时指出，目前 LED 市场供不应求，并且可能成为长期问题。

目前我国 LED 上中下游产业链情况如下。

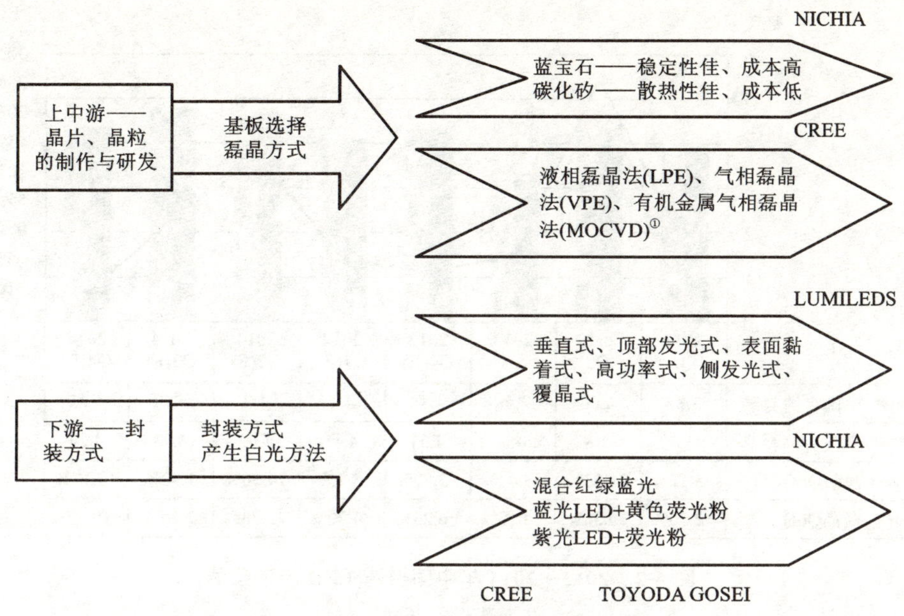

图 6-1　LED 产业链的构成

（资料来源：中国台湾《LED 专利分析》）

1. LED 上游产业情况

我国把 LED 技术列为“十一五”重大科技攻关领域之一。在 LED 照明产业链中，氮化镓基化合物半导体外延材料以及芯片加工是 LED 的核心技术，也是国内外 LED 厂商研发投入最大、技术含量最高、研发周期最长的技术领域。目前我国已形成了五大国家半导体照明工程基地，拥有近十家批量生产外延材料和芯片的规模企业（深圳方大、厦门三安、南昌联创、上海蓝宝及大连路明等）。从规模上看，中国内地 GaN 基芯片产量仅相当于我国台湾某一家芯片公司的产能，内地芯片市场仍被台湾芯片主导。GaN 基芯片市场规模每年将有非常大的增长，外延材料和芯片制造产业未来会有较好的发展。台湾芯片厂家目前在规模、技术、产品和市场份额上仍占据主导地位，内地厂家面临的竞争非常激烈。我国台湾 LED 产业链如图 6-2 所示。

---

① 外延炉（Metal Organic Chemical Vapour Deposition，简称 MOCVD）高温高压无氧环境下，有机金属（MO 源）和氢化物分解成原子有序地淀积在晶片的表面，成为外延层（Epitaxy）。上游外延制造附加值最高。国际和国内 MOVCD 设备基本是全进口的，主要厂商为美国 VEECO 公司和德国 AIXTRON 公司两家。

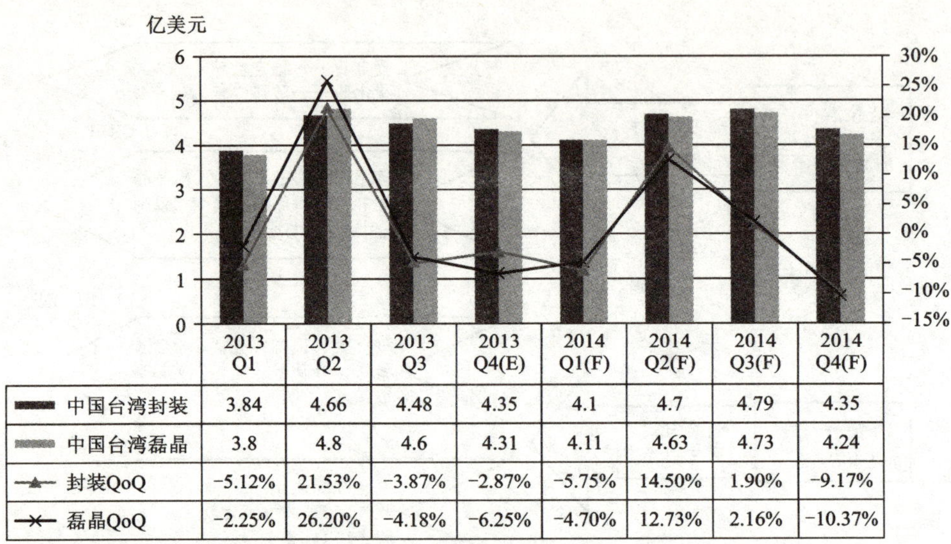

	2013 Q1	2013 Q2	2013 Q3	2013 Q4(E)	2014 Q1(F)	2014 Q2(F)	2014 Q3(F)	2014 Q4(F)
中国台湾封装	3.84	4.66	4.48	4.35	4.1	4.7	4.79	4.35
中国台湾磊晶	3.8	4.8	4.6	4.31	4.11	4.63	4.73	4.24
封装QoQ	-5.12%	21.53%	-3.87%	-2.87%	-5.75%	14.50%	1.90%	-9.17%
磊晶QoQ	-2.25%	26.20%	-4.18%	-6.25%	-4.70%	12.73%	2.16%	-10.37%

图 6-2 2013—2014 年中国台湾 LED 产值预估

（资料来源：拓展）

在 LED 上游外延片领域，虽然中国台湾起步较晚，但是研发投入大，2003 年年底，中国台湾用于生产外延片设备的 MOCVD 已达 250 台，堪称全球设备密度最高的地区，中国台湾在中上游的实力和地位越来越不容忽视。与此同时，由于新设立的小厂纷纷涌现，且均以蓝光为主，厂商产品质量良莠不齐，从而造成了低端产品供过于求而高端产品供不应求的竞争状况。

随着市场竞争的加剧，2005 年一场新的产业整合和投资并购风起云涌。继联电以 1849 万余股参股元砷光电后，8 月，中国台湾两大 LED 企业——晶元与国联宣布合并，合并后的晶元电，跃升为全球最大 LED 供应商，而在蓝光 LED 产量方面，晶元电也将仅次于日本的日亚化学、美国 Cree 、日本 Toyota Gosei、元砷等企业，成为全球第 5 位蓝光 LED 供应商。

据 SEMI 数据显示：2012 年开始，我国 LED 外延芯片厂数量进入负增长。预计在不久的将来，中国将成为全球最大的 LED 外延及芯片制造基地。然而，与此同时中国 LED 外延芯片厂数量将步入一个负增长时代。

根据 SEMI 统计，中国大约有 76 家外延芯片厂（已排除仅宣称投资计划而无实际进展的项目），从 2012 年开始，中国 LED 外延芯片厂的数量将逐步减少，绝大部分因为产能过剩退出市场或者被收购。如图 6-3 所示。

报告指出，中国新增 MOCVD 设备市场在 2011 年已经达到顶峰，大部分制造商的设备利用率一直处于较低水平，一些极端案例中显示设备利用率仅为 20%。未来 MOCVD 的需求已经被严重透支，并且由于一些 LED 外延芯片厂

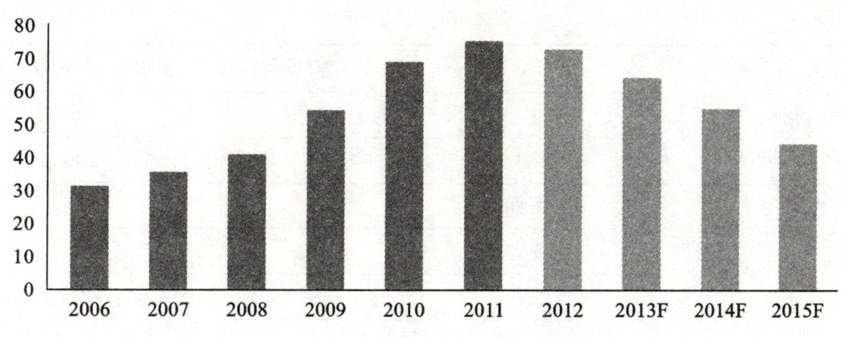

图 6-3　我国 LED 外延厂商数量

的退出，会带来二手 MOCVD 设备市场，这对新增 MOCVD 设备市场也会造成一定的压力。到 2014 年以前，新增 MOCVD 设备将一直处于一个较低水平，2012 年中国 MOCVD 安装量仅为去年的 40%不到。如图 6-4 所示。

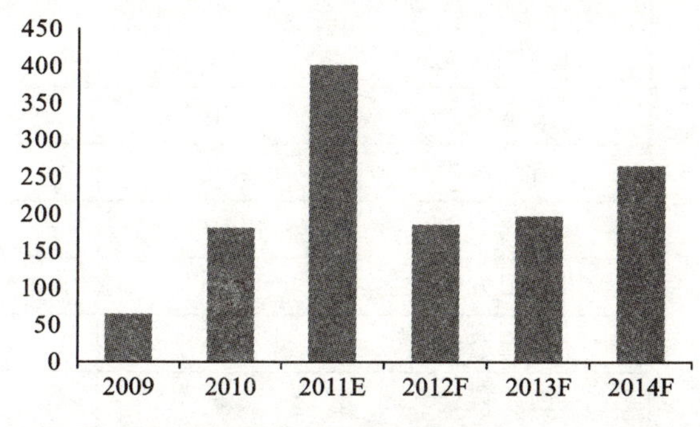

图 6-4　MOCVD 设备量

2012 年我国 LED 外延产业发展缓慢，这是由于受到了国际金融海啸的影响，我国 LED 外延产业发展受到波及，MOVCD 购买趋于平缓，如表 6-1 所示。

表 6-1　我国 LED 上游厂商分布及产能

地　　区	厂　　商	MOCVD(台)	产能(2 时外延万片/年)
两湖一徽	德豪润达	36	175
	华灿	29	140
	迪源	10	50
	彩虹蓝光	50	240
	芜湖三安	107	520
	华磊	32	160

续表

地　　区	厂　　商	MOCVD(台)	产能(2时外延万片/年)
西三角-山西、陕西、四川、广西	西安中为	2	10
	华新丽华	20	100
珠三角	真明丽	19	145
	比亚迪	10	50
	奥德伦	5	24
	澳洋顺昌	6	30
	Lumileds	11	50
	旭瑞国星	6	30
	晶鑫(规划)	60	180
	奇力光电(规划)	50	240
	国星光电(规划)	20	100
环渤海-北京、山东、河北、辽宁	浪潮华光	20	100
	河北司辉	10	50
	天津三安	15	73
	潘阳方大	30	145
	大连路美	10	50
	山东冠铨	6	30
长三角-上海、江苏、浙江	士阑微	18	87
	清华同方	32	120
	中科半导体	20	100
	陆耀	22	107
	上海蓝光	20	100
	德豪润达	30	145
	清芯光电	48	230
	乾照光电	21	102
	上海蓝宝	12	58
	真明丽	30	145
	璨扬	25	120
	中谷光电	13	70

续表

地　　区	厂　　商	MOCVD(台)	产能(2时外延万片/年)
闽赣	厦门三安	22	107
	厦门乾照	9	44
	晶电	50	240
	长城开发	30	145

（资料来源：拓展）

2. LED中游芯片制造产业情况

我国 LED 产业由封装起步发展，初期芯片主要依赖进口，近年来，在下游需求旺盛的拉动及各地政策的支持下，国内主要 LED 外延芯片企业加大研发投入，积极制订扩产计划，外延芯片环节的投资力度不断提升，使得国内 LED 外延芯片行业加速发展，至 2014 年我国芯片国产化率已达到 80%，如图 6-5 所示。根据国家半导体照明工程研发及产业联盟的统计，2010 年我国 LED 外延芯片行业整体产值规模约为 50 亿元，到 2014 年已上升至 138 亿元，年复合增长率达到 28.89%。

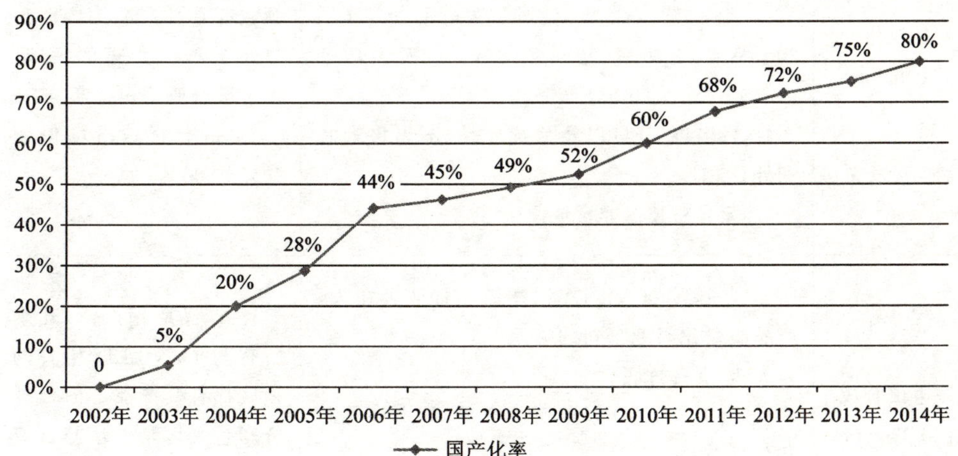

图 6-5　我国芯片国产化率趋势

（资料来源：中国产业信息网）

根据国家半导体照明工程研发及产业联盟的数据统计，2014 年外延芯片生产企业拥有 MOCVD 设备约为 1290 台，较 2013 年的 1090 台增加约 200 台。由于 LED 外延芯片行业的技术壁垒及工艺壁垒较高，生产过程需要具有丰富经验的工程师对制造过程有着精确的把握和判断，而国内目前相关人才较为紧缺，且呈现逐步向优势企业集中的趋势，由此导致外延芯片制造企业 MOCVD 设备进一步向大企业集中[①]。

3. LED 下游封装、应用产业情况

在 LED 下游封装、应用产业上，我国有丰富廉价的劳动力资源和庞大的市场规模优势，应依托传统的照明电器产业，大力发展劳动密集型的 LED 下游应用产业。太阳能发电和半导体照明相结合完成了光电到电光的转换，是最佳的组合，我国在光伏产业方面经过过去几年的快速发展，已拥有雄厚的产业基础，开发太阳能与 LED 集成技术及相关产品，拥有巨大的市场空间。但是也面临着国外垄断厂商的竞争威胁，全球主要 LED 厂商分布如表 6-2 所示。

表 6-2　全球主要 LED 厂商竞争

企　　业	产业化情况	市场应用
日亚化学（Nichia）	1. 自制 MOCVD 设备近 200 台，主要是单片型。 2. 所用衬底主要是蓝宝石。 3. 生产蓝、绿、紫、紫外、白光小功率（＜20 mW），中功率（20～50 mW）以及大功率（＞50 mW）的 LED 产品。 4. 只出售 LED 以及后续产品，不出售管芯和外延芯片。 5. 荧光粉技术非常成熟	1. 产品应用广泛，几乎所有与 GaN-LED 相关的领域都有其产品。特别是户外全彩色大屏幕领域，几乎被日亚公司垄断。 2. 占有全球市场份额 20%～30%
丰田合成（Toyota Gosei）	1. 自制 MOCVD 设备，产量比日亚公司大。产品质量比日亚公司的略差。 2. 蓝宝石衬底。 3. 只出售 LED 以及后续产品，不出售管芯和外延芯片。 4. 生产蓝、绿、紫、紫外、白光小功率（＜20 mW），中功率（20～50 mW）以及大功率（＞50 mW）的 LED 产品	1. 产品应用广泛，几乎所有与 GaN-LED 相关的领域都有其产品。但户外全彩色大屏幕无法与日亚公司相比。 2. 占有全球市场份额约 20%

① 参见《2016—2022 年中国 LED 产业调研现状及投资咨询战略研究报告》。

续表

企　业	产业化情况	市场应用
科锐 （Cree）	1. 既有市场上购买的 MOCVD 设备，也有自己研制和改进的 MOCVD 设备。主要是多片型 MOCVD 设备生产 GaN-LED。 2. 所用衬底是 SiC，有非常成熟的 SiC 单晶生产技术，容易获得 SiC 衬底材料。 3. 只出售 LED 外延芯片及管芯。 4. 可以生产蓝、绿、紫、紫外光小功率，中功率以及大功率的 LED 外延芯片	1. 产品应用广泛，几乎所有与 GaN-LED 相关的领域都有其产品。 2. 占有全球市场份额约 10％
通用-爱莫克 （Gelcore）	1. 主要用 EMCORE 公司 MOCVD 设备生产 GaN-LED 外延芯片。 2. 所用衬底主要是蓝宝石。 3. GELCORE 公司可以生产蓝、绿、紫、紫外光小功率、白光小功率，中功率以及大功率的 LED 产品，但大功率产品目前还相对不成熟。 4. 关注白光 LED。 5. 灯具设计方面有较强优势	产品应用广泛，几乎所有与 GaN-LED 相关的领域都有其产品。特别是高档的照明市场（如建筑轮廓装饰照明）
流明 （Lumileds）	1. 主要是蓝宝石，也用 GaN 衬底。 2. 只出售 LED 以及后续产品，不出售管芯和外延芯片。 3. 生产蓝、绿、紫、紫外、白光小功率，中功率以及大功率的 LED 产品。特别是它能生产功率达到 5W 的大功率 LED 产品。 4. 关注大功率白光照明	目前 Lumileds 公司的产品产量不是很大，但其大功率产品却供不应求

日本每年有大量的 LED 产出，几乎占全球 LED 产出的 50％，中国台湾约占 21％，欧美地区约占 14 ％。其中以 NICHIA 为主要白光 LED 制造厂商，欧美主要厂商为 OSRAM、LUMILED 最早切入车用光源，韩国以三星为主。欧美及日本对前段荧光粉专利授权日趋软化，转向注重后段封装测试专利，使得欧洲的蓝光晶粒产能减少，近几年 YOY 减少 14％，美日两国 YOY 增长 10％ 左右，但低于全球平均成长率 12.89％。

现如今，LED 的应用领域已经从最初的电器指示灯、LED 显示屏发展到 LCD 背光源、景观照明、室内装饰灯等领域。中国 LED 市场规模已经达到上百亿元，新兴应用带动市场发展。由于LED具有长寿命、无污染、低功耗的特性，未来LED还将逐步替代荧光灯、白炽灯成为下一代绿色照明光源。为此，美国、韩国、欧盟等国及中国台湾都制订了相应的半导体照明计划，有力地推进LED灯进入普通照明灯具市场。室内照明将是LED最具市场规模和发展潜力的市场。我国LED产量增长趋势如图6-6所示。

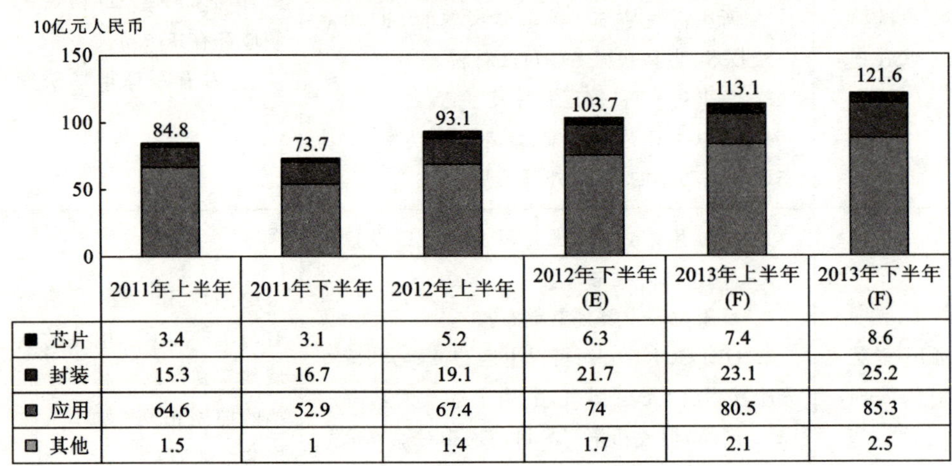

	2011年上半年	2011年下半年	2012年上半年	2012年下半年(E)	2013年上半年(F)	2013年下半年(F)
■ 芯片	3.4	3.1	5.2	6.3	7.4	8.6
■ 封装	15.3	16.7	19.1	21.7	23.1	25.2
■ 应用	64.6	52.9	67.4	74	80.5	85.3
■ 其他	1.5	1	1.4	1.7	2.1	2.5

图6-6　我国LED产量增长趋势

（资料来源：拓展）

从图6-6可以看出在半导体照明全球产业链中，我国在LED应用方面具有较强竞争力。但是由于受到全球经济不景气的影响，我国LED市场有待完善，我国LED应用产业发展任重道远。随着我国政府相应政策的不断出台，我国LED应用产业将会得到进一步发展，我国在LED封装和应用产业环节应努力超过发达国家。

一、应对LED专利权人数增多的措施

专利量处于绝对优势的专利权人大多来自国外，尤其是日本的专利权人。众所周知，全球LED核心专利基本上都掌握在国外几大公司。如日本的日亚化学、夏普(SHARP)、丰田合成、东芝、索尼、NTT，美国的LUMILEDS、CREE，德国的OSRAM公司等。这些公司利用各自的核心专利，在全球上演着“合纵连横”的专利大战。这几家公司专利各有特点，例如，日亚化学是全球最大的LED厂商，其专利布局在荧光粉，垄断了绝大部分蓝宝石衬底的供应。LED厂商的专利布局几乎涉及产业链的所有产业。日本Patent Result曾经公布了LED照明相关专利的分析结果，夏普在该领域的“专利综合实力”排名中位居首

位。欧司朗(德国慕尼黑)已与夏普(日本大阪)签订了专利交叉许可[①]协议。该协议涉及光电半导体元件、照明产品及其组件,涵盖了LED芯片(发光二极管芯片)、激光二极管芯片的相关专利。专利交叉许可协议授权协议的任一方有权使用协议双发拥有的全世界范围内的LED、激光二极管相关专利。欧司朗与夏普均认为该协议的签署将促进其在LED等领域的研发工作。目前,欧司朗已与飞利浦、日亚化学、丰田、Cree、三星以及LG签署过专利交叉许可协议。如图6-7所示。面对国际LED厂商的相互合作组成的联盟,我国应该引起高度重视,在未来LED发展上要做出相应的战略规划。

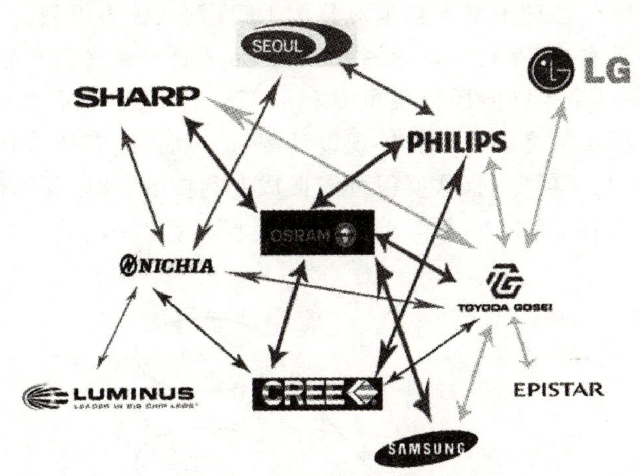

图6-7　全球LED交叉许可图

注:双向箭头表示两家企业专利有交叉许可协议。

Cheltenham,Ove(1999)提出了六大专利申请类型:①阻碍和外围发明(ad hoc blocking and inventing around);②战略专利(strategic patent);③"地毯式"和"洪水式"专利(blanketing and flooding);④围墙式专利(fencing);⑤圆圈式专利(surrounding);⑥专利组合申请(patent portfolio)。

所谓的阻碍和外围发明专利,是将产品或者半成品直接申请专利,不考虑任何专利战略,也不改进自己的技术申请互补型专利。我国大部分的LED专利申请类型属于这一种,都是基于国外的核心专利的基础上对LED照明终端产品进行专利申请,技术含量很低,虽然获得了专利授权保护,专利量在世界上名列前茅,但实际上全部落入国外LED专利权人的基础专利之中。由于我国LED专

---

① 交叉许可是对各自目前所拥有的技术的一种补充,同时减轻了无意中使用其他公司的专利而造成侵权的风险。

利大都集中于下游的封装应用，因此给了国外 LED 厂商很大的申请外围互补专利的空间，规避了中国 LED 专利权人的专利设计。由于一个 LED 产品是由涉及 LED 上中下游专利组合所构成，中国 LED 企业投入大量的资金研发申请专利，结果恰得其反，反而侵犯了他人专利。

战略专利的意思是发明人在进行产品技术研发时，通过一系列技术分析寻找该项产品最核心、最有价值的地方，其他人的专利无法避免要落入到其保护范围中，这一块的专利必将成为“核心专利”。例如，我国 LED 上中游的外延，芯片核心专利基本上掌握在日亚化学等国外厂商手中，我国 LED 企业一不小心就会踩到专利的“雷区”，这种不平等竞争对我国 LED 发展极为不利。

“地毯式和洪水式”专利申请，是指一项产品从研发到终端产品阶段，发明人尽可能地在产品各个不同阶段挖掘可专利的部分去申请专利，无论是产品的零部件、制造技术以及最终的产品和外观设计都有专利。随着技术日趋复杂化，一项产品很可能涉及多项专利，这就很可能形成专利权的“片段化”，例如前文提到的美国软件、半导体、生物技术都出现了专利权日益“片段化”现象。如图 6-8 所示。

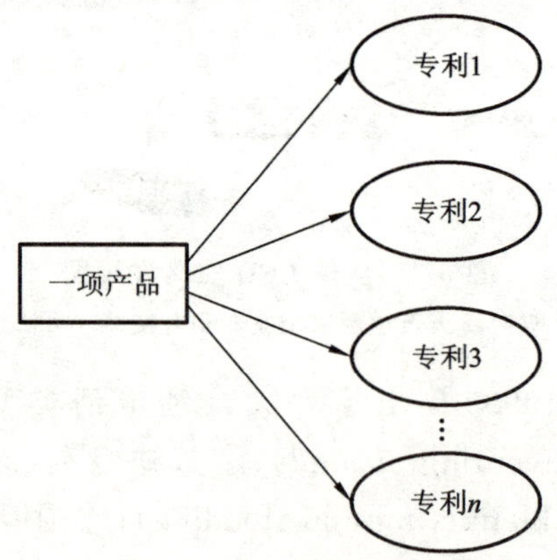

图 6-8　专利“片段化”趋势

我国的 LED 产品涉及外延、芯片制作、封装等技术，因此一项 LED 产品也包含了大量的专利，国外 LED 企业在这些技术领域均有专利布置且数量和质量全部高于我国 LED 企业，而我国在下游封装、应用产业上却聚集了大量的专利权人，这种上游专利过于集中而下游专利又过于分散的情势，使得我国 LED 企业不可避免地遭到国外 LED 制造商的打压。

围墙式专利是尽可能地分析出竞争对手在哪些地方可以申请专利，通过在它之前申请这些专利来防止其涉及这些技术领域，相当于利用专利形成一道技术壁垒来排挤竞争对手。中国台湾资深知识产权专家袁建中通过对中、美、日等LED产业同族专利规模的研究分析，以此考察这几个国家的LED专利是否具备围墙式特征，结果发现，这几个国家的同族专利规模有非常大的差异，中国大陆平均同族专利规模为1.97，而美国、日本则分别为5.5、4.97。可见，中国LED专利的国际竞争力有待提高。

圆圈式专利是在前人的专利基础之上挖掘出新的改进后的可专利的地方，来申请专利。

所谓专利组合就是综合上述五种专利申请的类型进行专利申请，通过控制上游核心技术专利，逐渐渗透到下游的封装和应用。因为下游产业链的产品不可避免要涉及上游的专利技术，很多LED公司采取此种专利申请策略。例如，2013年科锐宣布与杭州纳晶科技有限公司美国子公司NNCrystal US Corp.签署一项全球范围内的非排他授权协议，允许NNCrystal使用科锐远程荧光粉专利组合。该授权的专利系列包括以下基本组合：蓝光LED结合远程荧光粉元件产生白光，以及该光学元件的生产、设计和排布，使得照明生产商能够采用NNCrystal的远程荧光粉光学元件用于生产基于远程荧光粉的LED灯，而无需单独再向科锐申请远程荧光粉专利授权。通过采用该科锐专利技术将缩短产品面世时间，通过NNCrystal经授权的远程荧光粉光学元件可获得该科锐专利技术的支持。NNCrystal公司技术总裁苏凯表示："NNCrystal与我们的客户尊重他人的知识产权，我们认可随着LED照明市场的发展这一系列重要专利授权所带来的价值。该科锐远程荧光粉专利组合包括一些由科锐在十多年前申请的专利，阐述了基于远程荧光粉光转换的主要概念。该授权包括赋予NNCrystal和我们客户获得该科锐重要专利技术在全球众多国家和地区的支持。"

二、基于动态竞争理论的我国LED产业专利应对措施

经济学家认为，根据经济学一般原理，如果市场商品价格高出了商品本身的价值且这部分超额利润都被少数几家大企业所掌握，那么可以认为在市场上构成了垄断。这对于一些小厂商的发展极为不利，尤其是互补性商品，如果某一个中间产品的价格受到影响，可能会对最终产品的价格有影响。依据需求弹性理论，对于互补性商品来说，一方价格的变动与另一方产品需求量的变动趋势呈反方向，因此需求交叉弹性①系数为负值，双方依赖程度越大，表示一方价格的变动会对最终产品价格的影响也就越大。我国LED专利形势非常符合需求交叉弹性理论，无论是电子元器件，还是一项LED产品，其中包含着多个组件，这些

① 交叉价格弹性是指某种商品的供需量对其他相关替代商品价格变动的反应灵敏程度。

组件中又蕴含着多种专利。因此一项 LED 产品是由多种互补性专利构成，它不仅包括上中游的外延芯片专利，还包括下游的封装、应用专利，其中最为关键的是 LED 产业链上中游的外延芯片专利。众所周知，这些专利中质量最高的绝大部分又是由国外 LED 大厂商所控制，这就意味着一旦国外 LED 制造商在中国大陆结成联盟，对内进行交叉许可对外进行统一技术许可，抑或各个厂商单独对中国企业许可，那么处在我国 LED 产业链下游的封装、应用产业价格就会受到其专利许可价格的波及，根据互补性交叉弹性系数的规定，一旦上中游的外延芯片专利许可价高昂，下游的 LED 终端产品需求，供给量就会减小，从而市场利润也随之减少，而恰恰我国 LED 企业的市场占有率主要集中于封装、应用，因此一旦让国外企业控制住我国 LED 产业的核心技术专利，那么对我国 LED 产业将会是毁灭性打击。例如，2011 年德国 Osram 与美国 Cree 公司签署了一项全球性的 LED 专利交叉许可协议。内容包括双方的蓝光 LED 芯片技术、白光 LED 和荧光粉技术、封装、LED 灯具与灯以及 LED 照明控制系统。之前，Cree 公司又与飞利浦签署了一项全球性的综合专利交叉许可协议。国外厂商频频地进行专利许可，组成专利壁垒，对我国 LED 产业形成了不小的压力。我国 LED 产品专利构成如图 6-9 所示。

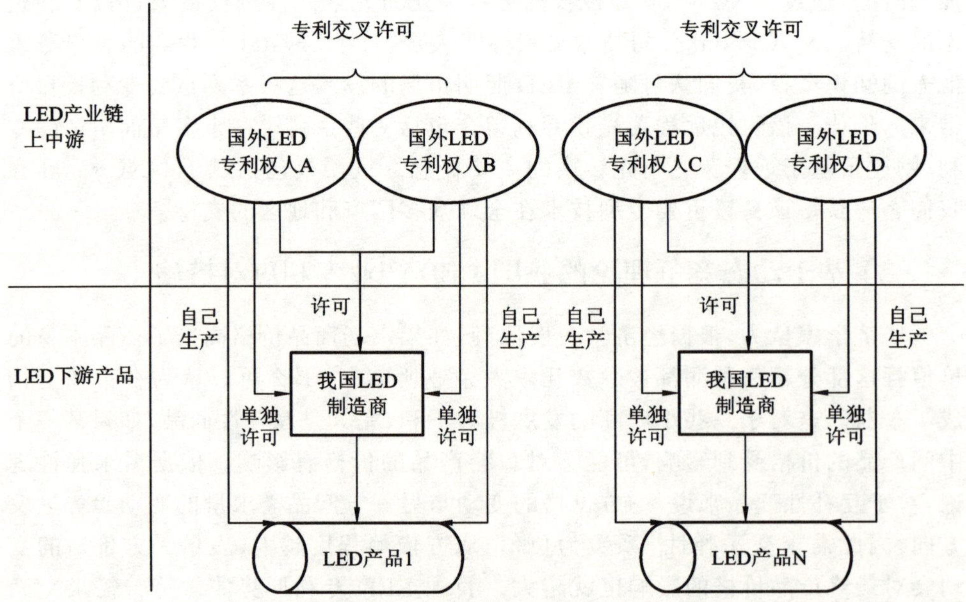

图 6-9　我国 LED 产品专利构成

国外LED企业在中国获利主要通过在技术市场[①]上将专利许可给中国企业，利用知识产权作为武器。它们的授权方式大致分为三种：①尚未有特定产品之基础专利许可(Fundamental Technology)。所谓基础专利许可就是专利权人将没有实物载体的专利技术许可给下游厂商对原材料进行整合加工，进行最终产品的生产。在我国LED专利市场，国外企业把上中游的荧光粉、发光颜色、芯片制作技术许可给我国LED厂商生产LED产品。②具有特殊产品应用技术(Appiled Technology)。具有特殊产品应用技术是指针对特殊产品的技术应用，例如LED封装技术，一项LED产品中除了需要芯片、荧光粉基础专利以外，还需要将其固定、荧光粉涂覆的封装技术，这要不仅能保障LED的散热性，还能提高使用寿命、发光效率等，这部分专利我国LED企业发展得很完善，大量的专利权人专利集中在这一块，但是还是无法和国外核心企业进行交叉许可，它属于最终产品的引申需求(Derived Demand)。③最终专利产品(Final Product)又可以叫默示许可(Implied License)，即把最终产品卖给被许可人，这样被许可人同时取得连同产品及产品所包含专利的使用权，这种许可方式在我国LED专利市场上并不多见。国外企业在LED下游封装、应用市场占有率上并不占优势，因此它们只会将LED基础专利许可给我国。

面对着LED产业专利多样化和专利权人的增多，我们应该了解自身在产业竞争中处于什么环境，面临怎样的竞争环境，自身劣势优势在哪，然后才能制定出适合的应对策略，基于上述分析，本书认为可以利用动态竞争理论来分析我国LED专利权人增多的应对措施。

动态竞争理论(Chen，1996)认为，如果一方占优，另一方不占优势，这种竞争就是不对称性竞争。Cavers，Porter(1977)认为各个组织之间有着密切的联系且相互影响，市场占有率与企业竞争力相互依赖。在开始的信息不对称情况下各组织之间维持“纳什均衡”；一方如果打破这种平衡，各组织又开始新一轮的竞争，直到达到新的“纳什均衡”。据调查[②]，上游产业占到整个产业利润的70%，也就是说我国LED产业绝大部分利润全部被外资企业所掌控；20%的利润是芯片和封装；10%的利润留给了终端产品。根据第四章检索的专利数据可以看出我国LED发明专利绝大部分掌握在外资企业手里。而我国的LED专利处于下游，较多的专利权人掌握着较少专利，专利权人总共有500多个，且专利较为分散，这就意味着我国LED企业只能在剩下的30%利润里去分配。然而根据中国半导体产业联盟统计，2009年全国的LED芯片产值23亿元、封装204

① 所谓技术市场是指由专利许可人，被许可的专利，被许可人三方所构成的市场。

② 1500亿LED产业图谱：外资鲸吞70%利润.21世纪经济报[R].郑迪，2010，8.30.

亿元、照明应用600亿元，合计827亿元，占整个LED产值的97%。换句话来讲，中国本土的专利权人要在利润只有30%的LED下游市场上进行你死我活的竞争，因此我国在LED产业上面临着严峻考验。我国LED专利和利润分配构成如图6-10所示。

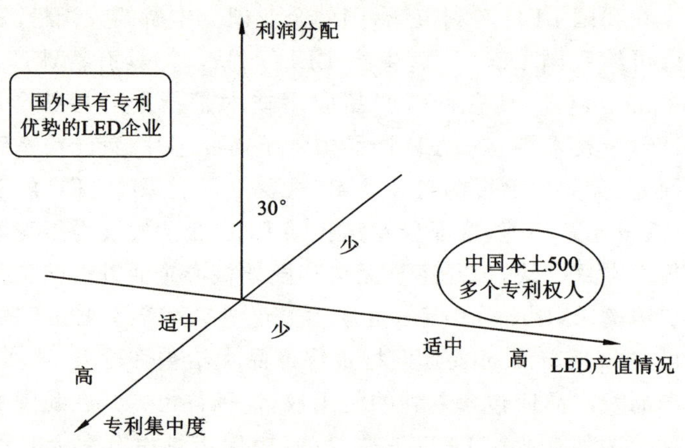

图6-10 我国LED专利和利润分配构成

注：中国专利权人数根据国家知识产权局网站中的重点产业专利信息服务平台检索而来，再通过手工整理。

从图6-10中可以看出，我国专利和市场利润、产值三方的关系。发达国家在中国LED市场上是主角，瓜分了我国LED市场的超额利润。从专利技术的角度来看，发达国家专利技术具有优势，专利布局比较合理，产业链比较完善，专利量处于优势有对上下游产品议价的能力。而我国LED企业专利权人众多，专利量处于下游且比较分散，专利对国外企业形成不了威胁，处于被动形势，但产值却占有绝大部分；企业必须在专利分散产值大、利润分配少的狭小空间里寻求生存机会。

借用袁建中所构建的动态竞争图来分析我国LED产业的应对策略，如图6-11所示。

从图6-11中可以看出，竖轴表示专利量，横轴表示LED企业市场占有率，三角形表示我国LED企业，原点O表示均衡地带。Chen，M. J，Miller，D(1994)，M. J，MacMillan，I. C(1992)提出，厂商参与竞争所引起的竞争越多，效应越差；早期的竞争者可以把晚期的竞争者排挤出市场。如图6-11所示，如果我国LED企业向图中西北方向移动，很可能会出现无市场占有率但有专利技术(如被NPE、专利流氓之类的专利权人攻击)的情况。例如2002年韩国LG公司对我国台湾地区LED企业进行专利诉讼；哥伦比亚大学教授Rothschild对中国

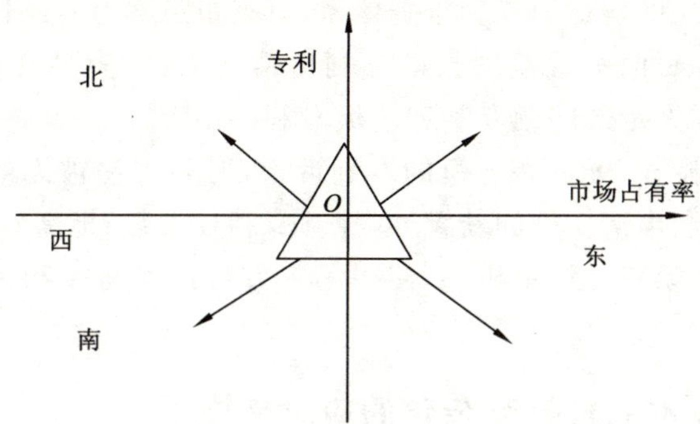

图 6-11　我国 LED 动态竞争图

内地 6 家 LED 下游企业[①]进行诉请 337 调查。如果中国企业往东北方向发展，则会受到上游 LED 企业的专利诉讼威胁，因为这块区域已经威胁到了它们的利润。2009 年日亚化学宣称已经在美国发起对中国内地和香港地区以及加拿大厂商的专利诉讼；2010 年美国 337 调查涉及了中国内地 4 家企业。但随着我国 LED 专利竞争力的不断提升，越往东北方向，所受到的诉讼威胁越小，因此我国要在未来提升专利质量，发展核心专利，以此来对抗国外 LED 厂商。当我国 LED 企业往东南方向发展，也就是 LED 专利越来越分散，存在着大量的专利权人且每个专利权人的专利量较少，而每个专利权人累计的市场占有率有相当的数量，只能成为国外 LED 厂商各个击破的对象。例如，国外 LED 企业利用专利优势对我国 LED 产业进行攻击，使得我国 LED 产业的发展处于被动。

在图 6-11 中的西南方向，既没市场又没专利，因此这一块无人问津。Smith, K. G et al. (2001)等提出了“Awareness—Motivation—Capability Perpective（简称 AMC)”。当我国 LED 专利竞争力提升后，这就必将引起国外竞争对手的警觉(Awareness)。当我国 LED 产业对国外企业构成威胁时，它们就会利用自己的专利进行反击。我国 LED 专利由于过于分散又没有相应的专利与之应付，下游封装和照明产业产值较大，因此易于遭到国外 LED 企业的专利诉讼。

我国 LED 企业目前竞争状态基本上处于图 6-11 中的东南地带，专利分散，产业值较多，所以我国应该做出相应的策略。①我国 LED 企业可以采取申请互补性专利，在公开授权后的核心专利的基础上寻找不完善之处进行改进，增加国内 LED 专利的价值，以达到可以跟国外企业进行交叉许可的目的。②我国可以发展外围专利，跳出国外企业的专利包围圈，努力发展 LED 技术的空白区和前沿技术，做到将来可以反客为主，在未来竞争中占据主动。③可以严格提高专利

① 这 6 家企业分别是渊明电子、鸿利光电、佳光、超毅光、凯信光、雅佳誉。

审查标准。依据我国现在的专利审查体系，审查员虽然有着不同学科背景，但毕竟精力和能力有限，面对日益增长的专利申请人数，审查员在审查时难免有纰漏，这有可能导致大量的问题专利和垃圾专利的出现，进一步演变成技术交叉重叠和专利的重复授权，爆发大规模的专利诉讼，专利容易被无效。因此，审查员必须严格把握专利申请文件的新颖性，控制专利权人数，提高专利质量。在必要的情况下，应建立第三方评审机构，使得第三方可以参与专利审查，加快专利审查进度。

三、针对技术的日趋复杂化的应对措施

LED涉及的技术领域也越来越多样化，因此各国为了避免LED出现专利分散以及技术的复杂化导致的专利“片段化”趋势而纷纷制定政策，我国可以借鉴LED技术强国的产业政策来促进LED产业稳健发展。下面比较分析各国与专利有关的LED产业政策。

1. 美国

LED产业是美国能源战略的重要部分。美国前总统奥巴马宣称全美要发展“廉价、清洁、高效率能源”，促进固态照明，达成提高能源使用效率、减少温室气体排放的目的。为了应对LED产业可能出现的专利分散现象，美国加快了产学研合作的步伐，如图6-12所示。

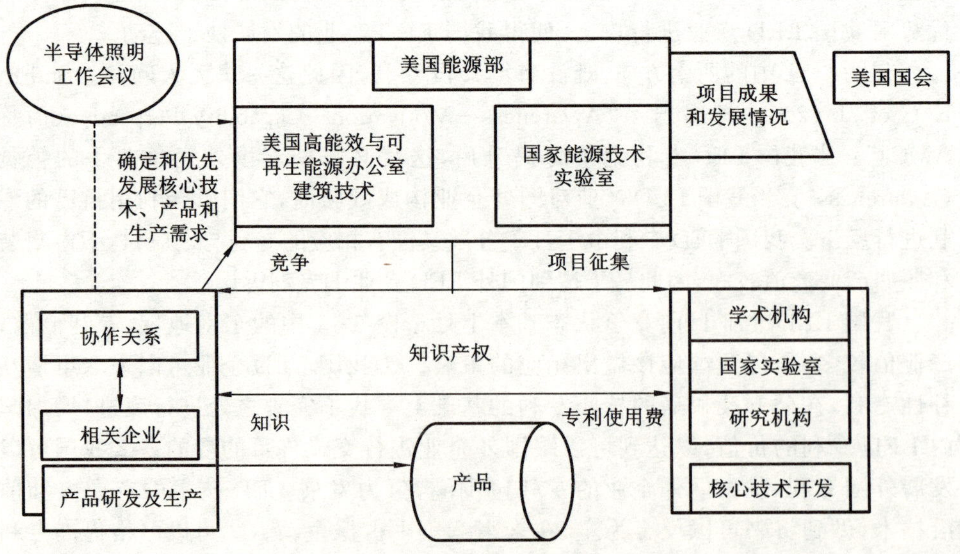

图6-12 美国LED产业产学研关系

（资料来源：Solid-State Lighting Research and Development：Multi-Year Program Plan，March 2010，DOE）

从图 6-12 中可以看出美国对 LED 专利的政策，2009 年美国提出经济复苏计划和再投资法案(ARRA)为 LED 发展提供了 5000 万美金的投资支持。美国能源部引导 LED 研究单位共同参与 LED 的研发，首先有相关企业确定 LED 核心技术和相关需求将其反馈给美国能源部，美国能源部再向科研机构征集项目进行研发创新，然后依靠第三方机构(科研机构)许可给企业进行使用，这样做就避免了企业申请过多的专利造成资源的浪费，同时也无需向多个专利权人支付许可费，利用开放式创新战略使得政府、企业、第三方有机结合，共同推动 LED 产业的发展。

2. 日本

日本 LED 产业发展的时间较长，可以追溯到 1998 年的"21 世纪光计划"，并有日亚(NICHIA)、夏普(SHARP)等世界一流 LED 企业。日本对于 LED 产业的政策主要是发展重点企业，并且在 LED 产业链培育出实力强劲的不同企业，以企业推动 LED 产业的发展，其发展构建如图 6-13 所示。

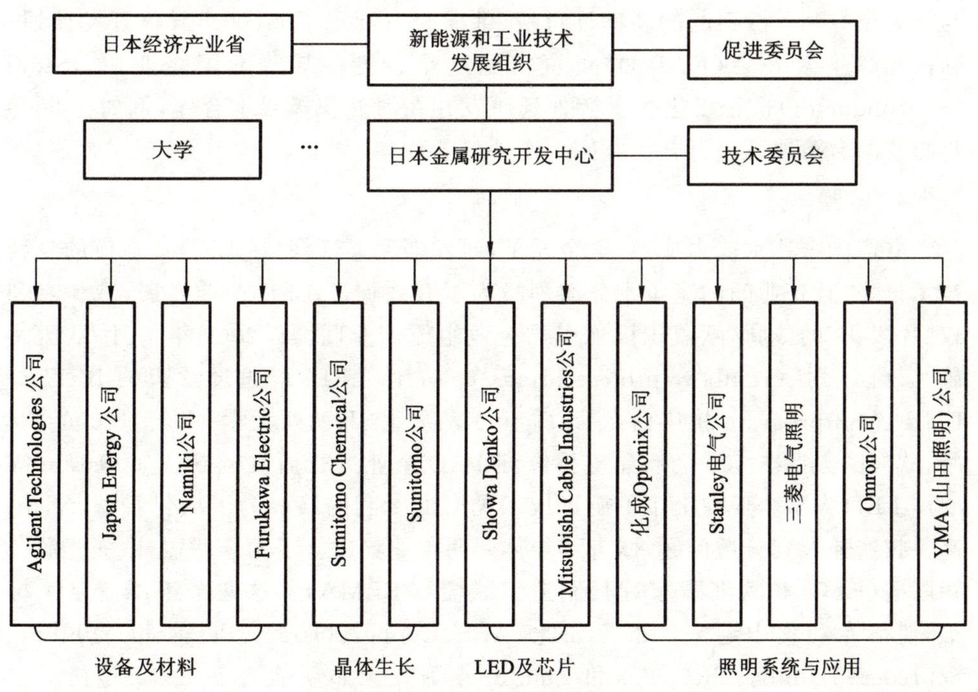

图 6-13　日本 LED 产业构成图

(资料来源:《半导体照明产业及政策标准解读》)

如图 6-13 所示，日本政府全面支持重点企业。例如，日本政府大量培育

LED技术人才为NICHIA公司服务，NICHIA公司在世界各个国家均拥有大量的专利。其中在日本就占有600多项发明专利和将近500项外观设计专利，在美国拥有200多项发明专利和160多项外观设计专利，NICHIA公司几乎垄断了GaN-LED相关领域的所有专利。日本以重点企业带动产业发展的好处是把研发技术和专利集中在少数企业手中，便于资金的投入使得专利不致分散。专利权十分完整就便于参与国际竞争。

3. 韩国

韩国非常注重节能发展，并大力发展绿色产业。韩国已经将LED作为绿色产业之一。跟日本类似，韩国也是重点培育几个大型企业。例如，韩国三星、LG、现代等大企业掌控核心技术，中小企业进行外围专利的研发以此避免专利分散，被其他企业在专利上所要挟，在未来可以与其他企业进行交叉许可来发展产业。韩国政府在技术转移上搭建平台，每年拨款支持中小企业。不仅如此，在LED产业链上韩国寻求平稳发展，透过构建专利数据库来增强LED专利能力。为了避免专利分散引起的高额许可费，韩国政府制定了GaN半导体开发计划，韩国光产业振兴会（KAPID）负责实施这个计划。某些韩国企业（如Seoul Semiconductor）也积极进行上游外延研发并在海外积极寻求合作，例如在2009年与我国台湾地区进行合作共同生产外延芯片。

4. 欧盟

欧盟国家技术能力成熟，资金充足，研发强度大，因此在LED产业链的专利技术很强，且企业间的竞争十分激烈。为了有效促进LED产业发展，减少专利权“片段化”的威胁，欧盟积极地引导企业组成产业联盟。2000年7月，欧盟实施“彩虹计划”（rainbow project brings color to LEDs），通过欧盟的BRITE/EURAM-3 program推广白光LED，让6家企业①和两所大学②参与。2006年8月，欧洲国会批准500亿欧元支持欧洲LED企业进行研发创新。如Osram等欧洲LED大型企业在上中下游形成了稠密的专利网络。为了应付日益严重的高科技产业专利分散问题，欧洲半导体照明工业界成立了两个联盟：欧洲光源公司联盟（ELC）和欧洲国家灯具制造者联盟（CELMA）。这两个组织制定了标准，使得专利集中起来。不仅如此，ABL、Cooper、Osram、Panasonic、Philips、Schreder、Toshiba、TRILUX和Zumtobel等九家照明企业于2010年初成立Zhaga Consortium和AG-DALI合作组织，使得LED产品标准化，将过于分散

① 这6家企业分别是LSTM、CRHEA-CNRS、Epichem、Aixtron、Thomson-CSF、Philips。

② 两所大学分别是Surrey、Aveiro。

的专利集中起来，把其他企业排挤出标准外，避免专利权的“片段化”。在“彩虹计划”下 LED 不同产业纷纷组建联盟来推动产业发展，LED 联盟组织如表 6-3 所示。

表 6-3　LED 联盟

技 术 领 域	联 盟 名 称	所 属 国 家
电子器件制造	Thomson-CSF/Thales LCR	法国
MOCVD 设备制造	Aixtron	德国
化学原料	Epichem	英国
设备设计及性能分析	University of Surrey	英国
反应室设计	University of Erlangen	德国
材料表征分析	University of Aveiro	葡萄牙
材料生长	CRHEA	法国

资料来源：《半导体照明产业及政策标准解读》。

四、应对 LED 合作申请专利人数过多和合作专利数量增长措施

合作申请专利者越多，专利权就越弱化，许可专利所遇到的障碍也就越大。合作专利量随之增长，会进一步对企业进行专利商业化造成困难。因此为了应对 LED 合作专利增长趋势所造成的问题，建议修改我国现有的《专利实施强制许可办法》(简称《办法》)法规。《办法》的第二十三条只规定了药品专利的措施而没有对像 LED 这种战略性新兴产业专利作出规定。《办法》第二十条第三款规定：“经审查认为强制许可请求涉及的发明创造是半导体技术的，其理由不符合专利法第五十二条的规定，国家知识产权局应当作出驳回强制许可请求的决定。”《专利法》第五十二条规定：“强制许可涉及的发明创造为半导体技术的，其实施限于公共利益的目的和本法第四十八条第(二)项规定的情形。”《专利法》第四十八条第(二)项规定：“专利权人行使专利权的行为被依法认定为垄断行为，为消除或者减少该行为对竞争产生的不利影响，国务院专利行政部门根据具备实施条件的单位或者个人的申请，可以给予实施发明专利或者实用新型专利的强制许可。”我国法规只针对半导体技术做出了规定限制，但是并没有针对 LED 专利做出强制许可的规定，只规定了两种针对半导体技术实施强制许可的范围。但是 LED 产业中合作申请的 LED 的各个专利权人很可能对企业索要比单个专利权人更高的专利许可费和专利侵权赔偿费，因此我国相关法规必须针对这些问题做出相应的应对措施。此外，我国法律及产业界并未专门针对高科技产业

的专利分散问题提出立法和产业政策，由于产业不同，《办法》要扩大适用产业技术范围，不能笼统抽象地定义许可范围。

五、应对制定LED标准机构过多和标准存量多层面的措施

技术标准也是影响专利分散形成的因素之一。一旦一项标准被确立下来，应用这项标准的专利就会成为基础专利。该专利权人很可能成为一个“专利流氓”，如果他不愿意合理地许可给其他人，那么就有可能造成技术垄断。因此，专利权人必须联合起来合作制定标准，这样做可以集中不同产品设计，减轻标准化的争议。合作使得大量企业提供标准化的产品，使得产品规范化。制定标准化要注意以下几点：成功地形成了网络化；对于网络效应有意识；保证购买者不被禁止，使得竞争在开放的标准下进行。除此之外，要防止专利权人利用标准垄断，必须建立起有效的监督机制进行防范。

为了避免标准过多，一些学者认为政府必须利用自己的权利和资源引导产业进行商业化。例如政府可以减少标准化的制定机构，统一或减少标准存量并且利用反垄断法监督专利池成员的行为。除此之外，我国政府可以建立严格的专利审查机制，尽量避免减少涉及标准的专利数量。例如，可以借鉴美国专利商标局（USPTO）为了应对审查大量专利的措施。美国存在大量的垃圾专利，这些垃圾专利不仅质量低下，浪费审查员的时间和精力，而且会积压大量的待审核的专利。不仅如此，由于审查员的疏忽，专利申请人未能充分揭露在先技术（prior art）或者其他因素导致了这类专利被授权，一旦被卷入到专利侵权案件中来，该专利很可能被复审无效，这样不仅浪费专利权人自身资源，还浪费了社会资源。为了有效地审查专利，提高专利质量，缓解专利分散的趋势，美国专利商标局建立了一些针对特定产业的专利数据库（patent database）。例如，纳米技术可以通过专利数据库中的分类表“class 977”检索出与纳米技术相关的专利，不仅如此，为了防止一些审查员经验不够，为了加速审查进度，通常会找一些相关技术领域的专家协助审查员审查专利。

如今，我国LED产业标准存量过多，制订LED标准不仅有政府机构还有地方机构，过于繁杂且没有统一规范。国外LED技术优势企业纷纷意图参与我国的LED标准的制订，但是由于LED所涉及的技术过于复杂且产业结构多样化，因此标准的制订不是一两天就能完成，而是需要一个漫长的过程。在这个过程中，我国企业必须积极参与寻求和国外LED企业合作的机会，将其技术和专利以及自身的专利囊括其中，力争在标准的制订过程中获得发展，以达到双赢。

此外，我国可以借鉴美国的做法，建立专门的LED标准和专利数据库，使得人们可以检索查找出标准所需的必要专利，建立有效的防范监督机制。

第二节 防范LED专利分散导致的不利影响的建议

一、针对LED历年专利许可、转移产生的不利影响措施

针对我国LED专利转移、许可数量的增加导致的专利许可费的增长，可以采取如下应对措施。

1. 开放源头战略(open-source)

Joshua M. Pearce(2013)提出把解决出现在软件产业专利分散的“free and open-source software(FOSS)”模式用于解决纳米技术(nanotechnology)的专利“片段化”问题。所谓的FOSS是企业将其自身的技术开放出来形成一种“资源”共享模式供后续企业用于技术发展。这种模式减小了授予专利产生的垄断力，加速了知识的流动性和开放性，企业可以从研发中得到巨大的利益；产业创新阻碍最小化，有力推动了产业的发展，其中最重要的是通过FOSS模式实现了交易成本的最小化，企业无需像以前由于特定技术领域中专利密集因素向多个技术许可人支付巨额的许可费，促进了技术市场的流动性，加速了产业商业化的形成。后续企业通过竞争加快了技术创新，增加了社会福利。由于技术日趋复杂化，因此FOSS模式必须不断吸收不同层面的软件、硬件技术实现信息共享，取代以往的专利申请行为，促进企业共同研发。

2. 交叉许可战略(cross license)

所谓交叉许可，就是假设有两家公司X、Y，分别拥有相互阻碍对方的专利A、B，为了各自的利益，两家公司就会通过谈判进行相互许可，让对方使用自己的专利。条件是双方必须要在完成信息对称的情况下且都需要对方专利，如果有一方的专利不是对方所需要的专利，那么交叉许可就不可能达成。例如，英特尔公司(Intel)与其他主要的产业参与者进行广泛的交叉许可。产业中的每个公司都拥有很多专利资产就能够进行交叉许可，这样做还可以避免单独许可时候一方支付的巨额专利许可费。实际上交叉许可反映出了两家竞争公司在诉讼和支付许可费策略上选择的博弈平衡点，实际上Hewlett-Packard和Xerox通过交叉许可解决了两家企业的专利争议，取得了双赢，交叉许可使得企业的研发工程、产品设计以及生产效率大大提高。也就是说，如果两家企业达成了交叉许可，可以加快创新速度，企业不必担心会无意识侵犯到别人的专利，也不会担心别人会复制自己的产品。

3. 专利池(patent pool)

由于现代技术复杂化趋势,因此知识产权权利在专利权人之间日益"片段化",虽然通过双方达成交叉许可协议可以降低交易成本,但是越来越多的人倾向于利用专利池来解决这种严重的专利分散问题。美国第一个专利池"缝纫机专利池"在1900年中期建立,该池的建立实际上就是为了应付出现在缝纫机技术上面的专利分散问题。虽然它最后被美国反垄断审查取缔了。但是随后美国陆续出现了许多专利池,截至2012年美国出现了上百个专利池,分布在易出现专利分散的技术领域,如图6-14所示。

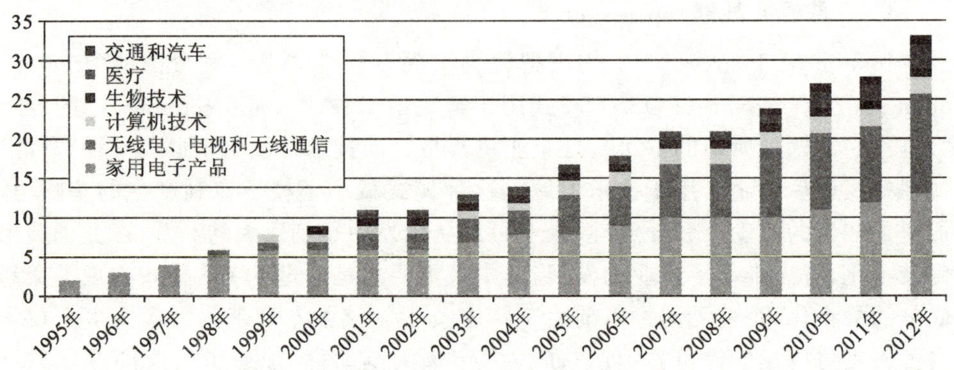

图6-14 美国各技术领域专利池数量

(资料来源:Simon den Uijl, Rudi Bekkers, Henk J. de Vries. Managing Intellectual Property Using Patent Pools: LESSONS FROM THREE GENERATIONS OF POOLS IN THE OPTICAL DISC INDUSTRY [J]. CALIFORNIA MANAGEMENT REVIEW, 2013, 55(4): 31-50.)

专利池之所以发展如此迅猛,是因为当今技术专利分散凸显出了三个重要问题:①由于所需不同专利被不同的专利权人把持,如果企业采取专利许可战略可能支付巨大的许可费;②不同专利所制定的许可费可能会不同;③许可谈判耗费大量的时间。因此专利池要着重解决以下几点问题:

——无论是对于专利池中的成员还是专利池外的成员,许可的专利必须有效;

——提供被许可人的专利要统一定价,统一规定期限和其他事由;

——在构建专利池的时候要明确规定许可费的分配规则;

——要有第三方评估机制,对于专利池的专利进行评估;

——专利池遵循自愿原则;

——应该建立相应的管理专利池机制。

但是随着专利权的"片段化"日趋严重,技术产品复杂化所需要的专利可能少则上百，多则上千。因此所构建的专利池很可能由于所涉及的专利数量和质量互补性等问题，解决不了专利分散的问题。例如，在 DVD 领域中的 MPEG-2、纳米技术等专利池都可能面对此类问题，必须对专利池进行改进。综上所述，专利池经历了以下三个阶段，如图 6-15 所示。

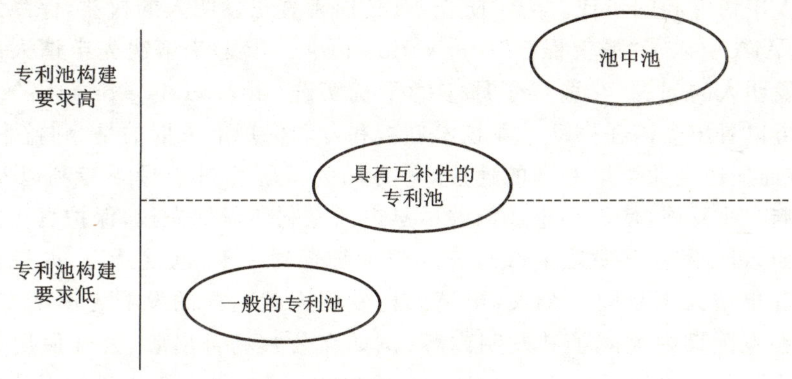

图 6-15　专利池发展的阶段

其中池中池（pool of pools）是专利池发展的高级阶段，它是由 Simon den Uijl，Rudi Bekkers，Henk J. de Vries（2013）所提出来的。池中池对于专利池的构建要求十分精细、严格，主要针对技术极度复杂的领域，它涵盖了大量的不同代的专利以及布局在产业上中下游专利，它需要大量的合作者参与进来，相较于另外两种专利池，它的谈判费用比较高以及构建周期较长。

二、针对 LED 非正常失效专利的预防措施

1. 国家法规政策层面考虑

美国专利商标局近 6 年来积压了将近 70 万件专利申请，为解决当今技术迅猛发展、专利泛滥造成的技术复杂化下的专利分散问题，以及 NPE，patent troll 对于企业造成的高额诉讼费和专利许可费，美国自从 2005 年开始，国会每年不断讨论专利法改革事项，2011 年 9 月 8 日议会通过了专利法改革方案，2011 年 9 月 16 日奥巴马签署了该项决议。新的专利法以提出该项法案的两位议员 Leahy，Smith 名字命名，叫“Leahy-Smith America Invents Act”，简称美国“AIA”法案。该法对于美国维持近 200 年的专利政策做出了重大调整，旨在加快专利申请到授权的过程，确实保障发明人，尽快地将发明商业化。新法一改以往美国的“亲专利”政策，为了解决专利分散问题，该法针对这些问题作出以下一些明显的改革措施。

(1) 将不同于其他国家的先发明申请制（first to invent ）改为先发明者先申

请制(first inventor to file),简称“FITF”,于 2013 年 3 月 16 日或之后生效。美国新专利法的这种先发明者先申请制跟其他国家的先申请制是不一样的,为了保障公平性,新专利法对于这种先发明者先申请制做出了一系列限制,但总的来看,FITF 增加了授权专利的确定性,降低了诉讼成本,便于发明人举证,加快了专利权人申请专利的步伐。为了防止 NPE 损害真正发明人的权益,保障发明人的利益,AIA 引入了“派生程序”(derivation proceeding)来解决先申请人是否是真正的发明人的问题,它取代了原本的干扰实践(interference practice)。从这些改革可以看出美国在推动产业技术创新和专利保护上采取的是“利益平衡”策略,一方面加速企业申请专利的速度,一方面为了防止过于授予专利以及 NPE 问题影响产业发展,使得小企业能够尽早申请专利获得优先权,保护真正的发明人。例如,新专利法将宽限期(grace period)缩短到一年,也就是说,如果真正的发明人和申请人不是同一个人,申请人比发明人就同样的发明先申请专利,但发明人在宽限期内披露了其发明内容(例如在公共场合出版、公开使用等且早于申请人),那么真正的发明人仍旧享有优先权,新专利法把公开使用的门槛放开了,从国内使用到全球使用,由此可见,美国为了保障产业健康良性的发展,不让 NPE 钻空子,维护真正的发明人的利益,通过这种折中的措施来进行防范。

(2) 授予过多的专利权必将引发大规模的专利诉讼,从而把企业拖入耗时耗力的诉讼中来,不利于企业技术创新,早在 2005 年美国国会就指出在纳米、软件、生物等产业中每年专利纠纷的官司很多,其中有很多是 NPE 发起的,甚至现在有很多学校也成为了 NPE。因此此次的专利法改革针对 NPE 发起的专利侵权诉讼做出了相应的改革应对措施,使得企业能够将专利转换成产品投放到市场,节约了企业成本,减小了企业被诉讼的风险。例如,在先技术(prior art)的认定范围做出相应扩大,旧的专利法的在先技术范围很窄,只限于现有技术和专利文献,而如今的在先技术认定上扩展到国内外所有的参考资料且不仅局限于在先的专利,甚至机密资料都可以作为在先技术。这样做的好处是一旦 patent troll 对企业发动专利侵权诉讼,企业利用在先技术无效掉这些专利权人的专利的概率大大增加,可见此次美国专利法的改革对于中小企业创新有一定偏向性。

(3) 在原有专利法的规定下,patent troll 可以就一件专利对于多个毫不相干的企业或个人提起专利诉讼从而榨取高额费用。但是如今 AIA 引入了“竞合”这种新型的专利诉讼规则,相较于原来的专利法有巨大的变革,一些原告在旧的专利法下可以在同一件案子中采取诉讼战略去告多个被告,这些被告可能都是因为侵犯了同一件专利,但是相互没联系,法庭发现和整理诉讼文件以及集中这些事实材料,把它们整合成一个单一的诉求所花费的成本,实际上增加了被告的经济负担。不仅如此，如果涉及多方诉讼，原告又要采取不同的专利诉讼策略，因为有可能这些被告不在当地，如果要起诉这些人就要在分散的法院中进行，增加了起诉的难度。对于一些跨国企业，总部不在美国，只能在国外发起诉讼，极为不方便。新的专利法对于原告诉讼的权利做出了相应的限制，例如，新的“竞合”规则实际上可以把所有的原告和被告看做是一个原告和一个被告，并且规定原告不能同时起诉多个无关的被告，除非他们侵犯了同一个专利。在AIA框架下，为了便于联合各方，规定多个被告必须共同参与或者侵权行为来自于同个交易，同时发生有共同的事实问题，否则原告不能就同一个专利起诉多个不相干被告。这项规定的出台有着其重大意义，它一改以往patent troll就同一项专利起诉多个无关的被告，除此之外，新的规定减少了被告的诉讼费用，原告如果同时要起诉多个不在同一个地方的被告，这时允许诉讼合作审理，通过美国跨地域的陪审委员会将主张权利整合，但是同时注意原告不能试图利用审判合并程序规避“竞合”条款，以及原告起诉被告代表的个人行为和诉讼有关的许可协议的追认。新的“竞合”条款的出台标志着多方参与专利诉讼的时代结束了。

(4) 为了推动产业平稳发展，打消企业对于专利侵权风险的忧虑，AIA另一项重要的影响专利诉讼的措施是扩大了“在先商业使用”的抗辩范围。它规定被告如果对于侵犯专利权的专利在其申请前一年就进行了商业使用，那么就可以利用“在先商业使用”进行抗辩，在旧的专利法下，这种抗辩方式只限于商业方法专利。如今，该项范围和界定在法庭上进行衡量，只要是在之前的市场规则审查下，对于使用的专利有较宽的潜在范围。例如，产品的使用是为了整合商业化过程，而不仅是企业进行实验，以及“在先商业使用”同样适用于内部商业化过程，工具和设备凡是用于制造的物质，可以用来证明对于抗辩专利侵权的产品有用的所有使用，除了一些特别规定以外。将“在先商业使用”范围扩大，其实有效维系了专利保护和产业发展之间的平衡关系。在过去，企业因为惧怕会遭到NPE等的攻击，对研发不敢放手投入，如今的AIA法案免去了企业的后顾之忧，确实保障了生产产品的制造商。

(5) 除上述之外，新的AIA法案在很多方面都做了重大调整，尤其是在美国专利商标局处理的专利争议程序和步骤均都大幅度地改革，从中体现出了美国已经对于过多的授予专利保护造成的专利技术的重叠性和阻碍企业创新等重大问题上引起了高度重视。为有效防止NPE对企业发动攻击，新的AIA法案对于故意侵权的举证进行了明显严格的限定。在过去的规定中，专利权人只要指出尽管被告的行为是客观的但是被告是故意侵犯其有效专利，就构成了故意侵权，法庭上如果发现了是故意侵权，专利权人可以获得赔偿额的三倍以上。被告在侵权之前没有咨询相关建议可以作为故意的证据。但是最新的规定中，即使没有咨询相关建议，也不可以作为故意的证据，这项规定还扩展到了引导性侵权。在专利诉讼程序中做出如下规定。

① 用新的事后授权审查(post-grant review)取代了之前的授权后复审(post-grant reexamination)。

② 用 inter partes review 取代了原先的 inter partes reexamination。

③ 用 ex partes review 取代了原先的 ex parte reexamination。

④ Supplemental examination。

从这些程序可以看出，AIA 力求提供一个快捷以及成本花费较少的途径去质疑专利和解决争端。通过这些措施来减少当今专利组成的稠密网络中企业碰到的专利纠纷数量，扫除问题专利。此外，美国专利商标局还提供了一个给第三方协助审查的机会，允许第三方在当事人申请专利时向审查员提供所知道的在先技术供审查员参考。不仅如此，这种第三方协助审查还会使审查员发现对于专利不利的地方以及对接下来的审查程序产生影响。

其中在新的专利争议解决程序中 post-grant review 放宽了举证专利无效的条件。它规定第三方如果对于专利授权有质疑，可以在该专利颁布或授权后的 9 个月内向地方法院提出，只要有一条理由就可以发起诉讼。它扩大了第三方的自由裁量权，为了缩短争议解决的时间，节约法庭成本，如果第三方决定通过用该项规定解决争议，就不能再提起民事诉讼或者 ITC 程序。inter partes review 对于第三方质疑专利限制了基于期望及其明显性理由，这些理由必须建立在在先的出版物和专利上，启用 inter partes review 程序必须是在 post-grant review 程序启动时间终止的情况下，为了全面提高专利质量，新法还规定了 Supplemental examination 来补充上述的专利争议解决机制。它们的设立代表了美国解决专利争议的措施产生了根本性的变革，企业可以避免冗长的专利诉讼。如果处在产业链下游的小企业一旦被上游掌握关键专利的企业控告侵权，在此之前它可以建立一个监督机制来监控上游企业专利从申请到授权的过程，当它被上游企业诉讼或者想无效掉该申请专利就可以利用 post-grant review 提出之前跟踪分析出质疑该专利的理由。

(6) 为了避免专利分散在未来扩大化，AIA 不仅在专利申请程序和解决争端上做出了限制，还对于授予专利权的客体做出了限制。例如，减少、避免、放弃纳税义务的商业方法申请以及将来申请的都被认定为在先技术，不得再申请专利，之前授予的专利视为无效和在先技术。除此之外，还规定直接或者包含人体器官的专利不得被授权。

(7) 为了解决积压 6 年将近 70 万件的专利申请文件，提高专利审查效率，美国专利商标局决定雇用审查员，尤其是在特定的技术领域内（如信息技术）。以前专利商标局每年要向国会缴纳10%的费用，相当于80亿美元。现今，国会同意专利商标局有更多的自主权利去处理自己的费用，但是和专利相关的费用增加了15%。为了扶持小企业，避免小企业遭到其他专利权人的起诉，新的专利系统将有一个优先审查（prioritized examination）的程序，主要运用于对每年授予的专利量进行初始的限制。

2. 企业之间的措施

为了控制每年非正常失效的专利量，促进LED专利商业化，除了在国家法规上面做出调整外，企业之间也可以自发联合起来使用专利，避免专利的非正常失效。例如，我国可以借鉴2008年1月由私人机构世界商业可持续发展委员会（简称“WBCSD”），与IBM、Nokia、Pitney Bowes和Sony共同推出的一项“生态专利共享”计划（eco-commons patent）。委员会里面的成员如果想把环保的技术推入到市场，可以利用该“生态专利共享”中的专利以及彼此之间合作共同创新，这项计划的目的如下。

① 为创新和解决环境问题能够非常轻松，为加快保护环境的步伐和进一步创新提供一条途径。

② 促进鼓励合作，使得捐出专利的企业以及潜在专利使用者能够一起合作创新共同促进发展，解决环境问题并从中获益。

自从这个计划推出后，有13个公司捐出了100项专利，这些公司包括Bosch，Dow，DuPont，Fuji-Xerox，Hitachi，HP，IBM，Nokia，Pitney Bowes，Ricoh，Sony，Taisei和Xerox等。凡是任何一项专利是保护环境促进绿色技术发展及商业化的，且属于IPC分类中的环境友好型，都可以将自己的专利捐出来供共享成员使用或者给第三方使用。通过“捐助”的方式使得专利供第三方免费使用的好处在于，通过法律的形式避免任何一个共享的成员加强控制其专利权，不主张权利的专利不能被认为是无偿专利，捐出的专利不能在公司的税收中扣除，捐出的专利自动免费给企业使用。然而捐助专利有一定的规定，捐助专利的企业可以利用共享机制来保卫企业的利益，即“防卫停止”（defensive termination）。例如，如果使用共享专利的第三方利用自己的专利对抗捐助专利的公司，那么该公司可以终止捐助；还有一种可能是规定捐助者不能利用这个规则对抗另一个捐助者，除非这个捐助者的专利的主要IPC分类是属于共享计划中规定的IPC分类。

“生态专利共享”计划可以看做是在绿色产业中解决新能源专利技术分散的一次很好的尝试。除此之外，企业又利用“开放式创新”的思想来探寻新的专利管理模式。所谓“开放式创新”最早由Henry Chesbrough（2003）所提出，旨在帮助解决如何创新，在2010年时由NIKE等九家公司共同推出了一项绿色交易计划(green xchange 简称“GX”)，其运作模式如图6-16所示。

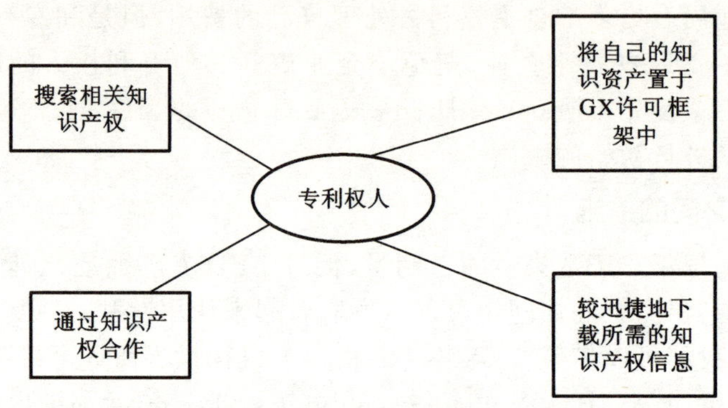

图6-16　GX运作模式

(资料来源：http://www.greenxchange.cc/.)

如图6-16所示，GX是一种开放式创新的知识共享运作模式，实现“数字共享”，专利交易可以在网上进行，企业可以通过合作和共享知识产权来推动可持续发展的商业模式以及创新，它把技术和知识共享许可模式结合起来，给许可专利的企业以及被许可的企业一个平台，它实际上是一个“半公开许可”的模式。专利权人在其中保留了一部分权利。在GX中目前有三种专利许可模式：①标准选择(a standard option)；②标准加选择(a standard PLUS option)；③一项研究的限制选择规定(a research nonexempt option)。

第一种许可模式可以为GX的使用者无偿提供专利许可，供其使用专利技术以此实现专利商业化目标。第二种较为复杂，要求使用者支付给专利权人一定的许可费或者在使用上有所限制，例如美国加州伯克利大学捐出给GX有关医疗方面的专利，规定只有发展中国家才能使用其专利制造市场化产品。第三种模式则要求提供无利润的机会用于研究以后的专利技术，改进后的这些专利不会用于商业使用。这种模式解决了企业怕捐出专利后被竞争对手用于产品制造的后顾之忧。

3. 有效的LED专利商业化

“专利商业化”顾名思义是将专利货币化以实现其经济价值。在我国LED市场上存在大量的专利权人，无论他们是专利的经营者还是NPE，一旦他们向LED下游的厂商发起诉讼索要高额的专利许可费，下游的LED厂商要付出巨大成本。最后导致好的LED产品越来越少。一项商品如果需要的互补性专利过多，那么专利的许可费就会像房地产市场一样“被越炒越高”，给厂商和消费者带来灾难性打击，因此我国有必要制定相应措施来促进 LED 专利商业化。

其中最有效的办法就是政府和民间资本组建 LED 专利的交易平台或者 LED 专利经营公司。我国在建立专利交易平台上有一定的经验，国家专利技术展示交易中心鼓励各地搭建专利技术展示交易场所。但是很多制度还不完善，例如缺乏核心专利，专利质量不高，对于平台中的专利价值评估没有建立一个有效的专利评估机制。另外，缺乏资金，无法像高智之类的专利经营公司一样大规模收购他人专利，然后对外许可赚取高额的许可费。因此，我国的专利交易平台应该不断完善政策机制，得到政府或者银行的财政支持，运用专利集中战略构建完善的专利交易平台。LED 商业化运作模式可参考图 6-17。

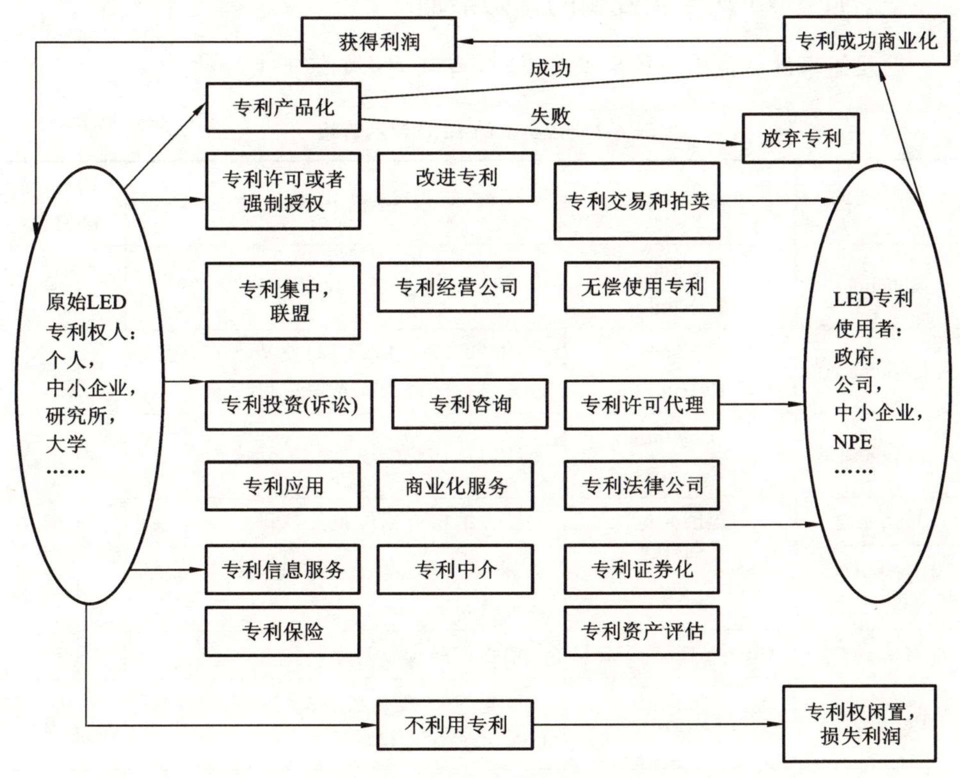

图 6-17　LED 专利商业化模式

（资料来源：本研究整理）

如图 6-17 所示，LED 原始专利权人可以自己独立将专利商业化，但是成本和存在的风险都很大。LED 原始专利权人也可以通过中间的一系列机构来有效地实行专利产品的商业化。目前，我国除了构建专利交易平台以外还可以通过知识产权银行（IP bank）来有效地实行专利商业化。中国知识产权银行在

2010年创立，是建立在无限组织支持上，是由中国发展银行创立的一个与以色列合作的企业。该银行的目的主要在于获取企业的品牌和知识产权用于许可和商业化。它具有一定规模，由中国发展银行提供贷款，这些钱主要来自于世界各地的投资者。其商业模式在于寻找这些知识资产，然后投入到中国市场。该组织把专利当做资产投资在发展中的企业，以及与在中国的合伙人共同投资制造产品。实际上该知识产权银行是一种新型的专利经营公司，它们的商业模式不同于其他的传统知识产权资助企业，它们的利润主要不是靠出卖专利来维持的，而是一种长线投资，帮助中国企业发展，将它们的产品推向市场然后从中获利。

三、针对LED专利侵权的预防措施

近几年来世界范围内较典型的LED专利诉讼如表6-4所示。

表6-4 较典型的LED专利诉讼

原告	被告	专利内容	LED产业链位置
Nichia	Epistar Everlight	TW16022蓝光晶片制造方式	上游
Nichia	Epistar Everlight	JP2927279白光LED制造方式（包括蓝光晶片制造和荧光粉专利）	上游
Nichia	Epistar Everlight	JP1171193侧向式发光，背光源产品	下游
晶元光电	璨圆光电	控告销售产品侵犯其专利	上游
Shuji Nakamura	Nichia	和解，Nichia支付810万美元给Shuji Nakamura	上游
Osram	Citizen Electronics	销售产品侵犯其专利	下游
Permlight	GeLcore	侵犯其US6.712.486、US6.578.986、US6.846.093专利	下游
Nichia	Sharp Image	Nichia指控Sharp Image所销售手电筒和booklights侵犯其US5998925专利	上游
Nichia	Epistar Everlight	JP3503139白光LED技术	上游
Osram	Citizen	InGaN蓝光晶片透过荧光粉转换为白光LED技术	上游

续表

原　告	被　告	专利内容	LED产业链位置
Nichia	Luxpia	和解，KR992103白光LED技术	下游
美国Columbia大学教授Neumark	Cree、Lumileds、Toyoda Gosei、Osram	侵犯其UPS4904618和UPS5252499专利	上游
Nichia	Doshisha Corporation	销售圣诞节灯饰侵犯其白光LED专利JP3503139	下游
Nichia	台湾先进开发	LED外观设计专利TW089036	下游
Nichia	宏齐	LED外观设计专利TW089036	下游
Nichia	亿光	LED外观设计专利TW089036	下游
Osram	今台电子	SMD型白光LED	下游
Lumileds	晶元光电，国联光电	侵犯其UPS5008718、UPS5376580、UPS5502316专利	上游

（资料来源：中国台湾LED上中下游专利布局之比较分析）

从表6-4中可以看出，日本的日亚化学（NICHIA）所发起的诉讼较多，可见日本专利垄断力度较大。由于国外企业掌控上游LED专利，处于主动地位，可以频频对下游LED企业发起诉讼。我国LED企业的处境十分被动。虽然目前来看，我国LED产业还未爆发大规模的“专利战”，但是“擦枪走火”现象逐渐增加，因此，为了预防可能爆发的大规模LED专利诉讼，我国必须制定严密的专利预警机制。

专利预警机制分为企业层面和产业层面两方面。就企业层面而言，比较简单，企业必须对某项技术进行全面的专利分析，从中找出其专利布局规律和技术特点，促进研发；另一方面通过专利分析对可能的竞争对手有一个了解，在以后的研发中避免进入到其专利的“雷区”，防范潜在的诉讼。产业的专利预警比较复杂，它必须全面具体地分析该产业涉及的所有的专利，避免将要发生的专利争端和侵权纠纷，由此建立起一系列的有效的警示和防范机制。如果企业一旦对于潜在的NPE（如高智公司）没有做到认真分析就会落入“专利陷阱”中。例如，在美国德州高智就利用其设立的“空壳”公司作为NPE起诉HTC从中获利，如图6-18所示。

从图6-18可以看出，根据美国德州的法律，公司注册时不需要揭露出最初

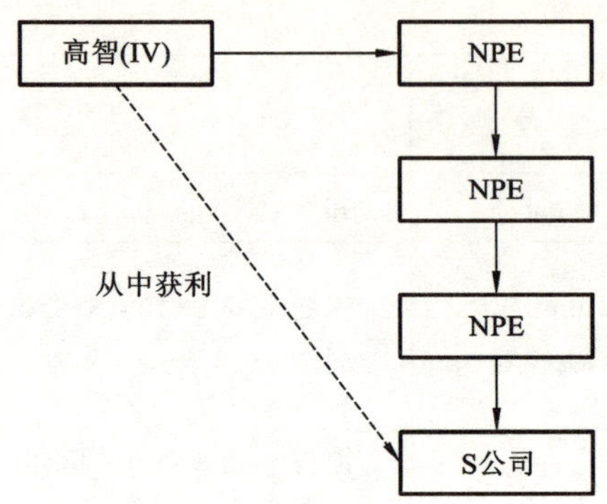

图 6-18　高智的诉讼策略

的原始注册人是谁，那么高智公司可以通过设立层层的 NPE 公司来对实体企业发起诉讼，使得被告难以找寻最初注册的法人。这样不仅可以通过专利诉讼获利且能够有效地规避《反垄断法》的规定，诉讼结束时这些 NPE 立马就消失。因此，我国 LED 企业应该高度警惕在 LED 市场上存在的“空壳公司”对我国 LED 企业发起的诉讼。

我国 LED 产业首先必须建立完整的产业专利数据库，进而全面了解竞争对手信息，制定技术研发的策略，建立起完善的专利管理机制，吸纳各方面的人才，将专利信息资源和人力资源结合起来，共同帮助 LED 企业建立专利预警机制。其次，我国应制定出相应的政策激励企业建立预警机制。

除此之外，我国也可以借鉴微软公司的做法。2013 年 9 月 3 日[①]，微软宣布，将以 72 亿美元收购诺基亚手机业务以及大批专利组合的授权。微软以 37.9 亿欧元收购诺基亚的设备与服务部门，同时以 16.5 亿欧元购买其 10 年期专利许可证，共计 54.4 亿欧元，约折合 71.7 亿美元。作为交易的一部分，诺基亚将向微软提供 10 年期非排他性专利授权。微软同时将向诺基亚提供与位置技术相关的专利授权。微软未来有权延长这一专利合作。微软同时也将获得诺基亚 Here 平台的授权，并成为诺基亚 Here 业务最大的客户，基于独立的授权协议付费。

通过这个例子可以看出，下游厂商为了避免侵犯上游厂商的专利权，可以通过垂直整合上游厂商以达到使用其专利的目的。上述例子中诺基亚成为了一个巨大的专利非实体(NPE)。在垂直整合的过程中，下游厂商和上游厂商要保持信息的对称性，因为只有在信息对称的基础上，下游厂商才能知道上游的厂商的哪些专利是自己需要的。它实际上是一种专利的集中战略，通过垂直整合将专

---

① 微软宣布 72 亿美元收购诺基亚手机业务，http://tech.sina.com.cn/t/2013-09-03/11258703121.shtml，访问时间 2013 年 9 月 16 日。

利权集中在少数几个大的企业，减少了阻碍技术发展的专利，不同程度地避免了被专利“敲竹杠”。此外，国家政府可以将高校和企业、科研机构有机结合在一起共同发展，同时企业应该有效地规避垂直整合后被反垄断审查，巩固其掌握的专利。

第三节 借鉴专利集中战略应对LED专利分散

一、专利集中战略概述

近几年来随着我国科技水平的日益提高，我国无论是专利申请量还是授权量都大幅度上涨。我国也是专利分散问题突出的发展中国家[①]，今后可能进入专利诉讼密集和专利“泛滥”的时代。国务院颁布了《关于加快培育和发展战略性新兴产业的决定》，明确提出将节能环保、新一代信息技术、生物、高端装备制造、新能源、新材料、新能源汽车等产业培育成为先导产业和支柱产业。我国如何解决专利“洪水”引导企业有效的创新和竞争？这都是需要我国从战略高度规划的大问题。目前，我国专利分散的趋势在将来无法避免。那么，在这种大环境下，企业和政府如何有效地控制和防范，使得专利分散给我国战略性新兴产业带来的负面影响最小？如何在囤积了大量专利的市场上使专利成为竞争的有力武器促进产品的商业化？这些都是我们应该考虑的问题。因此，我们一方面要看到专利分散给我国高科技产业带来的不利因素；另一方面，也要看到这些专利的创新产物给我国产业发展所带来的有利一面，只要积极引导这些专利促进企业发展，那么这些专利就会被我们所驾驭。

袁晓东(2010)认为解决专利分散带来的消极影响(例如“patent holder”等)应该包括法律、企业、合同、动态治理和竞争治理。长期以来大家都认为专利池是治理这些问题的有效办法，但是在形成专利池的过程中也不可避免地出现了各种问题。例如，协调成本以及专利池定义显得非常模糊，企业与市场的边界只粗略划分了配置资源的这两种基本制度机制。袁晓东，孟启勋(2011)认为开放式创新在促进专利交易需求和创新次级市场发展的同时，也可能会扩大“专利激增”的负面效应，这种负面效应主要表现为两个方面：一是开放式创新可能加剧“专利丛林”现象；二是开放式创新还可能引发“专利诉讼爆炸”等问题。为了解

---

① 中国高技术产业发展促进会知识产权战略研究课题组.我国进入“专利丛林”时代的若干思考——我国迫切需要从战略高度重新配置专利审查、专利司法等领域的制度资源[J].知识产权，2013.

决这种“专利激增”带来的负面效应，一般可以采取交叉许可、专利池的集中授权模式以及专利经营公司治理模式。专利池和专利经营公司的治理模式在一定程度上可以消除专利实施中的授权障碍，并降低专利许可的交易成本。但从根本上而言，专利池的集中授权模式并不可能完全解决“专利丛林”问题。部分专利经营公司的模式还可能引发“专利诉讼爆炸”。因此，需要在不同经营模式的竞争和调适之中来提高治理的效率。

他们指出在专利量暴涨的今天，专利战略逐渐从“一体化战略”向“集中化战略”转变。这些“创新整合者”的战略实践突破了传统专利战略的研究范畴，通过将分散专利汇集在一起来实现专利集中管理的战略目标。这也预示着一种新兴的战略类型——“专利集中战略”开始出现，并将被交易市场上越来越多的专利经营企业所采用。所谓“专利集中战略”是指选择一个特定的并具有竞争优势的细分技术领域，尽可能地将该技术领域的专利集中经营以获得收益的一种市场行为（袁晓东，孟奇勋，2010）。“专利集中战略”是“集中战略”或者“利基战略”在专利领域中的具体运用，它通常包括“选择”与“集中”两个阶段。“选择”是指从众多技术领域中，选择适合专业分工管理的专利或专利组合（袁晓东，孟奇勋，2010）。按照专业分工应具备的条件，可供选择的专利领域必须具有足够大的市场规模，存在大量生产性资本的投入，能够产生报酬递增的正向激励并且能有效降低交易成本。选择完毕之后就需要适当“集中”，即通过合同、收购、信托等方式，将特定领域分散在各专利权人手中的专利汇集起来集中进行管理（袁晓东，孟奇勋，2010）。

二、我国LED产业借鉴专利集中战略的建议

如今，开放式创新已经成为时代创新的主流，随着技术多样性的发展，创新的分工越来越细，这就面临着一个问题，即在产品制造的每一个过程中可以分别由不同的主体去完成，同时，在每个步骤中可产生专利的地方也很多，生产过程越复杂，技术等的分散性和多样性也就越多，这就代表着互补性的专利需求也就越多。换句话说，厂商加工这些产品实际上都是站在巨人的肩膀上进行的，不可避免地对于知识产品的要求越来越高。例如，LED的显示屏是由LED产业链上中下游的外延、晶片以及下游的封装技术和关于显示屏的其他技术所完成的，这中间蕴含着上千件专利。因此，通过发展专利资产的集中经营管理模式，不仅可以有效克服市场失灵现象，同时还可以降低专利交易成本，并且为解决互补性问题提供了一条有效的途径。为了快速有效并以低成本来获取互补性专利，企业需要将互补性专利集中起来管理与使用（袁晓东，孟奇勋，2010）。其目的就在于克服由于过多专利授权而使创新者难以将创新商业化的危害。基本运作模式

首先是收集某技术领域的全部专利，然后，对这些专利技术进行识别，区分基础专利、补充专利、竞争专利和阻止专利，组成专利池（袁晓东，孟奇勋，2010）。其次，与池内所有专利权人达成许可协议，选择管理模式，确定专利许可政策。最后，由受托人管理专利池，并执行专利许可政策（袁晓东，孟奇勋，2010）。国外的一些 LED 照明企业已经开始向上中游专利市场进行伸展以达到专利集中的目的，例如，夏普分别与日本 LED 制造商丰田合成和德国公司合作，就 LED，激光二极管专利及光电半导体元件，照明产品及其组件，涵盖了 LED 芯片（发光二极管芯片）、激光二极管芯片的相关专利，达成了多项交叉许可协议①。按照协议，参与方都同意共同使用自家在日本和其他国家拥有的蓝光、高清 DVD 设备的 LED、激光二极管专利。该协议包含 900 项夏普专利和 700 项丰田合成专利。夏普和丰田合成均表示，双方将加强合作促进 LED 产业的发展②。

三、专利集中战略与其他专利战略的比较分析

我国 LED 产业有必要实行“专利集中战略”将 LED 专利集中起来进行管理，以避免专利的过于分散给中小企业带来经济负担。LED 产业的构成是由上中下游产业共同构成，如果运用“专利集中战略”的思想来构建一个类似于专利经营公司或者专利池的组织，那么在这个组织内必须包含了 LED 上中下游质量较高的专利，尤其是上中游的外延和芯片专利。这个组织的资金投入可能非常庞大，不仅对专利量有要求而且对专利质量也有要求。第一种运作模式是上游的 LED 专利权人率先对专利市场价值做评估，然后许可给下游的 LED 制造商，下游的 LED 制造商把产品推向市场，获得的利润与上游的 LED 专利权人一起分享，大家将专利拿出来集中管理，共同经营这个组织；第二种运作模式就是上游 LED 专利权人拒绝下游的 LED 制造商加入到这个组织，上游的 LED 专利权人自己组建一个类似于这样的专利经营公司或者 NPE，然后成为价格领导厂商，自行决定专利的许可费，这就像一个斯坦伯格市场，最终 LED 产品价格受到专利许可费的制约。两种 LED“专利集中战略”构建如图 6-19 所示。

为了比较我国 LED 专利集中战略构建两种模式以及专利池与专利许可之间的优劣，本节将构建博弈模型来研究分析到底哪一种专利战略对于我国 LED 企业发展具有一定优势。沿用第二章假设的模型，考虑一个由上下游两部分构

① 欧司朗与夏普签订 LED 领域专利交叉许可协议. http://www.cnledw.com/info/newsdetail-35922.htm. 访问时间：2013 年 12 月 3 日。

② 夏普与丰田合成签署 LED 专利交叉授权协议. http://news.mydrivers.com/1/152/152721.htm. 访问时间：2013 年 12 月 3 日。

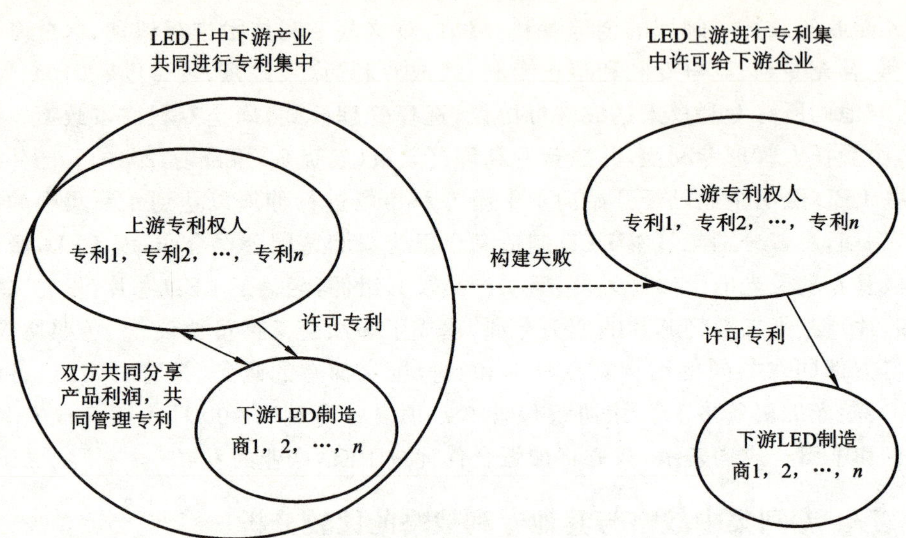

图 6-19　我国 LED 产业专利集中战略两种模式的构建

（资料来源：本研究整理）

成的 LED 市场，假设这个市场中的上下游企业信息是不对称的，假设上游企业是两类专门从事 LED 外延芯片专利许可的企业，即我们常说的 NPE 或者“专利 holder”、“专利流氓”，我们将其命名为 A、B 类企业。下游是专门从事 LED 产品生产的企业 D(d_1,d_2,…,d_n)，这类企业是无专利或者专利质量不高的企业。假设 A 企业(A_1,A_2,…,A_n)和 B 企业(B_1,B_2,…,B_m)专利是“互补型”专利，在包含了这三类企业的市场中，上下游市场可以说是信息不对称的市场，上游专利许可企业许可价格可以自己制定，且成本为 0。在这种情况下，我们设在下游产品的反需求函数为：$P=a-Q$，$a>0$，c 为除专利许可成本以外的其他成本。市场需求量 Q 为所有 D 企业产量之和，即 $Q=\sum q_{d_i}$。第二章已经证明，该下游市场是完全竞争，当上游企业将专利许可给下游的企业，此时双方利润为：

$$\prod_{D}=PQ=(a-c)(c+a(m+n))/(n+m+1)^2 \tag{6-1}$$

$$\left.\begin{aligned}\prod_{A_i}&=(a-c)^2/(n+m+1)^2\\ \prod_{B_i}&=(a-c)^2/(n+m+1)^2\end{aligned}\right\} \tag{6-2}$$

假设当上游企业一起组建专利池，此时的专利许可费设为 l_p，那么上下游市场利润分别为

$$\prod_{D}=PQ=(a-c-l_p)(c+l_p) \tag{6-3}$$

$$\prod_{l_p} = l_p(a - c - l_p) \tag{6-4}$$

由式(6-3)、式(6-4)可求得

$$l_p = (a - c)/2$$

$$P = (a + c)/2$$

$$\prod_{D} = (a^2 - c^2)/4$$

$$\prod_{l_p} = (a - c)^2/4$$

当LED产业将上游专利权人的专利集中起来进行管理，这种集中模式有一点类似于专利池，但不等同于专利池。它较专利池规模大且所需专利要求涵盖LED产业中的上中下游，相当于“专利池中之池”。LED上下游企业共同决定上游专利许可的费用及产品定价，而不再是由上游专利权人单独制定许可费，这样下游企业可以避免被告和节约了成本，上游专利权人也可以分享LED产品的市场利润。这里不妨设这个组织将上游LED专利集中起来的费用为A，这种集中方式可以是购买发明人的专利或者通过交叉许可、信托、合同等方式获得；回收这些专利的回收率设为$\lambda(0 \leqslant \lambda \leqslant 1)$，这个组织的固定成本设为$C_0$，参考广告学和运筹学的相关文献(李新然，牟宗玉，宋志成，2013)，固定成本C_0和λ成正比函数关系，表示为$C_0\lambda^2$，由此可得上下游企业的利润函数为

$$\prod_{D} = (P - c - l_p)(a - P) \tag{6-5}$$

$$\prod_{l_p} = (l_p - \lambda A)(a - P) - C_0\lambda^2 \tag{6-6}$$

当在上述的专利集中战略的框架下，该组织的利润设为$\prod_{G}$，双方都以组织实现利润最大化为目标，其利润函数表示为

$$\prod_{G} = (P - c - \lambda A)(a - P) - C_0\lambda^2 \tag{6-7}$$

依据式(6-7)可求得

$$\lambda = A(a - c)/(A^2 - 4C_0)$$

$$P = (A^2a - 2aC_0 - 2cC_0)/(A^2 - 4C_0)$$

$$\prod_{G} = (C_0(a - c)^2)/(A^2 - 4C_0)$$

如果上游LED专利权人拒绝下游的LED应用厂商加入组织，那么该组织实际上成为了由上游LED专利权人主导的stackelberg博弈市场，这个组织可以视为一个专利经营公司或者NPE，他们自己制定许可价格以及收购专利计划以实现利润最大化，下游LED制造企业则在接受专利许可费的基础上自行决定产品价格以实现利润最大化，最终的均衡为子博弈精炼“纳什均衡”，采取逆向递归法，由式(6-5)可求得P关于l_p的函数为

$$P = (a + l_p + c)/2 \tag{6-8}$$

将式(6-8)代入式(6-6)可得

$$\prod_{l_p} = (l_p - \lambda A)((a - c - l_p)/2) - C_0\lambda^2 \tag{6-9}$$

由式(6-9)可得

$$l_p = (A^2 - 4\,C_0)(a - c)/(A^2 - 8C_0) \tag{6-10}$$

$$\lambda = A(a - c)/(A^2 - 8C_0) \tag{6-11}$$

把式(6-10)代入式(6-8)可得

$$P = (A^2 a - 6aC_0 - 2cC_0)/(A^2 - 8C_0) \tag{6-12}$$

由式(6-10)至式(6-12)可得

$$\prod_D = 4{C_0}^2(a - c)^2/(A^2 - 8C_0)$$

$$\prod_{l_p} = (C_0(a - c)^2)/(A^2 - 8C_0)$$

由上述分析可得出四种专利战略的市场绩效,如表 6-5 所示。

表 6-5　四种专利战略的市场绩效

决策量	LED 上中下游专利集中战略	LED 上游专利集中战略	专利池	专利许可
P	$(A^2a-2aC_0-2cC_0)/(A^2-4C_0)$	$(A^2a-6aC_0-2cC_0)/(A^2-8C_0)$	$(a+c)/2$	$(c+a(m+n))/(n+m+1)$
l_p	N/A	$(A^2-4C_0)(a-c)/(A^2-8C_0)$	$(a-c)/2$	$(a-c)/(n+m+1),(a-c)/(n+m+1)$
λ	$A(a-c)/(A^2-4C_0)$	$A(a-c)/(A^2-8C_0)$	N/A	N/A
$\prod_{l_p}$	N/A	$(C_0(a-c)^2)/(A^2-8C_0)$	$(a-c)^2/4$	$(a-c)^2/(n+m+1)^2,(a-c)^2/(n+m+1)^2$
$\prod_D$	N/A	$4{C_0}^2(a-c)^2/(A^2-8C_0)$	$(a^2-c^2)/4$	$(a-c)(c+a(m+n))/(n+m+1)^2$
$\prod_G$	$(C_0(a-c)^2)/(A^2-4C_0)$	N/A	N/A	N/A

从表 6-5 中可以看出,如果采用 LED 上中下游专利集中战略,那么无论是双方的利润还是专利收购率都优于仅有 LED 专利权人组成的 NPE 的专利战略,且产品价格前者也低于后者。这代表着在国外 LED 企业发生专利诉讼后,彼此以交叉授权的方式形成了稠密的专利技术网络,建立了一个比较完整的“专利俱乐部”。中国 LED 企业必须想办法进入 LED“专利俱乐部”,从而才能获得

技术上的优势,否则只能被动接受由国外LED企业主导的LED专利市场价格。相较于专利许可策略,无论是专利集中战略还是专利池,都为企业节约了不少成本,提升了利润空间。但是也存在不少问题,例如,采用专利池和专利集中战略除了要考虑许可费以外,还要考虑专利的质量问题,因为上游的LED专利许可人不可能完全按照企业要求的专利来许可。为了利益,它一定是将手中的专利一揽子全部许可出去。虽然比企业向N个专利权人支付许可费要节约不少成本,但是可供企业选择所需专利的余地就不如单独许可的策略。此外,构建一个包含LED上游专利权人和下游的LED产品制造商的专利经营组织,就必须考虑这个组织的运营成本,如何集中企业所需专利以及集中这些专利的成本,因为这个组织构成非常复杂庞大,规模比一般的专利池要大得多,且所需构建资金和运营周期均超过了一般的专利池。所以,如果要构建这个LED专利组织可能需要政府和第三方资金的资助。

第四节 案例分析

本研究中相关课题组对中国LED专利联盟进行调研,其基本情况如下:2009年7月7日,深圳LED产业标准联盟正式成立。42家单位在联盟成立时加入。在部分成员单位带头、其他成员单位建议之下,联盟共形成标准11项,入盟单位数量增加到了80多家。深圳LED专利池成立。

2010年8月18日,在深圳LED产业标准联盟的牵头下,7家企业正式加入深圳LED专利池。深圳LED专利池组建期间,21家会员单位共向LED产业标准联盟提供462项专利进行审查和分析,最后,共7家企业的200多项专利通过审核。在这200多项专利产业链中,下游应用多,中游封装少,上游芯片几乎没有。专利类型上,攻击型专利0项,防御型专利8项,保护型专利35项,商业应用型专利290项。所建专利池有以下特点。①发明专利占比较少,实用新型相对较多。由于实用新型授权周期短,发明专利授权周期长,不实用,故不能起到保护作用。②外观专利占比较大。外观专利是目前保护产品的重点,因判定执行较为容易。专利池对企业的许可方式不做要求,可对外许可,但对外许可的费用需高于对内许可。③专利池内许可费的收取与企业的专利数量和核心专利数量挂钩。其中最有名的两家LED企业是深圳市航嘉驰源电气股份有限公司、深圳市邦贝尔电子有限公司,两家公司的基本情况如图6-20所示。

企业名称:深圳市航嘉驰源电气股份有限公司(深圳 LED 专利池普通成员)	企业名称:深圳市邦贝尔电子有限公司
• 主营产品:PC 电源,充电器,适配器,LED 照明,LED 电源(PC 电源连续八年排名国内 PC 电源行业首位,世界电源企业排名第五位,是中国内地最大的 PC 电源生产基地。) • 经销地区:中国,英国,欧盟,日本,美国等。 • 产品经销方式:订单生产	• 主营产品:主要从事 LED 路灯,LED 隧道灯,LED 室内照明,LED 交通灯及智能控制产品的生产经营。(产品除广泛应用于全国重点项目和大中城市外,还出口至全球 140 多个国家和地区,为中国内地最大的 LED 路灯出口商) • 主营产品锁定 LED 路灯和 LED 隧道灯,得益于政府帮助和支持。 • 处于产业链的封装和应用段。 • 出口占总销量的六七成

图 6-20 两家 LED 企业介绍

深圳市航嘉驰源电气股份有限公司专利战略为"产业专利化,专利标准化,标准垄断化",企业有专利专员从事知识产权事务,有较强的专利防范意识。产品多以外观设计和实用新型的方式保护,发明专利数量不多。在美国有过专利申请(实用新型)。企业入池目的在于与其他企业之间相互交流,达成共识,将自己目前的产品在地区内形成标准,降低成本,提高销售量。

入池成效:LED 产品收益不大,入池初期效果甚微,但前景看好。以 LED 产业标准联盟为代表的第三方检测组织,对工业和产业的发展有实际的意义。基本未与国外公司产生知识产权纠纷(公司主要针对应用和封装,芯片均为进口,故一般不会涉及诉讼)。与台湾企业诉讼相对较多,政府应多进行专项技术投资,目前的技术研究太过分散,造成重复研究。

深圳市邦贝尔电子有限公司保护意识不强,仍处于专利跟着产品跑,保专利而不是保产品阶段。曾有过 PCT 申请,但由于费用原因终止。申请的专利保护力度不强,技术开发人员和技术工程师的知识产权意识尚待提高。目前未出现被诉情况,未采取专利策略。(未上市,且销售额远小于 1 亿美元,不会成为国外企业的下手对象)。目前专利池中的垃圾专利较多,且对于全球专利的分析空缺,对于成立专利池的收益情况没有具体的短中长期目标。

目前,国外企业开始了新一轮的 LED 行业诉讼,对国内外企业的专利分析的工作量是非常大的。如果单靠民间组织来进行,效果会非常不明显。政府在技术和费用上的支持将对企业应对国外诉讼有很大的帮助。目前,基础专利多掌握在科研院所中,由于科研院所的产业化能力有限,很多技术无法实施;而企业的技术研发能力有限，企业在中上游很难有突破，故政府可以积极促进、牵头产学研合作。但是，就调研的LED专利池来看，专利池的构建还不够成熟完善，池中的专利数量和入池的企业也较少，最关键的是专利池中专利质量较低，与专利池发展的高级阶段"池中池"有很大差距。因此，利用高校和科研院所创新的源头，借助政府资助发明创造优先在本国运用，应是我国企业制定专利策略遵循的一个基本原则。如果以政府资助的发明创造与外国公司合作，不仅可能泄露国家秘密，而且可能优先扶植国外企业或者压制新技术在本国的运用。如果国外专利公司采取不许可的"阻挠策略"，或者优先许可国外企业，将不利于我国民族工业发展。高校等科研机构必须和我国企业联合起来积极支持我国LED专利池的构建，向LED企业提供专利。我国应制定相关政策，规范专利池让其促进产业创新，同时也要建立起有效完善的反垄断机制监督专利池，加强专利管理。

第七章 结　　论

从宏观层面来看，我国LED产业专利呈现出绝大部分专利权人掌握少量专利、较少专利权人的专利却较为集中的专利分散趋势。本书从对我国LED产业专利分析出发，在验证我国LED产业专利分散程度的基础上，探究了形成专利分散的因素及专利分散对产业发展导致的影响，对两者均进行了理论和实证研究分析。对于研究专利分散及对我国战略性新兴产业的影响有启发意义，并深入分析我国LED产业目前的发展状况，对比研究了国内外应对专利分散的策略及相关法规政策制度，最终提出运用专利集中战略来应对专利分散问题并进行了相关理论分析、案例研究，为我国LED产业及其他战略性新兴产业健康良好的发展提供有力的支持，保驾护航，以此来提升我国战略性新兴产业的竞争力。

第一节 主要结论

随着我国LED产业和技术的不断发展，LED给我国产品市场带来了巨额的收益，出口贸易日益增长。但是，近几年来随着我国LED市场的发展，不断涌现出新的专利权人且每年专利量和专利权人数也不断飙升，我国LED遭遇的专利侵权诉讼案件也在不断增多。国外LED技术优势企业或者其他LED专利权人不断向我国LED企业发动诉讼，收取巨额的赔偿费和专利许可费且形成技术壁垒排挤我国企业。

在国外，尤其是美国，在一些特定复杂技术领域，专利由众多专利权人享有，呈现分散趋势。20世纪80年代以前，一项专利预示着一项创新产品。进入21世纪，一项创新产品可能需要运用成百上千件专利。从药品到通信，从高铁到LED，越来越多的创新产品需要利用大量专利，但是这些专利却由不同权利人所有。对于需要运用大量专利的复杂产品而言，每一项专利都是必不可缺的，彼此之间形成互补性关系。在不侵犯专利的情况下，生产某项复杂产品必须获得所有专利人的许可。涉及的专利数量越多，专利权人越分散，达成专利许可的成本也就越高，由于价值取向和利益偏好的差异，众多专利权人可能相互阻碍，专利无法有效利用，导致专利闲置。财产权能够创造财富，但太多的所有人浪费资源。

众所周知，当年我国DVD产业被国外多个企业提出专利侵权诉讼及索要专利许可费，这几乎给我国DVD产业造成了毁灭性的打击。如今，LED是未来公认的最具发展潜力的照明产业并会全面取代白炽灯成为下一代的照明设备，我国已经把LED产业列为大力发展的战略性新兴产业并且投入了巨额的资金用于其发展。鉴于国外新兴产业和我国DVD产业的教训，我国LED产业面临以下问题：是否存在着上述的专利分散现象？如何验证我国LED专利分散的程度？以及如果存在专利分散，我国应该如何去应对专利分散所造成的不利影响？

本书主要围绕以上的背景和问题进行研究，得到以下的研究结论。

(1) 利用财产权的私权属性理论探究了专利分散的权利“片段化”问题。由于，专利属于无形资产，是人们智慧的结晶，因此，它也属于人们的财产，具有财产权的性质，受到法律的保护。正是由于它具备财产权的所有特征，所以其他人不能无偿使用，而这恰恰就是形成专利权“片段化”的根本的源头。

(2) 为了深入探究专利分散在企业的研发活动中是如何形成的，本书利用博弈模型假设了两家企业在静态和动态环境中是如何进行竞争和研发，专利是如何影响企业的。结果发现:在没有外部竞争的压力且无需太多互补专利的条件下,企业会采取“垂直一体化”的战略,在产品研发的最后阶段才申请少量的专利将产品推向市场;当存在另外一家与其竞争的企业或者技术过于复杂需要互补专利,短时间内无法获得垄断利润时,它就会加大研发力度,采取“开放式创新”在研发的各个阶段申请所需的互补专利或者购买竞争者的专利,使用之前已经获得的专利来加快研发步伐,牵制对手,同样根据“纳什均衡”,竞争对手也会采取相应的策略,直到双方达到均衡。这样产生了互补专利且掌握在不同的专利权人手中。技术的日趋复杂和企业缩短研发周期抢占利润是造成专利分散的根本原因。

(3) 通过博弈模型分析说明了专利分散对企业和消费者所带来的危害。结果显示,如果专利分散会进一步阻碍需要这些专利生产产品的企业,因为这些企业必须向这些专利权人支付大量的许可费,且专利权人过多和需要的互补专利过多,会进一步导致许可费的增多。那么企业会逐步退出市场,同时也会影响到许可人和消费者的利益,降低整个社会的福利。

(4) 为了验证在我国 LED 产业中是否存在专利分散现象,本书首先论述了国外一些测量专利分散的方法,结果发现,国外的这些测量方法全部基于专利的引文且存在很大的滞后性。国外学者主要运用的测量数据只是选取的部分企业的专利数据,而没有对于整个产业进行研究;国内学者主要针对地区的专利集聚程度进行实证分析,并未在真正意义上进行专利分散的测量且涉及的文献较少。本书利用分形理论、集中度公式、分散度公式、分割指数、首位度法则从不同维度证明了我国 LED 专利存在分散趋势,且国外企业专利量处在上游,我国企业处在下游,形势对我国企业极为不利。

(5) 实证研究了影响我国 LED 专利分散形成的因素和专利分散对我国 LED 产业的影响。研究显示,专利权人数、研发人数、技术复杂度、合作者数量和专利量、技术标准等因素对 LED 专利分散的形成有一定的促进作用,其中技术标准存量对专利分散的影响最大,这表明我国 LED 标准不统一,也是造成专利分散的原因之一;随着 LED 每年专利量和专利权人数量的增多,造成专利转移和许可数量增加,企业不得不支付大量的专利许可费才能使用专利,且非正常失效的专利量也开始增多,造成了资源的浪费。

(6) 针对我国 LED 出现的专利分散问题,本书列举了国外应对专利分散的措施,提出了综合利用专利集中战略和其他措施的建议来应对专利分散。通过博弈模型比较了两种专利集中战略模式和专利池。

第二节 研究不足

就笔者所知，研究专利分散的文献尤其是测量专利分散的文献非常少，对于整个产业进行专利分散的测量几乎没有。本书以我国LED产业为例，进行了尝试性的研究，但还有许多问题有待进一步研究。

(1) 理论上形成专利分散的因素不止研发周期因素，本书的博弈模型只是假设了两个企业之间的互动，但是实际情况更复杂。因此，未来将考虑多人博弈模型，并尽可能地加入一些因素来探讨研究。

(2) 在测量专利分散的方法上还存在着不完善之处。例如，国外的测量方法因为基于专利引文且没有对整个产业进行研究，而中国的专利文献并没有要求必须有引文，由于专利引文数据不全，不能适用国外专利分散的测量方法。本书选取的测量专利分散的数据只能基于产业中的专利量和专利权人数，通过观察它们的动态变化来验证专利是否存在分散，但这些方法并未考虑到LED专利中互补性专利在专利权人中分散的情况。由于专利数据量过大，并且专利数据有很强的滞后性，所以目前无法区别出互补性专利以及近几年专利分散趋势是否明显，未来要继续研究如何精细测量专利分散。

(3) 实证研究上选取影响LED专利分散形成的因素所提出的变量有限，有一些因素并未考虑进去。例如，国家的科技政策和法规是否对专利分散有影响，我国LED研发投入的具体数据不够精确，LED标准包含了哪些专利，这些专利的具体分布情况很难获得。未来要尽可能地加入这些变量获取相关数据，实证分析它们对专利分散形成的影响以及检验未来LED专利分散趋势是否更加明显。

(4) 所提出的应对专利分散的建议是参考国外的应对措施，是否在中国LED产业可行有待进一步论证；所提出的专利集中战略尚处于理论状态，未来要深入论证分析专利集中战略应对专利分散的可行性。

参考文献

References ◂

[1] Adam B. Jaffe, Josh Lerner, Scott Stern. Innovation Policy and the Economy[M]. MIT Press, 2001(1): 119-150.

[2] Aghion, P., P. Howitt. A Model of Growth Through Creative Destruction [J]. Econometrica, 1992, 60(2): 323-351.

[3] Allen R H, Sriram R D. The Role of Standards in Innovation [J]. Technological Forecasting and Social Change, 2000, 64(2-3): 171-181.

[4] Andrei Hagiu. Two-Sided Platforms: Product Variety and Pricing Structures[J]. Journal of Economics & Management Strategy, 2009, 18 (4): 1011-1043.

[5] Aoki R, Schiff A. Promoting Access to Intellectual Property: Patent Pools, Copyright Collectives, and Clearinghouses[J]. R&D Management, 2008, 38 (2): 189-204.

[6] A. S. SOLIMAN. Fractals in Nonlinear Economic Dynamic Systems[J]. Chaos, Soltions& Fractals, 1996, 7(2): 247-256.

[7] Basak S, Shapiro A. Value—at—risk—based risk management: optimal policies and asset prices[J]. The Review of Financial Studies, 2001(2).

[8] Bawa R, et al. Protecting New ideas and Inventions in Nanomedicine with Patents[J]. Nanomedicine: Nanotechnology, Biology, and Medicine, 2005, 1: 150-158.

[9] B. B. Mandelbrot. How long is the coast of Britain? Statistical self-similarity and fractional dimension[J]. Science, 1967, 156: 636-638.

[10] Benoit Mandelbrot. FRACTAL AND MULTIFRACTAL FINANCE Crashes and Long-Dependence[EB/OL]. http://users.math.yale.edu/mandelbrot/webbooks/wb_fin.html.

[11] Bertrand, J. Theorie mathematique de la richesse sociale[J]. Journal des savants, 1883: 499-508.

[12] Bessen. A Generation of Software Patents [EB/OL]. https://works. bepress. com/james_bessen/1/.

[13] Blind K. Driving Foroces for Standardization and at Standardization Development Organizations [J]. Applied Economics, 2002, 34 (6): 1985-1998.

[14] Bronwyn H. Hall, Dietmar Haroff. Post-Grant Reviews in the U. S. Patent System Design Choices and Expected Impact [EB/OL]. HEINOLINE, 2004, at http://heinonline. org/ HOL/LandingPage? collection = journals&handle=hein. journals/berktech19&div=52&page=.

[15] Bronwyn H. Hall, Megan MacGarvie. THE PRIVATE VALUE OF SOFTWARE PATENTS[R]. NBER working paper, 2006: 12195.

[16] Carl Kaysen, Donald F. Turner. Antitrust Policy[M]. Cambridge, Mass: Harvard University Press, 1959.

[17] Carl Shaprio. Navigating the Patent Thicket: Cross Licenses, Patent Pools, and Standard Setting [J]. Innovation Policy and the Economy, 2000.

[18] Carl Shaprio. Antitrust limitis to patent settlements [J]. RAND Journal of Economics, 2003, 34(2): 391-411.

[19] Carl Shapiro. Injunctions, Hold-Up, and Patent Royalties [J]. American Law and Economics Review, 2010: 280-318.

[20] Cassiman B, Veugelers R. In Search of Complementarity in the Innovation Strategy: Internal R&D and External Knowledge Acquisition [J]. Management Science, 2006, 52(1): 68-82.

[21] Catherine Tucker. Patent Trolls and Technology Diffusion [EB/OL]. Massachusetts Institute of Technology (MIT) Management Science (MS), 2011: 1-36. http://papers. ssrn. com/sol3/papers. cfm? abstract_id =1976593. 2013-9.

[22] Cavers, R. E, Porter, M. E. From Entry Barriers to Mobility Barriers: Conjectural Decisions and Contrived Deterrence to New Competition [J]. Quarterly Journal of Economics, 1977, 91(1): 241-261.

[23] Chen. Competitor Analysis and Interfirm Rivalry: toward a Theoretical Intergration [J]. Academy of Management Review, 1996, 21(1): 100-134.

[24] Chen, M. J, Miller, D. Competitive attack, retaliation and Performance—an expectancy valence framework [J]. Strategic Management Journal, 1994, 15(2): 85-102.

[25] Chen, M. J, MacMillan, I. C. Nonresponse and Delayed Response to Competitive Moves: The Roles of Competitor Dependence and Action Irreversibility [J]. Academy of Management Journal, 1992, 35 (3): 539-570.

[26] CHIEN, C. V. Of Trolls, Davids, Goliaths, and Kings: Narratives and Evidence in the Litigation of High-Tech Patents [J]. North Carolina Law Review, 2009(87).

[27] Clair Wilcox. Public Policies Toward Business [J]. Homewood, Illinois: R. D. Irwin, 1966.

[28] Clark D, Konrad K. Fragmented Property Rights and Incentives for R&D [J]. Management Science, 2008, 54(5): 969-981.

[29] Clarkson, G., 2004: Objective Identification of Patent Thickets: A Network Analytic Approach, Harvard Business School Doctoral Thesis.

[30] Clarkson, G., 2005: Patent Informatics for Patent Thicket Detection: A Network Analytic Approach for Measuring the Density of Patent Space, Working Paper, University of Michigan.

[31] Clarkson. The problem of patent thickets in convergent technologies [J]. Annals of the New York Academy of Sciences, 2006, 1093: 180-200.

[32] Cockburn L, MacGarvie M, Muller E. Patent Thickets, Licensing and Innovative Performance[R]. Working Paper, Boston University School of Management, 2009.

[33] Cohen, W. M., Nelson, R. R, Walsh, J. Appropriability conditions and why firms patent and why they do not in the U. S. manufacturing sector[R]. Carnegie Mellon University, working paper, 1997.

[34] Corwin, D. Edwards. Maintaining Competition [J]. New York: McGraw-Hill, 1994.

[35] Cournot, Augustin. Researches into the Mathematical Principles of the Theory of Wealth. New York: MacMillan, 1838, 1897.

[36] Denicolo V. Patent races and optimal patent breadth and length [J]. Journal of Industrial Economics, 1996, 44(3): 249-265.

[37] Donald Stevenson Watson, Mary A. Holman. The concentration of patent

ownership in corporations [J]. Journal of Industrial Economics, 1970, 18 (2): 112-117.

[38] Drew Fudenberg, Jean Tirole. The Fat-Cat Effect, the Puppy-Dog Ploy, and the Lean and Hungry Look [J]. The American Economic Review, 1984, 74(2): 361-366.

[39] Drew Fudenberg, Jean Tirole. Game Theory[M]. Massachusetts Institute of Technology, 1991.

[40] Edgeworth, F. La Teoria pura del monopolio [J]. Giornale degli Economisti, 1897: 13-31.

[41] David J. Teece. Profiting from technological innovation: Implications for integration, collaboration, licensing and public policy [J]. Research Policy, 1986, 15(6): 285-305.

[42] Donald S. Chisum. PATENTS: A TREATISE ON THE LAW OF PATENTABILITY, VALIDITY AND INFRINGEMENT&19.01, at 19-5, 1996.

[43] F. Machlup. The Political Economy of Monopoly[M]. Baltimore: Johns Hopkins Press, 1952.

[44] FTC. To Promote Innovation: The Proper Balance of Competition and Patent Law and Policy. Washington, D. C. Federal Trade Commission, 2003.

[45] Galasso A, Schankerman M. Patent Thickets and the Markert for Innovation: Evidence from Settlement of Patent Disputes [R]. NBER Working Paper, 2008.

[46] Gambardella A, Giuri P, Luzzi A. The Market for Patents in Europe [J]. Research Policy, 2007, 36(8): 1163-1183.

[47] George W. Stocking, Myron W. Watkins. Monopoly and Free Enterprise [J]. New York: Twentieth Century Fund, 1951.

[48] Gjerde, K. A. P., S. A. Slotnick, M. J. Sobel. New Product Innovation with Multiple Features and Technology Constraints [J]. Management Science, 2002, 48(19): 1268-1284.

[49] Gilbert R, Newbery D. Preemptive Patenting and the Persistence of Monopoly [J]. American Economic Review, 1982, 72(2): 514-526.

[50] Gino Cattani. Preadaptation, firm heterogeneity, and technological performance: a study on the evolution of fiber optics, 1970-1995 [J]. Organization Science, 2005, 16(6): 563-580.

[51] Graevenitz G, Wagner S, Harhoff D. How to measure patent thickets—A novel approach[R]. working paper, Munich School of Management, 2009.

[52] Graff Zilberman. An intellectual property clearinghouse for agricultural biotechnology [J]. Nature Biotechnology, 2001, 19: 1179-1180.

[53] Graham, S. J. H, Harhoff, D. Separating Patent Wheat from Chaff: Would the U. S. Benefit from Adopting a Patent Post-Grant Review? [EB/OL]. 2009, Available at SSRN: http://ssrn.com/abstract=1489579, 2013-10.

[54] Grossman, G. M, E. Helpman. Quality Ladders and Product Cycles [J]. QJE, 1991, 106(2): 557-586.

[55] G Van Overwalle. Dealing with patent fragmentation in ICT and genetics: Patent pools and clearing houses [J]. Peer-reviewed Journal on the internet, 2007, 12(6): 1-13.

[56] Gwendolyn G. Ball, JP Kesan. Transaction Costs and Trolls: Individual Inventors, Small Firms and Entrepreneurs in Patent Litigation [C]. University of Illinois Law & Economics Research Paper No. LE09-005, 2009.

[57] Hall, B, Ham, R. M. The patent paradox revisited: Firm strategy and patenting in the U. S. semiconductor industry[C]. NBER Conference on Patent System and Innovation, Jan. 8, 9, Santa Barbara, Working Paper, 1999.

[58] Hall H. , Ziedonis R. . The Patent Paradox Revisited: An Empirical Study of Patenting in the U. S. Semiconductor Industry, 1979-1995 [J]. RAND Journal of Economics, 2001, 32: 101-128.

[59] Hardin. The Tragedy of the Commons, 162 SCIENCE 1243, 1968.

[60] Hargadon A. How Breakthroughs Happen: The Surprising Truth About How Companies Innovate [M]. Boston: Harvard Business School Press, 2003.

[61] Harhoff, D. , Graevenitz, von, G. , Wagner, S. Conflict Resolution, Public Goods and Patent Thickets[R]. Munich, Germany: LMU. Mimeo, 2012: 1-40.

[62] Heller, Michael, Rebecca Eisenberg. Can Patents Deter Innovation? [J]. The Anticommons in Bio-medical Research, Science, 1998, 280 (1): 698-701.

[63] Helmers, C. , McDonagh, L. , Trolls at the High Court? [R]. Research

Report, UK IPO, 2012: 1-38.

[64] Hendricks. The Output Processes of Serial Production Lines of Exponential Machines with Finite Buffers [J]. Operations Research, 1992, 40(6): 1139-1147.

[65] Henry Chesbrough, Wim Vanhaverbeke, Joel West. open Innovation: Researching a New Paradigm[M]. Oxford University Press, 2008.

[66] Henry Chesbrough. Open Innovation The New Imperative for Creating and Profiting from Technology[M]. Boston Massacbusetts: HARVARD BUSINESS SCHOOL PRESS, 2003: 1-177.

[67] Henry E. Smith. PROPERTY AS THE LAW OF THINGS [J]. HARVARD LAW REVIEW, 2012, 125: 1691-1726.

[68] Iain M. Cockburn. Patents, Thicket and The financing of Early-Stage firms: Evidence from the software industry [J]. Journal of Economics & Management Strategy, 2009, 18(3): 729-773.

[69] Iain M. Cockburn, Megan J. MacGarvie. Patent thickets, licensing and innovative Performance [J]. Industrial and Corporate Change, 2010, 19(3): 899-925.

[70] Iain M. Cockburn, Megan J. MacGarvie. Entry and Patenting in the Software Industry [J]. Management Science, 2011, 57(5): 915-933.

[71] Ivanitskaya L, Clark D, Montgomery G, et al. Interdisciplinary Learning: Process and Outcomes [J]. Innovative Higher Education, 2002, 27(2): 95-111.

[72] James B. Kobak, Jr. A Sensible Doctrine of Misuse for Intellectual Property Cases [J]. 2 ALB. L. J. SCI& TECH. I, 38, 1992.

[73] JE Bessen, MJ Meurer, JL Ford. The Private and Social Costs of Patent Trolls [J]. Boston Univ. School of Law, Law and Economics Research Paper, 2011(9).

[74] J. E. PENNER. The Analysis of Rights [J]. Ratio Juris, 1997, 10(3): 300-315.

[75] Jeffrey Chang. 改变的先驱：IV、AST 与 RPX{EB/OL}. http://www.naipo.com/Portals/1/web_tw/Knowledge_Center/Application/publish-14.htm {2013-03-20}.

[76] Joseph Straus. Is There a Global Warming of Patents? [J]. The Journal of World Intellectual Property, 2008, 11(1): 58-62.

[77] Josh Lerner, Jean Tirole. Public Policy toward Patent Pools [J]. Innovation Policy and the Economy, 2008(8): 157.

[78] Joshua M. Pearce. Open-source nanotechnology: Solutions to a modern intellectual property tragedy [J]. Nano Today, 2013, 8: 339-341.

[79] Joshua M. Pearce, Physics: Make nanotechnology research open-source [J]. Nature, 2012, 10: 519-521.

[80] Kitch E. The Nature and Function of the Patent System [J]. Journal of Law and Economics, 1977: 265-290.

[81] Klaus M. Schmidt. Complementary Patents and Market Structure [R]. Discussion Paper No. 249, University of Munich, CESifo and CEPR, 2008: 34.

[82] Kortum, S. , J. Lerner. Stronger Patent Protection and Innovations: What is Behind the Recent Surge in Patenting? [C]. in: Carnegie-Rochester Conference Series on Public Policy, 1998, 48: 247-304.

[83] Malerba F. Sectoral Systems of Innovation and Production [J]. Research Policy, 2002, 31(2): 247-264.

[84] Mark A. Lemley, Carl Shapiro. Patent Holdup and Royalty Stacking [J]. Texas Law Review, 2007(85): 1991-2049.

[85] Marieke OPITZ, Tim POHLMANN. The Patent Troll Business: An Efficient model to enforce IPR? [EB/OL]. Available at http://www.telekom-presse.at/MPRA_paper_27342.pdf.

[86] McDonough J F. The Myth of the Patent Troll: An Alternative View of the Function of Patent Dealers in an Idea Economy [J]. Emory Law Journal, 2006, 56(1): 189-228.

[87] Merges Robert P. Contracting into Liability Rules: Intellectual Property Rights and Collective Rights Organizations [J]. California Law Review, 1999(84): 1293-1393.

[88] Michael. Heller. The Tragedy of the Anticommons [J]. Property in the Transition from Marx to Market, 111 HARV. L. REV. 621, 1998.

[89] Merges, R. P, R. R. Nelson. On the Complex Economics of Patent Scope [J]. Columbia Law Review, 1990, 90(4): 839-916.

[90] Michael J. Meurer. BUSINESS METHOD PATENTS AND PATENT FLOODS [R]. WORKING PAPER SERIES, LAW AND ECONOMICS working paper, 2002: 02-02.

[91] Millien, Laurie. Established and Emerging IP Business Models[C]. THE EIGHTH ANNUAL SEDONA CONFERENCE ON PATENT LITIGATION, SEDONA, AZ, 2007(10).

[92] Myerson, R. Game Theory: Analysis of Conflict [M]. Cambridge and London: Harvard University Press, 1991.

[93] Myhrvold. Funding Eureka [J]. harvard business review, 2010.

[94] Nash, J. Equilibrium points in N-person games [J]. Proceedings of the National Academy of Sciences, 1950, 36:48-49.

[95] Noel, Schankerman. Strategic patenting and software innovation [EB/OL]. 2006, at http:// www.-nber. org/public_html/confer/2006/si2006/prl/schankerman. pdf.

[96] DC Ohly, T Joike, KL Morron, M Robinson. It Is Not So Obvious: The Impact of KSR on Patent Prosecution, Licensing, and Litigation [J]. AIPLA QJ, 2008, 36(3):267.

[97] Ove Granstrand. The Economics and Management of Intellectual Property: Towards Intellectual Capitalism [M]. Edward Elgar, Cheltenham, UK, Northhampton, MA, USA, 1999:1-464.

[98] Peter Meinhardt. INVENTIONS, PATENTS AND MONOPOLIES[M]. London: Stevens & Sons, 1946: Pp, xvi, 337, 25s.

[99] Razgaitis S. US/Canadian licensing in 2003: survey results [J]. Journal of the Licensing Executive Society. 2004, 34:139-151.

[100] Reinganum, J. The Timing of Innovation: Research, Development, and Diffusion [J]. R. Schmalensee and R. D. Wittig, eds., Handbook of Industrial Organization, 1989, 1:849-908.

[101] Reitzig, M., Henkel, J., Heath, C. On sharks, trolls, and their patent prey-Unrealistic damage awards and firms' strategies of "being infringed". Research Policy, 2007, 36(1), 134-154.

[102] R. Eisenberg. Patenting the Human Genome [J]. 39 Emory L. J. 721, 1990.

[103] Risch. America's First Patents [J]. Florida Law Review, 2012, 64(5).

[104] Robert F. Mulligan. A fractal comparison of real and Austrian business cycle models [J]. Physica A, 2010, 389:2244-2267.

[105] Rosemarie Ham Ziedonis. Don't fence me in: Fragmented markets for technology and the patent acquisition strategies of firms [J].

Management Science,2004,50(6):804-820.

[106] Roycroft W, Kash D. The Complexity Challenge: Technological Innovation for the 21st Century[M]. Francis Printer,London,1999.

[107] Russell L. Parr. Royalty Rates for Licensing Intellectual Property[M]. Canada:John Wiley&Sons,2007.

[108] Rysman M, Simcoe T. Patent and the Performance of Voluntary Standard Setting Organizations [J]. Management Science, 2008 (54): 1920-1934.

[109] Sabety,T. Nanotechnology and the Patent Thicket: Which IP Policies Promote Growth? [J]. Albany Law Journal of Science & Technology, 2005,15:477-515.

[110] Sanyal,P,A. B. Jaffee. Peanut Butter Patents Versus the New Economy:Does the Increased Rate of Patenting Signal More Invention or Just More Lawyers?,Annales d'_Economie et de Statistique,forthcoming,2007.

[111] Scotchmer,S. Innovation and Incentives[M]. MIT Press,2004.

[112] Segerstrom, P. S. , T. C. A. Anant, E. Dinopoulos. A Schumpeterian Model of the Product Life Cycle [J]. AER,1990,80(5):1077-1091.

[113] Simon den Uijl,Rudi Bekkers,Henk J. de Vries. Managing Intellectual Property Using Patent Pools: LESSONS FROM THREE GENERATIONS OF POOLS IN THE OPTICAL DISC INDUSTRY [J]. CALIFORNIA MANAGEMENT REVIEW,2013,55(4):31-50.

[114] Smith, K. G, Ferrier, W, Ndofor, H. Competitive Dynomics Rsearch: Critique and Future Directions[O]. In M. Hitt,R. Freeman, &Harrison J. (Eds.), Handbook of Strategic Management, London: Blackwell Publishers,2001:315-361.

[115] The GreenChange. Accelerating sustainable innovation through IP Sharing [EB/OL]. Available at http://www. greenxchange. cc/,2013-12.

[116] Thomas C. Halsey, Mogens H. Jensen, Leo P. Kadanoff, Itamar Procaccia,Boris I. Shraimant. Fractal measures and their singularities: The characterization of strange sets [J]. PHYSICAL REVIEW A,1986, 33(2):1141-1151.

[117] Thumm N. Patents for genetic inventions: A tool to promote technological advance or a limitation for uostream inventions [J]. Technovation,2005,25:1410-1417.

[118] Timo Fischer,Joachim Henkel. Patent trolls on markets for technology - An empirical analysis of NPEs' patent Acquisitions [J]. Research Policy,2012,41:1519-1533.

[119] Tirole,J. The Theory of Industrial Organization[M]. MIT Press,1988.

[120] Tirole. The Regulation of Multiproduct Firms: Part I: Theory [J]. Journal of Public Economics,1990,43:1-36.

[121] Tirole. The Regulation of Multiproduct Firms: Part II: Applications to Competitive Environments and Policy Analysis [J]. Journal of Public Economics,1990,43:37-67.

[122] U. K Intellectual Property Office, Patent Thickets: an overview, 2011, the Intellectual Property Office Patent Informatics Team, Research Report,1-64.

[123] Vernon, R. International Investment and International Trade in the Product Cycle [J]. QJE,1966,80(2):190-207.

[124] Von Graevenitz, G. , Wagner, S. , Harhoff, D. Incidence and growth of patent thickets -the impact of technological opportunities and complexity [R]. Discussion Paper 6900,CEPR,2008.

[125] Von Graevenitz G, Wagner S, Harhoff D. How to measure patent thickets-a novel approach [J]. Economics Letters,2011,111:6-9.

[126] Von Neumann, J, o. Morgenstern. Theory of Games and Economic Behavior[M]. Princeton University Press,1944.

[127] WBCSD. Eco-PatentCommons [EB/OL]. Available at http://www.wbcsd.org/work-program/capacity-building/eco-patent-commons.aspx, 2014-1.

[128] William J. Nicoson. Misuse of the Misuse Doctrine in Infringement Suits [J]. 9 UCLA Law review,1962.

[129] Xin Peng, Wei Qi, Mengfan Wang, Rongxin Su, Zhimin He. Backbone fractal dimension and fractal hybrid orbital of protein structure [J]. Commun Nonlinear Sci Numer Simulat,2013,18:3373-3381.

[130] 宝胜. 创新系统中的多主体合作及其模式研究[M]. 沈阳:东北大学出版社,2006.

[131] 陈宗胜,马军海,许颖悟. 我国沿海地区的梯度发展趋势及环渤海地区的发展潜力探讨[J]. 管理世界,2005,2.

[132] 杜晓君,马大明. 有效率的专利联盟:竞争效应和创新效应研究[M]. 北

京:中国人民大学出版社,2012:223.

[133] 翟杰全.国家科技传播体系内的知识交流研究[J].科研管理,2002,23(2):5-12.

[134] 范洁凭,焦秀焕,许治.我国校企联合申请发明专利质量评估[J].华南理工大学学报(社会科学版),2012,14(5):44-49.

[135] 高洁,陆建华.专利丛林引发的反公地悲剧及对专利政策的思考[J].科技进步与对策,2007,24(6):13-16.

[136] 甘健胜,黄泽民.福建城镇居民恩格尔系数分形预测与分析[J].发展研究,2006,9.

[137] 胡宏."专利丛林"问题及对策研究[J].湖南工业职业技术学院学报,2009,9(3):27-29.

[138] 胡珑瑛,蒋樟生.产业集聚的分形研究[J].管理世界,2007,3:166-167.

[139] 姜磊,戈冬梅,季民河.长三角区域创新差异和位序规模体系研究.经济地理,2011,31(7):1101-1106.

[140] 楼晓东,张良.基于分形理论的国际金价波动长记忆性识别及预测研究[J].上海金融,2013,6:80-84.

[141] 李滨,刘凤朝.半导体领域跨国公司专利分布与中国企业的应对策略[J].华东经济管理,2010,24(10):69-73.

[142] 李后强,汪富泉.分形理论及其在分子科学中的应用[M].北京:科学出版社,1993.

[143] 李新然,牟宗玉,宋志成.基于博弈论的制造商回收再制造闭环供应链模型研究[J].科研管理,2013,34(9):64-71.

[144] 刘孝成,王延明.基于分形理论的石油价格预测[J].西安石油大学学报,15(4):5-10.

[145] 罗伯特·考特,托马斯·尤伦等.法和经济学[M].史晋川,董雪兵,等译.上海:格致出版社,2011:533.

[146] 瞿卫军,姬翔,刘洋等.衡量地区专利实力的新指标——"专利聚集度"初探[J].知识产权,2009,19(112):3-6.

[147] 陶锋.逾期专利的创新价值研究[M].南京:东南大学出版社,2011.

[148] 腾讯科技.走近全球最大"专利投机者":从防御到威胁[EB/OL].Available at http://tech.qq.com/a/20140206/001050.htm

[149] 向希尧,蔡虹,裴云龙.跨国专利合作网络中的3种接近性的作用[J].管理科学,2010,23(5):43-52.

[150] 姚远.技术标准下的专利联盟形成[D].北京:中国科学技术大学,2010.

[151] 袁建中.企业知识产权管理理论与实务[M].北京:知识产权出版社,2011:264.

[152] 袁晓东,孟奇勋.美国知识风险公司的运作模式及其启示[J].知识产权,2009(5):78-85.

[153] 袁晓东,孟奇勋.开放式创新条件下的专利集中战略研究[J].科研管理,2010(5):157-163.

[154] 袁晓东.专利信托研究[M].北京:知识产权出版社,2010.

[155] 袁晓东,孟奇勋.专利集中战略:一种新的战略类型[J].中国科技论坛,2011(3):88-94.

[156] 杨勇,杨丹,张明勇.都市圈城市等级体系的分形特征研究田.管理世界,2011(9):170-175.

[157] 余翔,陈欣.专利药品"反公地悲剧"探析[J].科技与法律,2006,2.

[158] 余佩琨,林水山.基于分形理论的中国区域创新系统绩效研究[J].技术经济与管理研究,2005,4.

[159] 郑佳.基于专利分析的中国国际科技合作研究[J].中国科技论坛,2012,10:144-149.

[160] 张米尔,国伟,纪勇.技术专利与技术标准相互作用的实证研究[J].科研管理,2013,34(4):68-73.

[161] 张元,谷林.基于分形理论的供应链评价指标探究[J].企业导报,2013,5.

[162] 周彬学,张伟,马继刚.基于分形的城市体系经济规模等级研究[J].长江流域资源与环境,2013,5.

POSTSCRIPT

后 记

Postscript

和风舒暖，花香醉人，正是南国风光浪漫季。在此花香之季，经过一番辛勤劳作，终于拨云见雾，豁然开朗，撰写了此书。不经历风雨，哪能见彩虹，在本书完成的时候，那曾经褪色的记忆画面又鲜艳起来。书山有路勤为径，学海无涯苦作舟，此书写作的过程虽然艰辛无比，但在遨游文字的海洋里，闲暇之余泛舟游湖，登山而望，不禁豁然开朗，柳暗花明又一村，思路仿佛又清晰起来。写作的过程不仅是文字表达与锤炼，更是一份冰封许久的回忆。

本书的顺利完成，得益我的导师袁晓东教授细心及耐心的指导。四年前，在我处于人生中一个重大的转折路口，学术一片茫然之际，袁老师把我引入了知识产权研究的殿堂，让我领略到了法学和管理学的完美结合。师者传道授业解惑也，恩师不仅在学术上给予我指导，而且在为人处世上也使我获益良多。对于我的论文袁老师都极其细致、不厌其烦地进行修改，随着学术水平的不断提升，我每一次取得的成果都经不住要向袁老师汇报。我充分感受到了袁老师严谨的治学态度，高超的学术水平以及和蔼可亲的性格，这些都值得我去学习。能够顺利完成本书的写作与导师的严格要求和辛勤付出密不可分，当得知我要出版学术专著，袁老师欣然同意为专著作序，在此，对我的导师表示由衷的谢意。

感谢武汉纺织大学会计学院胥朝阳教授、王珍义教授等领导及同事。本人初来武汉纺织大学，领导及同事在科研与教学上面给予了无私、耐心的指导与帮助，本书的顺利完成也离不开各位领导和同事的关怀。

感谢我的同门师兄师姐、师弟师妹们。在这四年博士生涯中，我与知识产权战略研究院的同学们结成了友谊，三人行必有我师，感谢他们对于我的帮助，也谢谢他们在我的生活中增添了不少快乐。

感谢华中科技大学管理学院国际交流办公室和德国慕尼黑工业大学商学院国际交流处、中国台湾政治大学商学院国际交流办公室的所有老师在我交流学习期间给予的帮助和指导。同时也要感谢中国台湾政治大学的冯震宇教授解答关于中国内地和台湾地区的 LED 专利问题。

本书在编写过程中得到了华中科技大学出版社的大力支持。从初稿到定稿，书中每一个章节都经过了严格审核。在此对华中科技大学出版社表示衷心感谢。

最后，感谢我的父母在我求学和生活中给我的帮助和照顾。我出生在一个非常幸运的家庭，父母对我关爱备至，在我求学的每一个阶段每当我要放弃的时候，都是他们鼓励我坚持到底，正是由于他们的支持，才使得我能够克服重重困难走到了今天。此外，感谢所有关心我的亲戚和朋友！

由于作者水平有限，数据收集方面客观上存在一定难度，此书难免有所不足，欢迎广大读者批评指正。在将来，作者将持续深入地对我国战略性新兴产业专利分散问题进行研究，力图弥补现有研究的不足，不断完善丰富专利分散的理论、实证研究，为我国战略性新兴产业的良好发展，提升产业竞争力，提供一个强有力的保障。